'인연'으로

프랜차이즈
스타트업
기업을 만든다

'인연'으로
프랜차이즈 스타트업 기업을 만든다

남승우 지음

오늘보다 나은
내일을 꿈꾸는
청년들을 위한
지침서

바이북스
ByBooks

2020년 12월 22일은 코로나 팬데믹COVID pandemic 상황, 입국 제한 조치 10개월 만에 오랫동안 기다린 보람을 가슴에 품고 가족과 함께 어렵게 학생 비자를 받아 캐나다 밴쿠버에 입국하게 된 첫날이다. 나는 이날부터 오래전에 계획했던 나의 버킷 리스트bucket list 중 하나를 실행에 옮기기 시작했다. 내가 가장 사랑하는 현중, 하윤뿐만 아니라 이제 막 성인이 되어 인생 진로를 결정하지 못하고 방황하는 젊은 친구들에게 조금이나마 도움이 되고자 하는 마음에, 더불어 무언가 의미 있는 일을 하고 세상을 떠나려는 마음에 글을 쓰기로 작정했다.

나는 1975년 2월에 태어나, 현재 우리 나이로 46세다. 대한민국 남자가 46세 나이에 영어 공부를 위해 가족과 함께 유학을 떠난다는 것은 쉬운 결정이 아니었다. 하지만 지금 영어라는 언어 장벽에 막혀 성장의 크나큰 걸림돌이 생겼다는 판단에 주저할 수 없었다. 현재 나는 주로 동남아(대만, 베트남, 인도네시아, 태국, 싱가포르) 지역 국가들과 해외 사업을 진행하고 있다. 동남아 사람들이 한국 사람들에 대해 우호적이고 협조적 반응을 보이는 데다가 이미 많은 한국인들이 현지에서 안정적으로 사업을 진행하고 있는 상황이라 비교적 손쉽게 현지화에 성공할 수 있었다. 하지만 시간이 흐를 수록 더 많은 것을 준비하지 않으면 지금의 성공은 머지않아 현실에서 사라질 것이라는 막연한 불안감이 나의 가슴을 짓눌렀다. 이렇게 하면 안 된다는 생각과 앞으로 무엇을 해야 할지 고민 속에 잠기는 시간이 늘어갔다. 동남아를 제외하고 북미 지역 쪽 사업에 대한 긍정적 전망이 전혀 없었기에 더욱 그러했다. 실제로 동남아에서의 성공은 잠시일 뿐 그 외 지역에서 다양한 문제들이 튀어나왔다. 시간이 더 지나면서 동남아 쪽에서조차 해결되지 않는 사건사고들이 생겨나기 시작했다.

돌파구가 필요했다. 나는 오랜 시간 고민했고, 책도 읽으며 해답을 찾기 위해 노력했다. 그리고 여전히 해답을 찾아 헤매고 있는 중이다. 이 책은 그 여정 중 하나다. 나는 이제 누군가를 도와야 할 듯 싶은 생각과 뭔가 의미 있는 일을 해야 될 만큼 성장하고 있는 중이다.

첫번째 생각은 젊은 청년을 위한 무언가 의미 있는 삶을 살고 싶어졌다. 아마도 우리 아이들 때문이 아닐까 싶다. 우리의 미래는 젊은 친구들에게 있을 것이다. 그들에게 나의 경험을 전달해주고 그들로 인해 더 나은 내

일을 만들고 싶어진 것이다.

나는 아직까지 크게 실패를 경험해본 기억이 별로 없다. 무엇이든 내 자신이 멈추지 않으면 그것은 실패가 아니다.

두번째 생각은 앞으로 글로벌 마인드로 사업을 진행해야 되겠다는 생각이다. 이제 전 세계는 하나다. 실시간 SNS를 통해 전 세계 젊은 친구들이 서로를 공유하면서 빠른 의사소통을 할 수 있는 시대이며 나도 외화를 벌어서 자랑스러운 대한민국 시민이고 싶다는 생각을 하게 되었다.

해외 사업 중에 유일하게 실패한 지역으로 중국이 있다. 이랜드란 큰 기업과 함께 합작으로 중국에 진출했지만, 사드THAAD라는 국제적 이슈로 인해 2년 만에 철수할 수밖에 없었다. 그러나 중국 매장은 해외 사업을 시작하게 된 계기이자 시발점이었다. 대만 파트너가 중국 상해 매장을 보고 난 후에 계약을 진행했고, 현재 20개 매장으로 늘어 성공 가능성을 보이고 있는 것이다. 중국에 론칭launching하지 않았으면 지금처럼 해외 사업을 활발하게 진행할 수 있는 기틀을 마련하지 못했을지도 모른다. 어떤 일이든 시작을 해야 한다. 그래야만 앞을 향해 돌격할 수 있다. 중국으로의 진출과 실패는 그것만이 정상으로 향할 수 있는 길이라는 정답을 보여준 사례이다.

나는 그 사례를 자양분 삼아 더 큰 세상을 기대한다. 우리가 흔히 선진국이라 생각하는 미국을 비롯해 영어를 모국어로 사용하는 국가들을 바라본다. 아메리카 대륙과 그 외 G20에 속한 국가들이 목표다. 하지만 아직은 고민만 잔뜩 안고 있는 상태다. 이들에게 어떤 전략이 먹힐지, 어떻게 이들과 친해질 수 있을지 고민이 많다. 더구나 이들의 한국에 대한 인식은 아직도 많이 낮아 보인다. 이것 또한 장벽이다. 그러나 새로운 지역에 도전하려면, 그곳에서 사업을 꿈꾼다면 장벽을 두려워해서는 안 된다. 그나마 다행인 것은 나에게는 동남아 지역에서 성공한 경험이 있다. 그 경험에 감사하며 하나하나 준비하고 만들어가면 될 것이다.

일반적인 사람들은 어렵다는 이유로 신대륙 발견에 도전장을 던지지 않고 현재 자리에 안주하기도 한다. 하지만 나는 현재의 어려운 장벽을 넘기 위해 스스로 변화하고 성장해야 된다고 생각한다. 그것이 나의 스타일이며, 나의 사업 방식이다.

신대륙에서 성공하려면 그 속으로 들어가는 게 우선이라고 믿는다. 나는 그 믿음에 따라 그들 문화 속으로 몸을 던진 것이다. 영어를 사용하는 문화권으로 직접 들어가 부딪치며 해결책을 찾아가는 것, 그것이 가장 현실적인 방법이며 지금 당장 내가 할 수 있는 행동이라 판단하게 되었다. 그 판단이 나를 캐나다 밴쿠버로 이끈 것이다.

나는 이미 여러 나라를 돌아다녀 보았다. 그 결과 캐나다가 가장 안정적이고 정이 가득한 나라로 판단되었다. 그 판단에 의지해 캐나다를 첫 도전 장소로 선택했다. 고맙게도 가족들은 나의 도전에 동참해 주었다. 가족들의 응원을 받으니 미련 없이 한국을 떠날 수 있었다. 코로나19 상황 속에서도 나는 긍정적으로 생각할 수 있었다.

흔히 한류 상품들을 가리킬 때 두유노Do you know? 클럽이라고 한다. 다른 나라에서 히트한다고 하는데 그것을 확인하고 인정받고 싶은 우리의 심리가 드러난 말이라고 할 수 있다. 하지만 BTS가 빌보드 차트 1위를 하고, 봉준호 감독의 〈기생충〉이 아카데미상을 수상하고, 코로나19 K방역이 세계를 뒤흔들고 있는 데다가 전 세계를 휩쓰는 〈오징어 게임〉의 열풍을 보면 이젠 더 이상 두유노라고 확인할 필요가 없을 것 같다. 이렇게 한국 외식업을 세계에 알리는 데 좋은 조건이 성숙되는 지금 그것을 위한 가장 중요한 도구인 영어를 배우기 위한 나의 도전은 더욱 절실해졌다.

나는 삼십대를 마감할 때까지 '글로벌하게' 사업을 진행할 줄은 단 1도 생각하지 못했었다. 이런 시간이 올 거라고는 정말 꿈에도 몰랐다. 시간은 재미있게도 나 자신의 생각을 성장시켰다. 지금도 나는 더 높은 곳으로 올라가야 한다는 무언의 암시에 젖어 있다. 그 암시가 스스로를 성장시키고 있는 중이다. 이 성장의 끝이 어디인지는 나 자신도 모른다. 다만 현재 지속적인 성장을 꿈꾸고 있으며, 그 꿈을 실현 중에 있다고 자신 있게 이야기할 수 있다. 나는 새로운 것에 도전할 때 가장 신나고 행복한 사람이다.

나의 인생 스토리를 적어보고 싶었다. 이것 또한 도전이다. 행복이다. 나는 지금 하고 싶은 나의 행동을 실행하고 있을 뿐이다.

인연은 정말 중요하다. 곁에 있는 사람이 지금은 소중하게 느껴지지 않더라도 언젠가 인생을 바꿔 놓을 수도 있다. 그것은 시간이 흐르면 알게 될 것이다. 본인이 똑똑해서 사업을 성공적으로 이끌어가는 사람도 많이 있을 것이다. 하지만 꼭 머리가 좋은 사람만 사업을 할 수 있는 것은 아니다. 나 역시 머리가 좋은 사람이 아니다. 나는 나 자신이 똑똑하다고 생각해 본 적이 단 한 번도 없다. 나의 성공을 이끈 것은 좋은 인연이다.

| 직장편 |

내 성공의
기반은 사람

"어떤 일을 하며 살고 계시나요?
어떤 일을 할 때 자신이 존재한다고 생각하시나요?"

- 애덤 그랜트의 《오리지널스》 중에서

1장

취준생에서
CEO까지

사람은 성공의 열쇠

　글로벌한 사업을 준비하기 위해 발걸음을 띤 내가 처음 갖게 된 직업은 무엇이었을까? 그리고 지금까지 어떤 일들을 해왔을까? 나는 세종호텔 셰프 2년, 아모제 매니저 3년, 제니스 연구원 및 슈퍼바이저 10년, 총 15년의 직장생활을 했다. 2012년 11월 갑작스럽게 해고를 당하면서 직장생활을 마쳤다. 그리고 2013년 1월 3일 'B&S BRAND&SALE'라는, 생애 첫 사업자를 받았다. 2013년 새해 공무원들의 첫 근무날, 첫 근무 시간인 9시에 이루어진 일이다. 그때 세상을 전부 가질 수 있을 것 같은 기분이었다. 그 기분을 다시 기억하고 싶다.

　당시 내가 무슨 사업을 할지 결정한 상태는 아니었다. 왜 그런 생각을 하게 되었는지 모르지만 프랜차이즈보다는 유통-Distribution이나 브랜드 사업에 은근히 관심이 갔다. 15년 동안 하루하루 충실히 직장을 다니면서 많은 기획보고서를 작성했었는데, 그 경험이 브랜드에 눈을 돌리게 만든 것 같다. 아무튼 그냥 브랜드를 판매하는 회사명을 만들면 좋을 것 같다는 단순한 생각으로 'B&S'라 사명을 정하게 되었다

나의 꿈과 목표를 잊지 않기 위해
그 시절 현판으로 만든 제작물

나는 사업자를 발급받고, 그 뒤로 사업하는 8년 동안 10개의 법인에 투자했다. (주)B&S 그룹: 식재료 유통회사, (주)다른: 두끼떡볶이 프랜차이즈, (주)돕는사람들: 치킨플러스, (주)에이컨: 도토리편백집, (주)바톤브릿지, (주)레드테이블: 떡볶이 쇼핑몰, (주)탑브릿지: incubating & 캐틀하우스, (주)디케이코리아: 예향정 프랜차이즈, (주)해냄: 바겟버거 프랜차이즈, (주)바이럴: 직화볶음찜닭 프랜차이즈 등이 바로 그 10개의 법인이다. 최근 치킨플러스를 운영하는 (주)돕는사람들이란 회사를 통해 소소한 엑시트EXIT,출구 전략를 진행하게 되었고, 일정 자금 확보까지 이루어진 상황이라 마음에 여유를 가지고 학업에 집중할 수 있을 것 같다.

처음 유학을 결심했을 때부터 엑시트를 예상했었던 것은 아니다. 오래 전부터 간절히 원했던 것도 아니다. 그 시점과 상황이 나에게 엑시트를 만들어 주었다. 인생은 생각한 것처럼 흘러가지 않는다는 것을 다들 경험했을 것이다. 나 역시 살면서 예측이 딱 맞은 적은 몇 번 없는 듯하다. 늘 닥친 일을 하나하나 해결해 가면서 성과를 만들어 갔던 것으로 기억한다. 유학도 그렇게 '닥친 일' 가운데 한 가지다.

내가 8년 동안 10개 법인에 투자하고 직간접적으로 운영할 수 있었던 바탕에는 15년의 직장생활에서 겪은 경험과 그 시간 동안 인연을 맺게 된 많은 선후배들이 있었다. 무엇이든 순간에 이루어지는 것은 아무것도 없다. 무엇을 하든 결과를 만들기 위해서는 반드시 시간이 필요하다.

인연은 정말 중요하다. 곁에 있는 사람이 지금은 소중하게 느껴지지 않더라도 언젠가 인생을 바꿔 놓을 수도 있다. 그것은 시간이 흐르면 알게 될 것이다. 본인이 똑똑해서 사업을 성공적으로 이끌어가는 사람도 많이 있을 것이다. 하지만 꼭 머리가 좋은 사람만 사업을 할 수 있는 것은 아니다. 나역시 머리가 좋은 사람이 아니다. 나는 나 자신이 똑똑하다고 생각해 본 적이 단 한 번도 없다. 나의 성공을 이끈 것은 좋은 인연이다.

좋은 인연을 만드는 것은 사업 성공의 초석을 만드는 것이라고 생각한다. 모든 일은 사람을 통해 이루어지고 만들어진다고 말씀드리고 싶다. 나는 20년 전에 알게 된 많은 사람들과 사업으로 다시 인연을 맺었다. 그 경험을 많은 이들에게, 많은 후배들에게 나누어주기를 바란다. 그 나눔이 도움이 되기를 기대한다.

위에 언급한 10개 법인 대표들은 전부 내가 직장 다니면서 인연을 맺은 이들이다. 더 많은 사람을 소개하고 싶지만 우선 내가 투자한 회사를 기준으로 범위를 좁혔다. 어떤 특정한 인연이 '나'에게 도움이 될 것인지를 알려주려는 게 아니다 주변 모든 사람들이 당신의 재산이다. 세상은 그들로 인해 만들어지는 것이다. 따라서 모든 사람들에게 최선을 다하는 것이 바람직한 삶이다. 나는 그렇게 생각하고 믿는다. 사람은, 인연은 사업 성공의 열쇠다.

나의 어릴 적 꿈은 배추장사로 많은 돈을 버는 거였다.
어릴 적 꿈은 작고 소박했지만
인연을 통해 나의 꿈은 성장하고 있다.
그 꿈을 시작하는 날 찍은 사진이다.

금수저와 흙수저는 중요하지 않은 듯

지난 삶을 돌아볼 때 가장 후회되는 것이 바로 효도를 제대로 못한 것이다. 어머니 살아 계셨을 때 돈 벌어 효도해야지 생각했는데, 문득 어머니가 하늘나라로 떠나시는 통에 난 한동안 목표를 잃어버렸었다. 무엇을 해야 할지 모르고 살았다. 그때 나를 다시 인도해 준 이들은 나의 가족들이다.

어머니 살아생전에 자식된 도리를 다하지 못한 불효자이지만 최선을 다해 살아가는 것이 지금 할 수 있는 유일한 효도라 생각한다. 하늘나라에 계신 어머니에게 부끄럽지 않기 위해 하루하루 인간의 도리를 다하며 살고 있다.

아직 부모님이 살아 계시다면 꼭 명심하길 바란다. 효도는 지금 하는 것이지 나중에 하는 것이 아니다. 시간은 '나'를 기다려 주지 않는다.

어머니에게 효도하는 마음으로, 어머니 앞에 떳떳하기 위해 나는 더 높은 곳을 향한 도전을 준비하고 있다. 글쓰기도 도전이다. 내가 느끼는 감정과 스스로 진리라고 생각하는 것들을 누군가에게 알려주고 싶다. 물론 나의 글이 정답이 아닐 수도 있다. 나는 아직 젊고 배워야 할 점이 많기 때문이다.

그럼에도 나는 지금의 젊은 친구들을 위해 무엇인가를 써야 했다. 나 역시 타인의 자서전을 통해 많은 도움을 받았기에 조금이나마 돌려주고 싶은 마음에서다. 나의 하루하루가 더해져 지금 삶의 안정을 만들어 주었다는 것을 확신하기에 자서전을 집필하기로 마음먹은 것이다. 게다가 내가 어머님께 하지 못한 효도를 지금 청년들에게 희망을 주는 것으로 조금이나마 대신할 수 있다고 믿기 때문이다.

나는 어려서부터 무엇 하나 남들보다 뛰어난 게 없는 평범한 아이였다. 솔직히 단 한 번도 공부를 잘하지 못했다. 특출하지 않은 어린 시절을 보냈지만 부모님의 사랑은 누구보다 많이 받았다고 확신한다. 특히 어머니의 사랑은 넘치게 받았다. 어머니의 나에 대한 사랑은 주변의 많은 사람들에게 소문날 정도로 해바라기 사랑이었다. 아들한테 바라는 것 없이 일방적으로 아들을 바라보며 행복해하시는 모습이 지금도 선하다. "승우만 생각하면 힘이 절로 난다"라는 말씀을 귀가 따갑게 듣고 자랐다.

어머니는 참 많은 일을 했다. 약간의 보수를 받으며 조카 둘을 돌보았고, 새벽에 경동시장에서 더덕을 구매해 손질해서 다시 재판매를 해서 살림에 보탰다. 택시 운전을 하는 아버지 점심을 챙겨드리며 점심값을 절감시키기도 했다. 그렇게 바쁜 와중에도 누나와 나를 소홀히 하지 않았다.

그런 어머니를 보면서 어린 나는 돈을 많이 벌어야 효도할 수 있다고 어렴풋이 생각했다. 그 실천 방안으로 생각해낸 게 배추 장사다. 경동시장이나 동대문시장에서 "골라 골라" 외치며 장사를 하면 잘할 수 있을 것 같았다. 고등학교 때는 용돈을 모아 리어카를 사야겠다는 생각도 했다. 생각에만 그치지 않고 적은 돈이지만 적금도 부었다. 하지만 고2 때 여자친구가 생기면서 대학을 가야 하나 잠시 고민했었고, 그 고민 끝에 공부하기로 마음먹고 적금을 깨서 비싼 학습지를 신청했다. 물론 돈만 전부 날려버렸고, 학습지는 전부 쓰레기가 되었다.

나는 아이들이 고등학교까지 어떤 부모님 곁에서 성장하는지가 굉장히 중요하다고 생각하고 있는 사람 중 한 명이다. 왜냐하면 그 시절 부모님의 교육 방식에 따라 아이의 인생 진로가 바뀔 수 있기 때문이다. 가정환경이 아이의 운명에 미치는 영향은 무척 크다. 물론 나의 생각이 전적으로 옳은 것은 아니다. 어떤 학술적 논문이나 연구가 아니라 오직 나의 경험을 근거로 삼고 이야기하고 있기 때문이다.

굳이 내 어린 시절 이야기를 꺼낸 이유는 단순하다. 꼭 금수저만 성공하고 행복하게 사는 것은 아니라는 점이다. 나는 그 이야기를 하고 싶을 뿐이다. 부잣집 자녀로 성공한 빌 게이츠와 마크 저커버그가 있지만, 애플의 스티브 잡스와 소프트뱅크의 손정의는 어려운 환경에서 힘겹게 성장을 일구어낸 인물이다. 대한민국에서 삼성 이건희 회장이 부유한 집에서 성장했다면, 현대 정주영 회장은 흙수저 출신으로 어엿하게 대한민국 재벌로 우뚝 선 주인공이다.

스티브 잡스, 손정의, 정주영의 성공 사례를 거울삼아 자신이 어떤 사람인지 되물어보자. 그 질문이 금수저와 흙수저를 논하기 전에 먼저 해야 할 일이다. 현재 자신의 환경을 비관하기보다는 지금의 나보다 더 괜찮은 나로 성장하기 위해 지금 당장 할 수 있는 일을 시작하는 게 훨씬 낫다. 그것이 성공과 행복에 가까이 가는 길이라고 생각한다.

나는 항상 부족한 나를 인정하고 지금의 나보다 더 행복한 내가 되기 위해 지금 무엇을 해야 하는지를 생각하는 사람이다. 세상에 불평을 가질 시간이 있다면 문제를 해결할 수 있는 방법을 연구하는 게 더 효율적이고 합리적인 인생이다. 누구나 어린 나이에는 집안 환경을 탓하며 현실을 회피하고 싶겠지만, 그것이 쉽지 않은 것이 '현실'이다. 스무 살 성인이 된 후부터는 자신의 인생은 스스로 결정짓고 행동할 수 있어야 한다. 회피하려는 자세는 전혀 도움이 안 된다. 자신과 환경과 사회를 비판할 시간에 해결책을 찾기 위해 노력하자.

공부 대신 얻은
인생의 동반자들 친구

이미 이야기한 것처럼 나는 부잣집 자녀는 아니었다. 더군다나 공부라도 잘해 개천의 용이 된 것도 아니다. 그럼 무엇이 지금의 나를 만들었을까? 나는 네 살까지 '엄마' 소리도 잘하지 못해 걱정만 끼친 아이였다. 그런데도 어머니는 아낌없는 사랑을 주셨다. 어머니는 나뿐만 아니라 누나들에게도 사랑을 퍼주었다. 어느 집에도 뒤지지 않도록 신경을 써주셨다.

나는 일곱 살에 초등학교에 입학했다. 그 시절 일곱 살은 유치원에 다닐 나이였다. 한 살 어린 탓인지 나는 친구들보다 공부에서 뒤처졌다. 고등학교 때까지 줄곧 그랬다. 내 성적은 60명 학우 중에 30등 전후로, 대충 중간 아래였다. 하지만 부모님은 나에게 공부하라고 다그치지 않으셨다.

내 기억에 학교 다니면서 공부란 걸 딱 두 번 해본 것 같다. 나도 한 번쯤은 공부란 걸 잘해보고 싶어 중간고사 끝나고 바로 기말고사 공부를 했던 것이 첫 번째 공부다. 역시나 기말고사 시험 성적과 기존에 봤던 시험 결과가 별반 차이가 없어서 곧바로 공부를 포기했다. 두 번째 공부는 고3

때다. 담임선생님이 "넌 갈 수 있는 대학이 없으니 포기하고 취업준비 해"라는 말씀에 열 받아서 막판 3개월 열심히 공부했다. 합격하고 싶었지만 역시나 대학은 못 가게 되었다.

현재 46세. 대학은 못 갔지만 성공적인 인생을 살고 있다고 자부한다. 내 성공의 뿌리는 사람이다. 많은 친구, 지인, 선후배는 내 자신이 사업적으로 성장하는 데 큰 힘이 되었다. 사업을 하면서 인간관계가 얼마나 중요한지 절실하게 깨달았다. 모든 업무는 관계를 통해 이루어진다. 어떤 파트너와 함께 일하는지가 사업의 성패를 가름한다고 해도 과언이 아니다.

이제 나는 나의 사업 성장 스토리를 적으려고 한다. 그 스토리에는 등장인물이 여러 명이다. 그만큼 많은 사람에게 사업적으로 영향을 받았기 때문이다. 20년 전에 처음 인연을 맺었다가 20년 후에 좋은 사업 파트너가 된 인물도 있다. 그 인물은 인연과 만남은 한 번 스치는 것으로 끝나지 않고 질기도록 오랜 시간 이어질 수 있다는 것을 증명한 산증인이다. 그런데 이러한 산증인을 만드는 것은 어디까지나 자신에게 달려 있다. 자신이 도리를 다하면 인연은 선연으로 열매 맺을 것이며, 반대로 도리를 다하지 못한다면 악연으로 끝날 것이다.

나는 공부에 선천적으로 타고나지 않았던 것인지, 공부를 안 해서 못했던 것인지 정확하게 모른다. 공부를 잘하지 못해서인지 학교에서는 있는 듯 없는 듯 평범한 학생이었다. 그냥 친구가 좋아서 학교에 다녔던 것 같다. 아무튼 그래서 좋은 친구를 사귀었다. 초등학교 6학년 때 알게 된 구재윤((주)만랩 게임즈 대표)은 내가 처음으로 사귄 친구라고 말할 수 있다. 36

년째 절친으로 지내고 있다. 중학교에 입학하면서 친구가 된 이대성((주) DRY 열정 아카데미 대표)도 소중한 인연이다. 둘은 내 성장기에 큰 계기를 마련해준 친구들이다.

이대성, 구재윤, 남승우 세 명은 학교가 끝나면 매일매일 만났다. 하루도 빠짐없이 만나 공부한 것은 아니고 놀이에 집중했다. 그런데도 이대성은 항상 상위권 성적을 유지했다. 재윤이랑 나는 중하위권을 벗어나지 못했는데, 지금 생각해도 이대성이 놀면서 우수한 성적을 유지한 것은 신기하다. 아무래도 머리가 좋아서 그런 모양이다.

기억에 남는 사건이 있다. 부끄럽지만 커닝 사건이다. 언젠가 이대성이 내 뒷자리에 앉아 시험을 본 적이 있었다. 그때 이대성이 왼쪽 다리로 문제 번호 그리고 오른쪽 다리로 답 번호를 찍어주었다. 덕분에 나는 객관식은 다 맞혔다. 그런데 주관식은 다 틀렸다. 주관식은 커닝할 방법이 없었기에 일어난 웃지 못 할 해프닝이다. 이 사건은 지금도 이대성이 나랑 만날 때마다 단골로 꺼내놓는 추억이다.

구재윤은 나랑 잘 맞는 친구였다. 우리 둘 다 내성적이며 수줍어하는 성격이라 남들 앞에 잘 나서지 못했다. 그런데 친구 따라 강남 간다고, 이대성이란 친구를 만나면서 둘 다 변하기 시작했다. 소위 날라리가 되어간 것이다. 그러나 양아치는 아니었다. 날라리는 남에게 피해는 주지 않으면서 노는 친구들을 일컫는다. 우리는 순수한 날라리였다.

중학교를 마감하면서 이대성은 성적이 좋아 덕수 상고로 진학했다. 재윤이와 나는 성적이 부족해서 어쩔 수 없이 인문계 고등학교에 진학할 수밖에 없었다. 그 시절엔 상업계 고등학교가 인기가 더 좋았다. 공부해서 대학에 가려는 학생들을 제외하면, 오히려 성적이 좋은 학생들이 상업계 고등학교에 진학하고, 어정쩡한 학생들이 인문계로 진학했다.

서로 다른 고등학교를 다니게 되었지만 우리의 우정은 흔들리지 않았다. 매일 만나서 놀았다. 고2 때는 서태지와 아이들 흉내를 내면서 놀기도 했다. 대중가요판을 뒤흔든 서태지와 아이들은 우리가 고2 때 데뷔했다. 그들 덕분에 우리는 새로운 세계를 접했다.

새로운 세계를 만난 이대성은 갑자기 춤꾼 이주노를 따라 하기 시작했고, 우리는 덩달아 춤을 추게 되었다. 나는 서태지와 아이들 중에서 양현석 역할을 했다. 서태지 역할은 재윤이가 맡았다. 서태지와 아이들을 따라 하면서 우리는 춤이라는 새로운 놀이 문화를 만들었다. 그 창조의 시작은 이대성의 춤에 대한 열정에서 비롯되었다. 그래서일까? 지금 이대성의 회사 이름이 '열정 아카데미'인 것은?

고등학교 3학년이 되었어도 우리의 춤에 대한 열정은 식지 않았다. 남들은 대학 준비로 바쁘지만 우리는 아무 생각 없이 춤추는 것에 모든 정신을 쏟아부었다. 특히 나와 재윤이는 매일 춤추고 노는 것에 집중하고 있었다. 대학을 가야 된다는 생각은 아예 머릿속에 넣어두지 않고 지냈다.

사실 나는 대학에 갈 수 있을지도 미지수였다. 공부를 못하기도 했고, 장사해서 돈 많이 버는 것이 꿈이기도 했다. 그래서 춤에 미쳐 하루하루 살지 않았을까 싶다. 상업계 고등학교에 진학했던 이대성은 취업을 해야 하는 상황에서도 우리와 마찬가지로 춤에 모든 열정을 바쳤다. 이대성은 간간이 취업하기 힘들 것 같다는 이야기를 했었는데, 그 역시 취업에 큰 뜻을 두고 있지는 않았던 모양이다. 아무튼 이대성은 성적만큼은 늘 우수했다. 재윤이와 나는 그게 놀라웠고, 잘 이해도 가지 않았다. 아마도 이대성이 공부에 열정을 쏟았다면 대한민국 최고 대학을 가지 않았을까 짐작해본다.

그렇게 신나게 고3 시기를 보내다가 멤버 한 명을 추가했다. 이대성과 어려서부터 단짝 친구였던 박대성이 우리 팀에 합류한 것이다. 마침 그때는 노이즈라는 4인조 그룹이 인기를 끌었는데, 우리도 그들처럼 자연스럽게 4인조를 이루었다. 우리 넷은 노이즈의 춤과 노래를 따라 하며 남은 시절을 보냈다. 요즘은 건대입구로 유명한 화양리(밤거리) 거리에서 인기 좀 있다는 이야기를 들으면서 고등학교를 졸업했다.

고등학교 당시 서태지와 아이들의 춤을 추던 추억의 사진

20대 백수로 시작한 나의 인생

어린 시절 이야기를 잠시 적은 이유는 지금 생각해봤을 때 한 가지 얻은 점이 있기 때문이다. 그 당시 춤추면서 본능적으로 배운 것 중 한 가지는 남들보다 우월하기 위해서는 무엇을 하든 어정쩡하게 하면 안 된다는 사실이다. 무엇을 하든 확실하게 해야 한다.

그런데 우리 넷은 확실하지 못했다. 아무 생각 없이 놀다가 고등학교 졸업과 동시에 모두 일명 백수 생활에 들어가게 된 것이다. 아이러니하게도 우리에게 희망이 없어 보였던 이 시기가 특히 나에게는 인생의 전환점이 되었다.

스무 살을 백수로만 지낼 수 없어서 이대성과 박대성은 화양리에서 호객 행위 파트타임 일을 시작했고, 나는 고려대학교 앞에서 사촌형이 운영하는 통일광장이란 호프집에서 역시 파트타임으로 일하게 되었다. 나는 그 아르바이트를 계기로 해서 외식업이 무엇인지 알게 되었다. 더 깊이 들어가면 아마도 그때 나의 인생 진로가 나도 모르게 정해지지 않았나 싶다. 지금 하고 있는 외식업의 출발점이 바로 통일광장이라고 할 수 있다. 그곳에서 외식에 대해 눈을 떴다.

한편 구재윤은 다른 방식으로 백수 탈출을 이루었다. 예상치 못하게 군대 입영 통지서가 일찍 나와 바로 입대한 것이다.

나는 통일광장에서 일하면서 술장사가 돈을 쉽게 벌 수 있는 방법이란 것을 알게 되었다. 그래서 나도 술이나 음식을 파는 것을 업으로 삼기로 결정했다. 이에 나는 군대 가기 전에 조리사 면허증을 따기로 계획하고 어머니에게 학원비 지원을 부탁했다. 당시 법적으로 30평120제곱미터 이상 매장부터는 조리사 면허증이 있어야 식당 허가를 받을 수 있기에 그런 계획을 세운 것이다. 조리사가 되겠다는 나에게 어머니는 앞으로 비전 있는 자동차 정비나 헤어 디자인을 배우라고 권하셨지만 나는 뜻을 굽히지 않고 강남에 있는 수도학원에 등록했다.

강남으로 학원을 다니면서 이런 생각이 들었다. 강남이란 멋진 동네에서 파트타임으로 일을 해보는 것도 나쁘지 않을 것 같았다. 그래서 나는 박대성과 파트타임 일자리를 알아보았고, 강남역 뉴욕제과 2층 유토피자에서 일을 시작하게 되었다. 그 시절 처음으로 피자 만드는 법을 배웠고 음식을 만들어서 타인에게 제공한 첫 경험이기도 했다. 또한 우리는 매일 피자로 점심을 때웠다. 평생 먹을 피자를 그때 다 먹은 듯싶다.

피자집에서의 보수는 시간당 1,500원이었다. 나는 시급을 올리려고 한달 후에 청소 파트타임으로 바꿔달라고 매니저에게 요구했다. 요구가 받아들여져 시급 200원을 더 받을 수 있는 청소 일을 하게 되었다. 그런데 또한 달 뒤에 나는 100원을 더 받을 수 있는 배달 파트타임으로 바꿔줄 것을 요구했다. 운전면허증도 없는데 배달 업무를 요구했으니, 당연히 거절당했다. 매니저에게 졸라댔지만 소용없었다. 내가 자꾸 높은 시급의 일을 요구했던 건 욕심이 많아서가 아니었다. 다만 오늘보다 나은 내일을 꿈꾸며 살았기 때문이다. 그 시절 나는 월 30만 원 정도 벌었는데, 받은 돈은 전부 어머니에게 드리고 용돈을 타서 썼다. 버는 돈보다 용돈으로 나가는 돈이 더 많았지만, 어머니는 아무 말씀 없이 내 용돈을 챙겨 주셨다. 지금 생각해도 그런 어머니 밑에서 성장할 수 있었던 것이 감사하다.

아버지가 택시 기사로 돈을 벌고 계셔서 그런지 어머니는 나에게 1종 보통 운전면허를 딸 것을 권하셨다. 나중에 마땅히 직업 못 구하면 운전이라도 해서 먹고살아야 한다는 게 이유였다. 그 당시 나는 삼국지라는 PC 게임에 빠져 있던 상황이라 어머니에게 컴퓨터를 사주면 운전면허증과 조리사 면허증을 함께 취득하겠다는 협상안을 제시했다. 어머니는 아무 조건 없이 생애 첫 컴퓨터를 선물해 주셨고, 그 덕분에 나는 입대 전 컴퓨터를 조금이라도 익힐 수 있었다.

하지만 내가 한 약속을 지키지 못했다. 운전면허 필기시험에 세 번이나 떨어진 것이다. 결국 주변의 놀림거리가 된 상태로 군대에 가야 했고, 그때 나는 '내 머리가 진짜 나쁘구나' 생각했다. 떠올리기 싫은 기억이지만 잔잔한 웃음을 안겨주는 기억이기도 하다.

다행히 군 입대 전 조리사 면허증은 취득했다. 그때는 마침 전화위복轉 禍爲福이란 한자성어를 알게 된 시점이기도 했는데, 나는 운전면허증 불합 격으로 잠시 충격에 빠졌지만 이를 전화위복의 기회로 삼았다. 더 이상 물러날 곳이 없다는 간절함으로 조리사 필기시험에 매달렸고, 좋은 결과를 얻어냈다. 실기시험도 한 번에 합격할 수 있었다. 그렇게 부모님에게 죄송한 마음을 조금이나마 털어버리고 당당하게 입대했다.

신병훈련소에 입소한 나는 취사병 지원자를 차출한다는 소리에 제일 먼저 손을 번쩍 들었다. 음식에 관심이 있어서이기도 했지만 먼저 입대한 구재윤의 영향도 컸다. 구재윤은 두 달 동안 보일러 배관공사 일을 한 경험을 살려 공병에 지원했다가 죽도록 고생을 했다. 그래서 나는 공병을 피해야겠다는 마음에 취사병 지원에 주저 없이 지원한 것이다.

어쨌든 그 짧은 순간의 선택이 내 인생에 좋은 기회를 마련해주었다. 나는 정말 운 좋게도 엄청난 연줄이 있어야만 간다는 삼군사령부로 차출되었는데, 그곳에서도 별을 단 장군님들만 식사하는 참모 식당에서 근무를 하게 되었다. 참모 식당에서는 고급 식재료를 사용하고 식사도 한정식 코스로 제공하기 때문에 여러 가지로 배울 점이 많았다. 한정식을 어느 정도 이해할 수 있었고, 음식을 만든다는 것의 의미도 느낄 수 있었다. 신병훈련소에서 번쩍 손을 들지 않았다면 가질 수 없는 배움이었다. 그래서 나는 주장한다. 때로는 과감히 손을 드는 모험도 필요하다고. 그 모험이 인생을 바꿀 수 있다.

어떤 시합이든 절실한 사람이 이긴다

군 전역을 앞두고 고민하게 되었다. 돈을 벌기 위해 동대문으로 가서 장사를 배워야 할지 아니면 남대문으로 가서 장사를 배워야 할지……. 고민에 고민을 하다가 조리사 자격증도 있는데 우선 직장생활을 한번 해보는 것도 나쁘지 않을 것 같다는 생각이 들었다. 그렇다면 호텔이 좋을 것 같았다. 지금 생각해 보면 어이없는 생각일 수도 있지만, 호텔 요리사는 왠지 멋져 보였다.

전역 한 달을 남기고 우선 운전면허 필기시험 공부를 시작했다. 다시 실패할 수는 없어서 필사적으로 매달렸다. 주변 사람들이 나보고 사법고시 공부하는 줄 알았다면서 약 올리던 기억이 아직도 생생하다. 아무튼 그렇게 열심히 공부한 결과 필기시험에 합격할 수 있었다. 이어서 실기시험에도 합격에 마침내 운전면허증을 손에 넣었다. 어머니의 선견지명대로 먹고 살 방도를 하나 마련해놓은 것이다.

이제 하늘에게 나의 진로를 맡기고 호텔의 문을 두드렸다. 호텔에 취업을 못하면 동대문으로 가서 장사를 배워야겠다는 마음으로 지원했다. 바야 호로 스물세 살이던 해, 1997년 6월이었다. 스물세 살 청년은 직업소개소를 통해 약 20군데 호텔에 입사를 시도했다. 그리고 3개월 정도 기다림의 시간을 보낸 뒤 운 좋게 세종호텔에 2개월 계약직으로 취업할 수 있었다.

당시는 느낄 수 없었지만 나는 진정 럭키가이 Lucky guy였다. 돌이켜보면 세종호텔에서의 시간은 크나큰 자산이 되었다. 세종호텔에서 요리에 대해 새로운 시각과 개념을 가질 수 있었는데, 그것이 장차 사업하는 데 많은 도움을 주었다.

그 시절 세종호텔 면접을 볼 때 인사팀장에게 했던 말이 생생하게 기억난다.

"무임금이라도 일만 시켜주시면 열심히 하겠습니다."

그 말 때문인지, 내가 능력 있어서 뽑은 건지는 모르겠다. 아마도 2개월 파트타임직이라 쉽게 막 부릴 수 있는 젊은 친구를 채용하지 않았을까 싶다.

아무튼 세종호텔에서의 2개월은 너무 행복했던 시간이었다. 나는 짧은 기간에 얽매이지 않기로 했다. 이곳에서 많은 형님들과 친해져 다른 호텔에 추천받겠다는 생각으로 하루하루 열심히 일했다. 주방의 모든 사람들과 친해지고 모든 사람들에게 인정받아야 다른 호텔로 이직할 수 있을 것 같아 오직 일에만 집중했다. 형님들에게 인정받기 위해 내가 선택한 방법은 굉장히 단순했다. 시키는 업무를 누구보다 가장 빠르게 하는 것, 보는 사람마다 크게 인사하는 것이 전부였다.

호텔이란 장소는 연말 송년회 행사로 바빠서 11월, 12월 2개월 정도 파트타임 일꾼을 임시로 고용한다. 그렇게 일을 시키고 2개월 후 퇴사 조치하는 게 일반적이다. 그러나 하늘의 도움을 받아서인지 그 당시 근무하던 형님 중 한 명이 퇴사하면서 빈자리가 하나 만들어졌다. 나는 새로운 기회가 올지도 모른다는 희망을 가졌다. 하지만 희망은 오래가지 못했다. 주방장 소개로 채용된, 나와 동갑내기 친구가 한 명 있었는데, 형님들한테 그 친구가 빈자리를 채울 것이라는 이야기를 들었다. 내가 주방에서 일할 수 있는 시간은 1월 말까지였다.

나는 절망하는 대신 미련을 버렸다. 그리고 1월 말을 기다리면서 형님들과 친해지는 데 집중했다. 형님들에게 인정받아야 미래가 있을 것이라는 목표를 가지고 남은 하루하루 최선을 다해 열심히 업무를 맡아 처리했다.

1월 말은 생각보다 일찍 찾아왔다. 1월 30일 마지막날 업무를 위해 나는 차분한 마음으로 출근했다. 그런데 형님들이 나한테 "축하해"라는 말을 던지는 것이다. 어리둥절한 나에게 한 형님이 다가왔다. 나는 그 형님에게 주방장 소개로 왔던 친구가 퇴사를 하게 되어서 내가 남기로 결정되었다는 이야기를 들었다. 더 기쁜 소식은 따로 있었다. 형님들 모두가 나를 채용해야 한다고 주방장을 설득했다는 것이다. 그 말을 듣고 너무나 기뻤다. 인정받았다는 사실에 정말 뿌듯하고 행복했다.

지금 생각해 보면 주방장 소개로 온 친구는 주방장 힘을 믿고 편한 일만 주로 했던 것 같다. 어차피 자신이 남을 것이라는 생각에 적당히 일했고, 그 모습이 형님들에게 곱게 보이지 않았으리라 생각된다. 나는 선의의 경쟁에서 당당하게 승리한 승자였다. 어떤 시합이든 유리한 쪽에 있는 선수보다 절실함을 가지고 있는 선수가 이기는 경우가 종종 있다. 내가 다시 한 번 그것을 증명한 것이다.

훗날 나는 직장생활을 하면서, 사업을 하면서 '전략'이란 단어를 많이 썼다. 전략이 그만큼 중요하기 때문이다. 세종호텔에서의 2개월, 나의 전략은 '인정받기'였다. 물론 그 시절 의식적으로 전략을 세운 것은 아니었다. 단순한 마음가짐에 불과했다. 하지만 돌이켜보면 그것은 훌륭한 전략이었다.

어디에 몸담고 있든 인정받는 것은 중요하다. 인정받으려는 전략을 세우고 성실하게 행동해야 한다. 기회는 누구에게나 공평하고 공정하다. 인정받는 사람이 기회를 성공으로 이끈다. 세종호텔에서의 승리는 나의 첫 번째 성공으로 기록할 만하다. 나는 이 일을 계기로 삶을 긍정적으로 바라보는 마음을 갖게 되었다. '하면 된다'는 생각을 이때 처음으로 했다.

지금이 또다른 시작이다

그러나 호텔 생활이 나에게 기쁨만 안겨준 것은 아니다. 내가 생각했던 호텔 주방은 일류 요리를 만들고, 최고급 식재료를 사용하며, 모든 것이 최상인 모습이었다. 그 최상의 조건에서 한번 일해보고 싶었던 것이다. 하지만 실제 호텔 요리사로 일하면서 느낀 점은 왜소했다. 군대 취사병이나 특급호텔 요리사나 크게 다른 점을 찾지 못했다. 다른 뭔가를 찾고 싶어 형님들에게 불만 섞인 이야기와 질문을 자주 했었던 기억이 있다. 형님들의 대답은 항상 똑같았다. 세종호텔은 특 2급이라 그렇고, 특 1급으로 가면 체계적으로 업무를 배울 수 있다고 말해 주었다.

나는 더 좋고 더 멋진 장소에서 일하기 위해 특 1급 호텔로 이직을 해야겠다고 생각했다. 그래서 쉬는 날마다 신라호텔, 롯데호텔, 힐튼호텔의 각 인사팀을 찾아다니며 이력서를 제출했다. 작게나마 기대를 품었지만 세상은 쉽지 않았다. 면접을 보러 오라는 전화 한 통조차 받지 못했다. 처음으로 좌절감을 느꼈다. 인생에 적신호가 들어온 기분이었다. 형님들과 고민상담을 했다. 답변은 여러 가지로 정리되었다

첫째, 경력이 너무 짧다는 것이다. 특 2급에서 특 1급으로 이직하기 위해서는 특별한 능력이 있어야 된다는 것인데, 어느 정도 맞는 이야기다.

둘째, 학력이 고졸이라 힘들 수 있다는 것이다. 예전에는 학벌 낮은 사람이 주로 요리사 생활을 했지만 지금은 사정이 다르다고 했다. 많은 전문대에 조리학과가 신설되었고, 많은 학생들이 배출되고 있었다. 나 말고도 적은 임금을 주면서 좋은 교육을 받은 친구를 채용하기 쉬운 시절이었다.

셋째, 내가 인맥이 없다는 것도 약점이었다. 특 1급은 주로 지인 소개로 검증된 사람이나, 국회의원 같은 든든한 뒷배를 가진 사람이 가는 곳이라고 했다. 당연히 나는 갈 수가 없었다.

세 가지 모두 당장 내가 만들 수 있거나 보완할 수 있는 것이 아니었다. 하지만 포기하기보다는 해결책을 찾는 게 맞는 행동이라고 생각했다. 호텔 경력은 더 쌓으면 되는 것이고, 학교는 지금이라도 다니면 될 듯싶었다. 인맥은 여기 세종호텔 형님들이 있었다. 그게 그 시절 나의 결론이었다.

내가 특 1급 호텔로 진출하는 데는 시기적으로도 안 좋았다. 1998년은 대한민국 최대 위기인 IMF 사태가 휘몰아치던 해였다. 정규직 직원들도 정리해고 당하고 파산하는 회사가 수두룩했는데, 나는 그런 시대적 상황을 전혀 몰랐다. 그만큼 나는 세상에 문외한이었다.

나는 결단해야 했다. 계약직으로 현재 이 자리에 만족하고 세종호텔에 머무를 것인가, 아니면 새로운 돌파구를 찾아야 하는가. 고민하며 하루하루 호텔 근무를 했지만 마음은 자꾸 다른 곳을 향해 갔다. 아직 젊어서인지는 모르겠지만 나는 언제나 더 나은 나 자신을 원했던 것이다. 호텔 근무

인원 중에 계약직은 나를 제외하면 한두 명 정도 더 있었다. 그렇다 보니 똑같은 일을 하는데 나만 손해 보는 느낌이었다. 지속적으로 그 느낌을 가진 채 지낼 수는 없었다. 더 나은 나를 찾는 것이 해답이라 생각했다.

그런 생각을 가지고 지내던 어느 날, 평소 열심히 일하는 형님 한 분이 모두 모여 있던 자리에서 주방장에게 크게 혼이 나는 모습을 보게 되었다. 주방장은 난생처음 듣는 욕을 서슴없이 내뱉었는데, 다른 형님들은 그 욕을 들으면서 아무도 주방장을 말리지 못했다. 아무것도 못하는 그 형님들의 모습이 몇 년 뒤 내 모습인 것 같았다. 나는 이제야말로 결정을 내려야 할 때라고 생각했다. 나의 미래를 여기다 맡길 수는 없었다. 결국 나는 새로운 출발을 결심했다. 어차피 내 꿈은 요리사가 아니었다. 사업가였다. 나는 장사를 하는 데 도움이 될 수 있는 직업을 선택하는 게 맞다고 생각했다. 그렇게 스스로를 합리화하며 2년 동안의 세종호텔 생활을 정리했다.

나에게 새로운 출발은 무엇일까? 스스로에게 던진 질문에 매장 운영에 대한 지식을 배우는 것이 좋겠다는 답이 나왔다. 나는 그 답에 따라 제출 가능한 모든 곳에 이력서를 제출했다.

제일 먼저 논현동 아웃백 스테이크에서 연락이 왔다. 면접을 치렀다. 점장님은 합격 통지와 함께 바로 스테이크를 구울 수 있도록 특별대우를 해주었다. 아웃백 스테이크에서는 샐러드 코너 2개월 근무하고, 파스타 코너를 거쳐 스테이크 파트로 넘어가는 게 일반적인 근무 코스였다. 적어도 6개월 이상 지나야 스테이크 굽기를 할 수 있는 시스템인데, 나는 호텔 근무를 했다는 이유로 바로 스테이크 굽는 자리에 꽂아준 것이다. 점장님으로

서는 크게 인심을 쓴 것이나 다름없었다.

그렇게 특별한 혜택을 받았지만 아웃백 스테이크 근무는 나에게 악몽을 안겨주었다. 호텔에서는 출근 전 깨끗한 유니폼을 제공받고, 업무 종료 후 샤워를 한 후 상쾌한 마음으로 퇴근할 수 있다. 나는 모든 식당들이 전부 그런 식으로 운영되는 줄 알고 있었다. 그건 나의 엄청난 착각이었다. 호텔 근무의 경험은 두 번 다시 할 수 없었다. 아웃백 스테이크에서는 스스로 유니폼을 빨아서 입어야 했고, 샤워장이 없어 고기 냄새가 밴 상태로 퇴근을 해야 했다. 버스나 지하철에서 얼마나 신경이 쓰였는지, 겨우 7일이었지만 매일매일 퇴근길이 힘들었다. 매장 화장실에서 깨끗이 세수해도 고기 냄새를 지울 수는 없었다.

그렇게 일주일째 근무를 하던 날 '마르셰Marche'라는 스위스 패밀리 레스토랑을 운영하는 (주)덕우산업, 현 (주)아모제에서 면접 보러 오라는 연락이 왔다. 나는 그날 바로 아웃백 스테이크에 더 이상 근무하기 힘들다는 의사를 전달했다. 그리고 며칠 쉬고 난 뒤 (주)아모제에 면접을 보러 갔다. 면접 현장에 도착한 나는 깜짝 놀랐다. 공개 채용 면접인데, 나에게 순번표를 주면서 기다리라는 것이다. 태어나서 처음 하는 공개 채용 면접이라 마음이 설레고, 기분도 좋았다. 항상 점장 또는 사장 아니면 인사팀장과 일대일로 개인 면접만 해본 터라 공개 채용 면접 현장은 놀라움을 안겨주기에 충분했다. 우습게도 아직 합격한 것도 아닌데 기쁨에 사로잡히고 말았다.

면접날의 기쁨은 후에도 이어졌다. (주)아모제의 공채 3기로 합격하게 된 것이다. 합격 통지를 받고, 나는 행운의 사나이란 생각이 들었다. 오리엔테이션을 하는 동안에는 사회의 일원이 된 느낌이 들었고, 이제 정상적인 직장인이 된 것이 실감 나기도 했다. 첫 정규직 입사였기에 그런 기분은 당연했는지도 모른다.

나는 공채 3기로, 마르셰Marche 강남점 오픈 멤버가 되었다. 신입 교육을 받을 때 조기형 매니저(리치푸드 이사)가 나에게 어떤 업무를 하고 싶은지 물었다. 나는 내가 겪어보지 못한 베이커리와 초밥을 골랐고, 둘 중 하나만 시켜주시면 열심히 해보겠다고 말씀드렸다. 솔직히 더 배우고 싶었던 분야는 베이커리였지만.

결국 나에게 맡겨진 것은 초밥 코너였다. 매니저는 베이커리 분야는 기술자가 따로 있어서 나에게 맡기기 어렵다고 했다. 나는 긍정적으로 그 결정을 받아들인 뒤 열심히 초밥을 배웠다. 그리고 나름 짧은 시간에 초밥 전문가로 변신하게 되었다.

모두가 나의 비즈니스 파트너

지금까지 이 책에 나오는 사람을 소개할 때 이름 옆에 현재 업무 직책을 적고 있다. 그 이유는 내가 현재 하고 있는 사업과 연관성을 가지고 있는 사람들이기 때문이다. 또한 인연이 어떤 식으로 사업에 영향을 미치는지, 그래서 인연이 얼마나 중요한 것인지 알리기 위한 목적도 있다. 현재 나의 주변 사람들은 단순히 친구 또는 지인이 아니다. 훌륭한 비즈니스 파트너이다. 지금 당신 옆에 있는 사람이 당신에게 돈을 벌어다 줄 은인이 될 수 있다. 물론 그것을 인식하고 행동하기는 쉽지 않을 것이다. 나 역시 마찬가지였다. 나도 내가 25년 전에 만난 이들과 함께 비즈니스를 하게 될 거라는 생각은 단 한 번도 안 해봤다. 하지만 지금에 와서 되돌아보면 모든 건 인연으로 이루어졌다.

2021년 현재 많은 지인들의 도움을 받아 안정적으로 사업을 운영 중에 있다. 코로나19 상황 속에서 머나먼 타국 캐나다에 와서 이렇게 나의 과거를 정리하고 있다. 나의 첫 인연, 초등학교 6학년부터 지금까지 내 옆을 지켜주는 친구 구재윤((주)만랩게임즈 대표)이 생각난다. 그는 지금 좋은 친구이자 좋은 사업 파트너이다. 이대성((주) DRI 열정 아카데미 대표) 역시 어려서부터 지금까지 함께한 소중한 인연이다.

사회에서 만난 첫 인연은 (주)아모제 공채 3기 동기 중에 있다. 손의태(바켓버거), 최은영(현 도토리편백집 대표), 이은혜(마음한잎꿈한그루), 오현(꾼피자) 등 네 사람이다. 상사 중에는 그때 당시 캡틴으로 근무했던 박홍민(바톤브릿지 대표), 김기연(메가사업팀장), 그리고 훈기 형님(송추가마골 부장), 이현강 형님(파파오 쌀국수 팀장), 성자(경복궁 팀장), 오열정 형님(바톤브릿지 고문) 등이 있다. 모두 고마운 인연들이다.

(주)아모제에 입사하면서 나는 마르셰Marche 강남점 오픈 준비를 하게 되었다. 또한 손의태(바켓버거)와 함께 초밥 코너를 책임지게 되면서 가까운 동료로 깊어지게 되었다. 둘이 같은 시간에 근무를 하지는 않았지만 각각 아침 파트와 야간 파트를 맡으면서 좋은 관계로 발전할 수 있었다. 나이가 동갑이라 모든 면에서 함께하는 것이 수월했다. 손의태는 마르셰Marche 강남점 점장님과 친분이 있었다. 매니저와도 관계가 좋았고, 함께 근무했던 형과 동생들 모두와 가깝게 지낼 정도로 성격이 좋았다. 한마디로 대인관계가 남들보다 우월했다. 항상 그런 그가 부러웠다.

(주)아모제에 입사해 오리엔테이션을 받으면서 일 년에 한 명씩 최우수 사원에게 주는 '올해의 아모제인상'이라는 제도가 있다는 것을 알게 되었다. 어려서부터 상이라고는 개근상 말고는 받아본 기억이 없는 나는 아모제인상에 마음이 끌렸다. 공부를 잘한 사람이 아니라 열심히 일한 사람에

게 주는 상이기 때문에 왠지 받을 수 있겠다는 자신감이 생겼다. 몸으로 하는 것은 누구한테도 지지 않겠다고 다짐했던 터라 한 번쯤 그 상에 도전하고 싶었다.

그럼 어떻게 해야 상을 받을 수 있을까? 고민에 들어간 나는 단순하고 명쾌한 답을 찾아냈다. 인맥도 없고 능력도 없기 때문에 아무생각 없이 남들보다 빠르게, 많이 일하면 된다는 것이 나의 답이었다. '무식하게 많이 일하면 알아주겠지?' 뭐, 대충 그런 전략이었다.

그렇게 (주)아모제 마르셰Marche 강남점에서 첫 근무를 시작했다. 근무 시작과 동시에 나는 1시간 일찍 출근했다. 1시간 일찍 출근만으로 차별화 주기는 힘들어 1시간 늦게 퇴근도 수시로 했다. 초밥 업무가 끝나면 베이커리 분야에 가서 도와준다는 명분으로 베이커리 업무를 배웠다. 그 배움은 참 즐거웠다. 돌이켜보면, 무엇을 배운다는 것은 삶에 행복을 더하는 지름길이 아닐까 싶다.

마르셰Marche 강남점에서 누구보다 열심히 일했다. 하지만 그해 아모제 인상은 받지 못했고, 새롭게 오픈하게 되는 마르셰Marche 무역센터점으로 전보 발령을 통보받았다. 나는 억울한 기분에 조기형 매니저에게 따지듯 이야기했다.

"왜 손의태가 아니고 내가 가야 합니까? 손의태는 점장님 인맥이라 강남에 있고, 나는 인맥도 힘도 없어서 쫓겨나는 건가요?"

하지만 따지는 건 아무 의미가 없었다. 나는 결국 마르셰Marche 무역센터점으로 출근을 하게 되었다.

무역센터점으로 이동하면서 이를 악물었다. 새로운 목표를 세우며 마음을 다잡았다. 나는 내가 부족해서 무역센터점으로 밀려난 것이라 생각했으며, 이 상황을 반전시키기 위해서는 더 나은 업무 역량을 발휘해야 한다고 생각했다. 역시나 전략은 단순했다. 2시간 일찍 출근하기로 한 것이다. 물론 2시간 늦게 퇴근하는 일도 잦았다. 이렇게 했는데도 안 된다면 아모제인상은 깔끔하게 포기하기로 작정했다.

무역센터점에서 첫 번째 은인들을 만나게 된다. 열심히 하는 나를 굉장히 예쁘게 봐 주고 물심양면으로 도와준 그분들은 임모일 매니저와 이정호 캡틴이다. 마르셰Marche 무역센터점 점장님과 그 외 분들이 나를 크게 인정해주지 않던 상황에서 임모일 매니저와 이정호 캡틴은 나란 존재를 크게 부각해 주었다. 또한 아모제인상을 받을 수 있도록 본사 측에 강하게 어필도 해주었다. 두 분이 있었기에 나는 2001년도 아모제인상을 받게 되었다. 언제나, 여전히 두 분에게 감사한 마음을 갖고 살고 있다.

아모제인상은 나에게 어떤 일을 새롭게 시작할 때 끈기를 가지고 일할 수 있게 만들어 준 계기가 되었다. 나는 무엇을 하든 쉽게 포기하지 않는다. 꾸준히 오랜 시간 행동하는 습관을 가지고 있다. 주변 사람들도 나를 그렇게 평가한다. 끈기로 일하는 습관이 몸에 밴 것은 그 시절 아모제인상의 영향이 컸다. 아모제인상은 귀한 깨달음을 하나 더 안겨 주었다. 그 깨달음은 술자리에서 찾아왔다. 아모제인상을 받은 뒤 좋아하는 후배와 소주 한잔을 했다. 그런데 후배가 뜻밖의 이야기를 꺼냈다.

"난 형이 너무 싫어."

그 이유인즉슨 내가 2시간 일찍 출근하는 바람에 자신이 1시간 일찍 출근해도 아무도 신경을 쓰지 않고, 자신이 최선을 다해 일해도 아무도 칭찬해주지 않는다는 것이다. 해머로 머리를 한 대 얻어맞은 기분이었다. 그때 나는 깨달았다.

'나의 성공도 중요하지만 주변 선후배를 챙기며 함께 가는 것도 중요하구나!'

그날 후배에게 미안하다는 말을 건넸다. 그 후 주변 사람들과 동행하는 데 더 노력했다. 그 후배는 물론 다른 사람들이 나의 노력을 인정했는지는 모르겠지만, 나름대로 애를 썼다. 지금 그 후배와는 연락이 닿지 않는다. 훗날 내 삶에 집중하다 보니 자연스럽게 연락이 끊겼다. 나에 대한 미움이 풀렸는지, 여전히 미움을 품고 있는지는 알 수 없다. 아무튼 이 지면을 빌려 다시 한 번 미안함을 전하고 싶다.

새로운 일을 시작하는 사람들을 위한 7가지 팁

❶ 사람은, 인연은 사업 성공의 열쇠다.

❷ 자신과 환경과 사회를 비판할 시간에 해결책을 찾기 위해 노력하자.

❸ 모든 업무는 관계를 통해 이루어진다.

❹ 때로는 과감히 손을 드는 모험도 필요하다.

❺ 인정받으려는 전략을 세우고 성실하게 행동해야 한다.

❻ 새로운 출발을 결심하면 단호하게 도전하라.

❼ 나의 주변 사람들은 훌륭한 비즈니스 파트너이다.

"공로는 실제로 경기장에 나가 얼굴이
먼지와 땀과 피로 범벅이 되도록 용감히 싸운 사람,
거듭 실수하고 기대에 못 미쳐도 실제로 뛰는 사람,
무한한 열정과 헌신의 가치를 아는 사람,
값진 대의에 자신을 바치는 사람의 몫입니다."

- 엔젤라 더크워스의《GRIT (그릿)》중에서

2장

꿈을 품으면
성장하는 능력

일본 연수 그리고 비전

그 시절 (주)아모제에서는 아모제인상을 받으면 포상으로 일본 연수를 4박 5일 갈 수 있는 기회를 주었다. 덕분에 난생처음 비행기를 타고 해외 구경을 하게 되었는데, 일본에 머무는 동안 하루하루가 너무 신기하고 감격스러웠다.

일본은 한국과 전혀 달랐다. 일본에서는 대한민국에서 인기 있는 대형 패밀리 레스토랑이 10년 전에 호황을 누리다 지금은 거의 사라져가고 있었다. 백화점 식당은 매출이 지속적으로 성장하고 있었다. 그래서 대한민국 백화점 업계 사람들이 일본 백화점으로 벤치마킹을 자주 온다고 했다.

일본 연수에서 가장 강하게 남은 느낌은 패밀리 레스토랑에 미래가 없다는 것이다. 연수에서 돌아온 나는 '그럼 앞으로 무엇을 준비해야 하나?' 고민하기 시작했다. 한창 고민에 빠져 있을 때 (주)아모제 인사팀장님이 면담을 요구했다. 연수를 보내준 것에 대해 감사 인사도 드릴 겸 인사팀장님을 찾아갔다. 그러자 인사팀장님이 뜻밖의 소식을 전했다.

"축하합니다. 이번에 캡틴으로 승진하게 되었어요."

군이 직접 불러서 진급 소식을 알려주는 이유가 뭘까 궁금해하고 있는데, 인사팀장님이 새로운 이야기를 꺼냈다.

"회사에서 뉴 비즈니스 차원으로 '카페아모제'라는 테이크아웃Take out 매장을 운영하려 합니다. 그곳에서 근무해보는 건 어떤가요?"

카페아모제는 아직 정식 브랜드는 아니었다. 백화점 식당가 코너 일부에서 행사 형태로 마르셰Marche 메뉴를 테이크아웃Take out으로 판매하는 구조의 5평15제곱미터 정도 작은 매장이었다. (주)아모제에서는 장기적으로 마르셰Marche 브랜드 로열티를 제공하지 않기 위해 자체 브랜드를 꾀한 것인데, 그 노력의 결과 첫 번째 아이템으로 카페아모제를 선정했던 것이다. 인사팀장님은 카페아모제가 비전 있는 사업이라는 것을 전 직원들에게 각인시키기 위해서는 아모제인상을 받은 직원이 제일 먼저 이동하는 것이 좋겠다는 판단을 내린 것 같았다. 그 판단에 따라 나에게 이동을 제안했다는 것을 여실히 느낄 수 있었다.

우연인지 필연인지 알 수 없지만, 제안받은 시기는 적절했던 것 같다. 일본 연수의 영향으로 패밀리 레스토랑 마르셰Marche는 비전이 없을 것이라는 생각이 자꾸 아른거리던 때였다. 나는 인사팀장님의 제안을 선뜻 받아들였다. 나의 미래를 위해서도 소형 매장이 더 비전이 있을 것이라는 판단이 그 자리에서 내려졌기 때문이다. 인사팀장님은 나의 빠른 결정에 엄청 고마워하셨다.

나의 새로운 도전의 장소 카페아모제 1호점은 강남 신세계백화점 지하 1층 식품 코너에 세워졌다. 그곳에서 추효경 점장님을 만났다. 당시에는 그분으로 인해 새로운 인생이 펼쳐질 줄은 꿈에도 몰랐다. 장차 추효경 점장님은 나에게 은혜를 베푼 두 번째 인물이 된다. 내가 겪은 사람들 중에 특이한 걸로는 다섯 손가락 안에 들어갈 분이다.

추효경 점장님은 나를 전적으로 신뢰하셨다. 모든 업무 결정에 대해 전폭적인 지지를 보내주셨고, 그로 인해 나는 나의 능력을 보여줄 수 있는 새로운 기회를 얻게 되었다. 나는 카페아모제를 성공시켜서 나의 두 번째 도약의 기회를 만들겠다고 다짐했다. 추효경 점장님 또한 카페아모제의 성공을 위해 전력을 다하셨다. 그분은 외국에서 공부를 하고 오셔서 그런지 남들과 다른 점이 많았다. 생각도, 행동도 다른 상사분과는 많이 달랐다. 나는 그런 점장님의 장점을 온몸으로 배우면서 성장을 위한 자양분으로 삼았다. 그렇게 노력한 결과는 가시적으로 나타났다. 5평밖에 안 되는 작은 매장에서 하루 천만 원 이상 매출을 꾸준히 올리게 된 것이다. 스스로도 그 놀라운 매출이 신기했다.

카페아모제 매장에서 근무하기 전에는 매장 크기와 매출이 비례하는 줄 알았다. 테이크아웃이란 시스템이 있다는 것도 카페아모제와 백화점 근무를 하면서 알게 되었다. 나는 그때 포장하는 방법과 테이크아웃 매출을 높이는 방법에 대해 평생 배워야 할 것을 전부 배웠다. 그곳에서 근무했던 시간은 새로운 개념의 영업 방식을 알게 해준 좋은 계기였다. 그 시절 초기에 나는 이렇게 생각했었다.

'이런 포장 방식하고 판매 방식을 내가 언제 다시 써먹는다고 여기서 이 고생을 하고 있는 줄 모르겠네.'

하지만 테이크아웃 포장 방식과 판매 방식은 나의 인생에서 엄청난 무기로 장착되었다. 카페아모제에서의 경험이 앞으로 나에게 엄청난 돈을 벌어주는 지식이 될 줄은 그때는 전혀 예상하지 못했다. 시간은 경험을 성공으로 만들어주는 밑거름이 된다는 사실을 이제는 어느 정도 이해하고 있다. 그런 나이가 된 듯싶다.

㈜아모제에서도 테이크아웃 매장 사업에 확신을 가지게 되었다. 나는 테이크아웃에 대해 더 많은 지식을 쌓기 위해 책을 사서 공부했다. 그러던 중에 아웃소싱outsourcing이란 새로운 개념에 호기심이 발동했다. 작은 매장에서 높은 매출을 올리기 위해서는 판매와 조리를 구분해야 한다고 적혀 있었는데, 나 역시 현장에서 느끼고 있는 바였다. 한 장소에서 제조와 판매를 동시에 한다는 것은 효율이 떨어지는 결과를 도출하고 있었기 때문이다.

백화점 매장에서는 판매하기도 정신없고, 포장하기에도 인원이 부족하고, 장소도 협소했다. 카페아모제 식구들 역시 하루빨리 시스템을 변경해야 된다고 생각하게 되었다. 조리는 다른 장소에서 하고, 카페아모제 매장에서는 판매만 전적으로 할 수 있다면 지금보다 1.5배는 높은 매출을 올릴 수 있을 것이라는 확신에 우리는 아웃소싱 시스템을 도입하게 되었다.

카페아모제는 10시 오픈해서 저녁 8시에 문을 닫는다. 18시까지는 정상 금액으로 판매하고, 남은 2시간은 마감 세일이라는 행사를 통해 반짝 매상을 올렸다. 마감 세일 동안의 매출액과 그 이전 시간의 매출액이 50대 50이어서 마감 세일의 중요성은 더욱 부각되었다. 나는 동대문에서 "골라 골라"를 외치며 장사하는 내 모습을 오래전부터 그리고 있었기 때문에 마감 세일 시간에는 더 신이 났다. 백화점에서 "세 팩에 만 원"을 외치며 동대문 시장의 상인처럼 물건을 팔았다.

카페아모제에서만큼은 누구보다 열심히 일했다. 남들보다 판매를 못한다면 나중에 독립해 장사를 하더라도 100전 100패라 생각하며 부지런히 뛰어다녔다. 그 힘인지는 모르겠지만 매출 성적은 좋은 성과로 돌아왔다. 카페아모제는 더 많은 백화점으로 진출을 하게 되었다. 하지만 만족할 만한 수준은 아니었다. 전국 110개 점 백화점 중에 카페아모제가 입점한 곳은 30개 미만이었다. 새로운 고민을 할 수밖에 없는 현실이었다.

브랜드를 론칭하다

　열심히 노력한 것만큼 성과가 있었음에도 불구하고 카페아모제 30개 점 정도 운영해서는 ㈜아모제의 장기적 비전을 달성하기는 어려웠다. 또 다른 브랜드를 만들자는 데 의견이 모아지기 시작했다. 이에 ㈜아모제 전 임직원은 마르셰Marche와 카페아모제의 미래를 위해 로컬에서 성공할 수 있는 카페아모제 모델을 만들기로 생각을 정리했다. 그 시점에 김영우 팀 장님이 카페아모제 메뉴 개발 팀장으로 ㈜아모제에 입사했다. 그의 입사 는 카페아모제의 미래를 새롭게 여는 계기가 되었다.

　우리는 로컬 브랜드 관련해서 지속적으로 미팅을 진행했다. 그 결과 일 본식 오므라이스 아이템으로 새로운 사업 모델을 만드는 것으로 어느 정 도 의견이 좁혀졌다.

　나는 뉴 아이템 오므라이스 브랜드를 만들라는 임무를 받으며 신세계백 화점 강남점에서 본사 메뉴 개발팀으로 전보 발령을 받았다. 이때 나를 예 쁘게 봐 준 김영우 팀장님의 추천이 큰 힘을 발휘했다. 나는 메뉴 개발팀으 로 옮기면서 브랜드를 기획하고 만드는 과정을 처음으로 경험하게 되었다.

그 시절의 경험을 바탕으로 훗날 브랜드 기획 능력을 활용할 수 있었다.

메뉴 개발팀으로 발령받은 나는 본사 건물로 출근하게 되었다. 그러면서 박광희((주) 삼현 닭갈비 HMR 개발 및 온라인 쇼핑몰 운영)란 친구와 인연을 맺었다. 박광희는 마르셰Marche 메뉴개발 담당자였는데, 주로 아웃소싱과 센트럴 키친Central Kitchen 업무를 담당해서 그쪽 분야 전문가였다. 박광희를 보면서 한 우물을 꾸준히 파는 게 얼마나 중요한지 여실히 느낄 수 있었다. 그는 잡담도, 농땡이도 없이 오직 일만 열심히 하는 친구였다. 회사는 일에 몰두하는 인재를 원한다. 그런 점에서 봤을 때 나는 회사에 꼭 필요한 인재는 아니었던 것 같다. 항상 나 자신의 사업을 벌일 것을 고민하면서 회사를 다녔던 기억이다.

내가 본 박광희는 (주)아모제에 평생 근무할 것으로 보였다. 하지만 그역시 (주)아모제를 떠나 센트럴 키친Central Kitchen 노하우를 바탕으로 (주)시아스를 설립하는 데 기여한다. 그 공로를 인정받아 임원으로까지 성장하지만 결국 직장 생활에 한계성을 느끼면서 2019년에 독립을 한다. 2020년 내가 캐나다로 오기 전까지는 나와 자주 만나 사업적으로 서로 도움을 주고받았다. 인연은 어디서 어떻게 다시 맺어질지 모른다. 그게 우리의 인생이다.

사업은 현실이다. 사업은 살아 있는 생물과 같기 때문에 항상 주변 사람들에게 진심으로 마음을 다하는 것이 좋다. 그것이 돈 버는 방법의 핵심이고 전부이다. 9년 사업을 하면서 가장 절실하게 느낀 것이다. 최고의 사업 전략은 인간관계에 있다고 확신할 수 있다.

각고의 노력 끝에 오므라이스 전문점 '오므토토마토'가 탄생했다. 나는 김영우 팀장님과 메뉴 기획부터 개발까지, 하나부터 열까지 전부 같이 진행했다. 그 과정에서 김영우 팀장님에게 많은 것을 배우고 전수받았다. 김영우 팀장님은 노보텔 앰배서더 호텔에서 15년 이상 일한 메인 셰프였다. 요리에 대한 열정이 남다른 인물이다. 그런 분에게 짧은 시간이지만 여러 가지 음식을 깊이 있게 배웠다는 점에서 나는 참 운이 좋았다.

6개월이란 짧은 시간 동안 메뉴 개발과 매장 론칭을 함께 진행했다. 오므토토마토 1호점은 무역센터 코엑스몰COEX Mall 끝 아셈타워 지하로 선정되었다. 나는 1호점의 캡틴으로 발령받았다. 위로는 점장 한 분이 더 있었다. 마르셰Marche에서 홀 매니저로 근무한 경력자인데, 성함은 기억나지 않는다.

코엑스몰COEX Mall 오므토토마토 1호점은 나에게 또 다른 계기를 마련해 준 매장이다. 지금까지 내가 거친 마르셰Marche 강남점, 역삼점, 카페아모제 1호점은 이미 만들어져 있는 콘셉트를 가지고 오픈만 진행하는 업무였다. 매뉴얼 역시 전부 짜여 있는 것을 현장 상황에 맞춰 실행한 게 전부였다. 그런데 오므토토마토 1호점은 달랐다. 나 스스로 하나부터 열까지 전부 기획했다. 사전에 문제 발생 요소를 예측해서 고객 클레임이 발생하지 않도록 대비하는 일까지 했다. 물론 전부 다 혼자 한 것은 아니지만 주도했다는 것에 큰 의미가 있다. 나에게 코엑스몰COEX Mall 오픈은 남다른 기억이다. 나의 애정과 열정을 전부 쏟아부은 매장이기 때문이다.

베테랑인 김영우 팀장님에게도 특별한 경험이었을 것이다. 그는 나와 함께 매장에서 박스 깔고 자면서 오픈을 준비했다. 그러던 중 큰 사건을 맞이하기도 했다. ㈜아모제 최고 결정권자의 지시사항이 덜컥 내려온 것이다. 현재 기획되어 있는 서빙 방법을 전면 재조정하라는 지시였다. 오므토토마토의 콘셉트는 천 가지 맛 오므라이스 전문점이다. 때문에 다양한 메뉴를 구현해야 하는데, 주문 방식이나 주문 전달이 정확하지 않으면 엄청난 혼선이 발생할 수 있었다. 나는 이를 예상하고 테이블 서빙Table Serving이라는 서빙 방식을 택했다. 그런데 셀프 서빙Self Serving으로 변경하라는 지시가 내려온 것이다

납득하기 어려웠다. 높으신 분들이 현장의 의견은 전혀 수렴하지 않고 책상에 앉아 단순히 마르셰Marche와 동일한 방법으로 서빙한다는 결정을 내리다니! 어떻게 대응해야 할지 머리가 복잡했다. 화도 많이 났다. 천 가지 다양한 맛을 구현해야 하는 오므토토마토는 손님들이 직접 5가지 밥, 5가지 토핑, 5가지 소스를 선택한다. 이와 같이 3단계를 거쳐야 하므로 손님은 자신이 선택한 메뉴와 명칭을 정확하게 기억하기 어려운 게 현실이다. 주문 용지에 테이블 번호와 메뉴명을 정확하게 적어서 주방에 전달해야 음식을 조리하기가 쉽다. 그런데 그렇게 하지 않고 구두로 직접 셰프가 주문을 받는다면 의사가 정확하게 전달되지 않을 위험이 컸다. 셀프self 계산 후 음식을 고객이 직접 받아가야 하는 시스템system은 고객의 의도와 다른 음식을 받게 되는 사고가 이미 예측되고 있었다.

이러한 사고는 누구나 쉽게 예측할 수 있는 굉장히 단순한 문제였지만 오너의 결정을 직원은 따를 의무가 있었다. 회사의 손익과 잘못된 판단을 따지기 이전에 오너에게 만족감을 줘야 했다. 이것은 여전히 유효한 대한

민국 기업의 안타까운 실정이다. 시간이 지나고 세대가 바뀌면서 많은 것이 변해가고 있지만, 아직 기업 문화의 변화는 미진하다.

나는 오너의 마음은 이해할 수 있었다. 오너는 현장에서 고객을 직접적으로 접객해본 경험이 없으니 그런 결정을 내릴 수 있을 거라 생각했다. 마르셰Marche의 성공이 지금의 오너를 만들었기에, 마르셰Marche에 대한 자부심과 확신이 가슴속에 가득하기에 이미 성공한 좋은 시스템을 두고 굳이 모험을 감수할 필요는 없었을 것이다. 나는 이 안정에 깃들려는 생각이 새로운 도전을 가로막는 가장 큰 문제점이라고 생각한다. 대부분의 프랜차이즈 본사가 두 번째 브랜드를 성공시키지 못하는 이유 중 하나가 바로 여기에 있다. 첫 번째 브랜드 성공에 대한 믿음이 새로운 도전과 모험을 가로막는 것이다. 첫 번째 방식만 고집하다가 오판을 하게 되는 것이다.

오너의 마음은 이해할 수 있었지만, 현실은 이해할 수 없었다. 지시를 받아들이기 힘들었다. 하지만 나는 어린 청년 직원에 불과했다. 매일 출근해서 고객들의 클레임을 직접 듣는 사람이 나인데도 불구하고, 누구 하나 내 이야기에 귀 기울이지 않았다. 해결 방법은 서빙 방식을 원안대로 바꾸는 것뿐이었다. 나는 매일 김영우 팀장님과 사업본부장님에게 현 상황을 말씀드렸다.

"하루빨리 문을 닫고 다시 리뉴얼하지 않으면, 3개월 안에 오므토토마토 무역센터점은 존재감을 잃어버릴 겁니다. 결국 사업은 실패할 겁니다."

하지만 변화는 없었다. 나는 하루하루 지쳐 갔다. 버티기 힘든 시간이 점점 길어졌다. 사직을 생각했지만 쉽게 이야기를 꺼낼 수는 없었다. 사직서를 확 던지고 나올 수 없는 또 다른 이유가 있었다. 오므토토마토에서는 갈릭 허브 라이스garlic herb rice가 굉장히 중요한 업무였다. 모든 메뉴의 기본 밥이 갈릭 허브 라이스garlic herb rice였기 때문이다. 즉 갈릭 허브 라이스제조가 핵심이었는데, 노하우를 아는 사람은 사업본부장, 김영우 팀장, 나 이렇게 단 세 명뿐이었다. 따라서 나의 사직은 비밀 레시피를 알고 있는 한 사람의 이탈이었다. 또한 핵심이 외부로 유출될 가능성이 높아지는 일이었다. 그런 이유로 회사에서도 나의 사직서를 쉽게 받지 않을 것이라 예상되었다.

나는 스스로를 중요한 사람으로 여겼기에 어떻게든 이 문제를 해결해야 된다고 생각했다. 시간이 더 길어지면 돌아올 수 없는 강을 건너는 것이라 판단한 나는 고객 클레임이 더 발생하기 전에 결단을 내리기로 결심했다. 사직서를 제출해서라도 오므토토마토의 성장을 지속시키고 싶었다. 그만큼 나는 오므토토마토를 사랑했다. 나의 열정을 쏟아부어 만든, 나의 자식과 같은 브랜드이기에 잘못된 길로 가는 것을 지켜만 볼 수 없었다. 6개월이 지나면 이 매장이 고객의 외면을 받을 것이라 확신했다. 사직서 말고는 답이 없었다.

'그럼 내가 떠나 줄게. 나 없이 잘할 수 있을지 모르겠네.'

그 시절 자신감에 차 있던 나는 건방진 생각으로 과감히 사직서를 던졌다. 사직서로 오므토토마토를 살려야 한다는 내 뜻을 전했다. 솔직히 실패의 책임을 전적으로 내가 지는 일을 피하고 싶은 마음도 있었지만, 오므토토마토에 대한 애정이 더 강했다.

그러나 지금은 그때의 결정을 후회한다. 결국 나는 혼자 살기 위해 도망친 비겁한 직원에 불과했던 것이다. 만약 그때 그 시절로 다시 돌아간다면 도망치지 않고 정면 돌파를 할 것이라고, 지금에서야 다짐해본다. 아무리 어려운 문제라도 결국에는 해결되고, 모든 건 시간이 해결해 준다는 것을 그 시절에는 알지 못했다. 당연한 인생의 이치를 모를 정도로 성숙하지 못했다.

그렇게 나는 오므토토마토를 퇴사했다. 내가 떠났지만, 내 예상과 다르게 오므토토마토는 대박 매장으로 유명세를 떨치며 한동안 성공가도를 달렸다. 오므토토마토에서의 경험은 나를 부쩍 성장시켰다. 그때 사직서를 던지면서 아픔도 있었지만 새로운 도전을 시작할 수 있는 힘도 얻었다. 그 시절 나는 스물여덟 살 청춘이었다. 완벽한 결정을 할 수 있는 나이는 아니었다. 오히려 불완전한 인생이 더 재미있기도 하다.

운명은 순간의 선택

㈜아모제 퇴사 결심 후 인수인계를 하는 기간 동안 여러 회사에 이력서를 제출했다. 그래서 퇴직하자마자 쉬지도 못하고 곧바로 면접을 보러 다니게 되었다. 나의 경력으로 봐서 이직이 어렵지 않을 거라 예상했는데, 다행히 그 예상이 맞았다. 또한 나는 별다른 이직의 조건이 없었다. 연봉이나 근무 환경은 크게 중요하지 않았다. 일할 수 있는 것 자체가 중요했다. 급여를 받고 일하는, 그래서 집에서 당당한 아들이면, 그것으로 만족하던 시절이었다.

나는 일단 삼성 에버랜드란 큰 기업에 합격을 했다. 출근 일자를 미리 통보받았는데, 한 달이라는 여유가 있었다. 그 시간 동안 마음 편히 여행을 다니거나 친구들과 오랜만에 시간을 보내려고 계획했다. 그런데 크게 신경 쓰지 않고 이력서를 제출했었던 ㈜제니스에서 면접 보러 오라는 연락이 왔다. 살짝 귀찮아서 가지 말까 하는 생각도 들었는데, 어차피 시간에 여유가 있어서 면접을 보기로 했다. 마음에 안 들면 안 가면 그만이지 하는 생각이었다.

(주)제니스 본사 건물은 가락시장역 근처에 자리하고 있었다. 지하철역에서 나와 크고 멋진 건물과 마주하자 기분은 좋았다. 슬쩍 호감이 생기자 스스로가 간사한 생각이 들어 피식 웃었다. 솔직히 나는 배달음식은 중국집에서나 파는 줄 알았지, 배달음식으로 이렇게 큰 회사를 만들 수 있는 줄은 전혀 몰랐다. 그래서 더욱 본사 건물이 놀라움으로 다가왔다.

건물로 들어가 5층 면접 대기실로 향했다. 그곳에서 대기하면서 제니스 회장님 관련 기사들로 가득한 책자를 읽었다. 이 회사가 이렇게 대단한 회사인가 싶었다. 그 당시 나는 프랜차이즈 본사는 전부 사기꾼이라는 이야기를 너무 많이 들었던 터라 이 회사 믿어도 될까 의심하고 있었다.

드디어 나의 차례가 되었다. 그 시절 나는 자신감에 차 있기도 했고, 불합격해도 그만이라는 생각에 면접관들의 질문에 거침없이 답변을 했다. 훗날 면접관 중에 노학종 팀장님이 계셨는데, 그분한테 나의 건방져 보이는 자신감이 좋았다는 말씀을 전해 들었다.

자신감 넘치는 태도로 1차 면접을 마친 나는 무난히 합격했다. 2차 면접을 보러 오라는 연락을 받고 고민이 생겼다. 삼성 에버랜드에 출근해야 하는 날이 얼마 안 남았는데, 이 상황에서 2차 면접을 보면 애매한 상황이 생길 수가 있었다. 삼성 에버랜드 출근 날짜 전에 (주)제니스 합격 발표가 나지 않으면 삼성 에버랜드를 포기해야 할 수도 있었다. 그런데 만약 내가 삼성 에버랜드를 포기하고 (주)제니스 합격만을 기다리다가 불합격한다면 한순간에 백수로 전락해야 했다. 심각하게 고민하다가 평소의 나처럼 단순한 결론을 내렸다. 삼성 에버랜드를 포기하기로 한 것이다.

삼성 에버랜드 직원이 되면 주말에도 일하고, 오전 오후 조로 나누어 매장에서 업무를 지속할 것으로 예상되었다. 그런데 왠지 ㈜제니스 직원이 되면 넥타이를 맨 화이트칼라가 될 것만 같았다. 정말 근거 없는 생각이었지만, 왜 그런 생각이 들었는지 지금도 모르겠지만 그때는 이상하게도 ㈜제니스에 끌렸다. 면접 보던 날 근무하고 있던 직원들 몇 명을 보았는데, 그때의 인상이 화이트칼라에 대한 환상을 심어준 것 같다. ㈜제니스의 직원들이 전부 화이트칼라로 보였다.

하여간 나는 삼성 에버랜드를 포기하고 ㈜제니스를 선택했다. 2차 면접을 보러 가던 날, 사촌 매형 가게 '압구정 포장마차'에 잠시 들러 인사를 했다. 사촌 매형에게 면접을 간다면서 제니스라는 치킨 체인점을 아냐고 물었더니, 자신의 친구가 그 회사 부장이라는 대답이 돌아왔다. 사촌 매형은 "전화 한번 해볼까?" 하면서 그 자리에서 전화까지 해주었다. 친구라는 그분은 조두희 부장님이었다. 부장님은 남승우라는 친구 기억나는데 좋은 인상을 받았다면서 아마도 합격하지 않을까 싶다는 말씀을 주셨다. 그 말씀에 나는 더욱 힘을 얻어 2차 면접을 기분 좋게 치를 수 있었다.

2차 면접에서 당시 기획실장님이란 분이 대한민국 우동 시장에 대해 어떻게 생각하는지 질문을 주셨다. 나는 대한민국에서 우동보다는 짜장면 사업을 하는 게 더 전망 있을 것 같다고 소신 있게 대답했다. 돌이켜보면 프랜차이즈의 '프'자도 모르는 철부지 젊은이의 지식 없는 답변이었다. 만약 현재 나에게 우동하고 짜장면 중에 어떤 아이템으로 프랜차이즈 사업을 하고 싶은지 묻는다면, 지금 나의 답변은 당연히 우동사업이다 그 이유는 추후에 자연스럽게 설명될 것이다.

아무튼 나는 엄청난 행운을 등에 업고 제니스 공채 3기에 합격했다. 나

중에 알게 된 사실인데, (주)제니스가 전문대 졸업자를 공채로 채용한 것은 공채 3기가 최초이자 마지막이라고 했다. 그 후 공채에는 늘 대졸 이상만 뽑았고, 장교 출신 특채 정도가 전부였다. 나의 입사는 정말 행운이었다.

2002년 12월 10일자로 제니스 공채 3기로 입사한 나는 신입사원 연수를 위해 경기도 광주에 자리한, 현재는 경기도 이천으로 이전한 제니스치킨대학에 입소했다. 공채 3기는 25명으로 기억하는데, 그때 두 명씩 한 방을 사용했다. 나의 룸메이트는 서울대를 졸업하고 입사한 김우진((주)다른 두끼떡볶이 이사)이었다. 나는 김우진의 입사 이유가 내심 궁금했다. 서울대 졸업자라는 우수한 인재에게 치킨 회사가 어떤 매력이 있는지 잘 연결이 안 되었다. 아무튼 내가 서울대 졸업생과 입사 동기라는 사실은 기분 좋은 일이었다. 공연히 자부심이 생기기도 했다.

김우진은 역시 서울대 출신다웠다. 그는 테스트에서 매번 100점을 맞았다. 나는 대체로 70점대에 머물렀다. 똑같이 수업 받고 똑같은 시간에 잠을 자는데 왜 성적이 차이 나는지 궁금했다. 나는 궁금함을 참지 못하고 김우진에게 물었다

"어떻게 너는 매번 100점이야?"

김우진의 대답은 심플했다.

"시험 볼 때 머릿속에서 책장을 한 장씩 넘기면서 답을 찾아서 쓰면 돼."

지금 생각해도 어이없는 답변이다. 머리 좋은 친구는 이길 수가 없다는 것이 나의 결론이다.

치킨대학에서는 신입사원 입문 과정 교육과 함께 다양한 조리 교육도

함께 진행되었다. 마지막 수업은 인사와 회사의 복리후생에 관한 것으로, 김석 총무팀장님(현 부사장님)의 시간이었다. 총무팀장님의 인사 규정에 대해 설명을 듣는데 뭔가 이상하다는 생각이 들었다. 조금 후에는 자리를 박차고 일어나 집으로 가고 싶은 생각마저 들었다.

분명 나는 남들보다 경력이 많다고 생각했었다. (주)세종호텔 2년, (주)아모제 주임 3년, 총 5년의 경력은 어디서든 경력직으로 채용되기에 충분하다고 믿었다. 하지만 총무팀장님 말에 의하면 나의 자격은 '사원'이었다. 나머지 4년제를 졸업한 동기들은 주임으로 입사를 한다고 했다. 충격은 또 있었다. 나는 메뉴 개발팀에 지원했는데, 신규 사업인 '유소야(우동 돈가스 전문점)' 분야에 발령받은 것이다. 이 상황을 어떻게 받아들여야 할지 머리가 복잡해지고 멍해졌다. 당시의 현실이 너무 싫었고, 내 자신이 너무 무능하게 느껴졌다.

변신을 향한 첫걸음

결국 회사에 남기로 했다. 이대로 퇴사를 할지 고민에 휩싸였다가 막상 결심이 서자마자 단순함이 힘을 발휘했다. 떠날 때 떠날지라도 우선 다른 동기들보다는 잘하고 보자는 생각이 머릿속에 맴돌았다. 상황이 어떻게 될지 모르겠지만 우선은 윗사람들에게 인정을 받자는 오기가 생겼다. 나는 역시나 또 단순한 전략을 세웠다. ㈜아모제에서 했던 동일한 방법으로 직장생활을 하기로 마음먹은 것이다. 남들보다 일찍 출근하고 빨리빨리 행동하면 인정받지 않을까 싶었다.

첫 출근 날부터 1시간 일찍 출근했다. '내가 제일 먼저 출근했을 거야' 하는 건방진 생각으로 사무실 문을 열고 들어갔다. 내 예상은 보기 좋게 빗나갔다. 예상과 전혀 다른 현상이 벌어지고 있었다. 이미 동기들 전원이 출근해서 사무실 청소를 진행하고 있었던 것이다. 어이가 없었다. 뭐 이런 놈들이 다 있나 싶었다. 한 방 얻어맞은 기분이었다. 나는 두고 보자는 마음으로 첫날을 보냈다.

그날 처음 만난 상사는 노학종(현 또래오래 지사장) 팀장님이었다. 노학종 팀장님은 1차 면접 때 면접관이었다. 무척 젊은 분이 면접관으로 앉아 있어서 의아했었고, 저분은 어떤 분일까 궁금했었다. 그런데 노학종 팀장님이 내가 근무할 유소야 사업 부문 팀장이라고 했다. 내심 반가웠다.

우리 유소야 동기들은 유소야 강남점을 론칭하고 매니지먼트하기 위해 채용된 직원들이다. 장기적으로 ㈜제니스의 신규 사업 유소야를 성공시키기 위해 여러 업무를 맡아서 진행하게 될 신입 사원이다. 첫 번째 업무는 유소야 1호점을 오픈하는 것이었다. 노학종 팀장님이 점장으로서 매장을 책임질 것이고, 나머지 멤버는 매장직 직원으로 당분간 파견 근무를 하게 될 것이다.

나는 사무실에서 보여주지 못한 나의 능력을 보여주기 위해 다시 한 번 주먹을 불끈 쥐고 매장으로 출근하게 되었다. 우리 유소야 멤버들은 매장에 오전 9시 출근해서 오후 10시까지 풀타임 근무를 시행했다. 오픈 초기이다 보니 쉬는 날도 별도로 없었다. 우리는 그렇게 한 달 동안 쉬지 않고 근무를 하게 되었는데, 나는 너무 힘들어서 죽을 지경이었다. 하지만 동기들 중 누구 하나 힘들다는 내색을 하지 않았다

그렇게 한 달이 훌쩍 지나갔을 때 노학종 팀장님이 조별 근무를 제안했다. 서로 쉬는 날도 만들어서 근무를 하는 것이 좋겠다는 말씀도 주셨다. 모든 동기들이 똑같이 '이제 좀 살겠다'고 생각했다. 그 제안이 나온 날 우리는 처음으로 회식도 했다. 1차로 저녁에 술을 마신 뒤 노학종 팀장님은 귀가하고, 2차로 동기들만 남아서 다른 술집으로 이동했다. 2차 술자리에서 서로에 대한 대화를 나누었는데 재미있는 이야기가 나왔다. 누가 먼저

라 할 것 없이 힘들어 죽겠다고 다들 하소연을 하게 된 것이다. 우리 모두는 동기들한테 지기 싫다는 자존심 때문에 힘들어도 참고 일하고 있었던 것이다. 그 시절 유소야 동기들은 정말 지금 생각해도 전원이 최고의 전사였다. 지금 그들이 어디에 있든지 최고의 인재로 인정받고 있을 것이 확실하다.

우리 유소야 동기들이 (주)제니스 공채 3기로 채용된 이유는 유소야를 (주)제니스의 세 번째 브랜드로 론칭하기 위해서였다. 당시 사업부장이 외식 브랜드를 제대로 만들려면 조리가 가능한 친구들이 필요하다고 회사에 건의해서 처음으로 전문대 졸업자인 내가 입사할 수 있었다. 행운이라면 행운이었다.

하여간 공채 3기 25명 중 유소야 담당으로 채용된 인원은 총 6명으로, 남승우, 김동훈(현 바겟버거 대표), 한성민(BHC치킨 부장), 김용주(순천 PC방 대표), 김민균(라스베이거스 호텔 셰프), 최성주(학교 공무원)가 그 주인공들이다. 김용주와 최성주를 제외하고는 모두 외식 경력자였다. 더구나 김동훈은 혜전대학을 수석으로 졸업한 인재였으며, 한식, 중식, 일식, 양식 등 조리사 자격증을 4개나 가지고 있는 우수 사원이었다. 유소야 멤버를 제외한 나머지 동기들은 제니스 사업 부문, 닭 마을 사업 부문, 전략기획실 등에 다양하게 배치되었다. 대부분 각 부문에서 부서 교육이 끝나고 나면 브랜드 슈퍼바이저 역할이 주어지는 것으로 내정되어 있었다.

우리 유소야 동기들은 3개월 정도 지나고 나서야 매장 생활에 익숙해지게 되었다. 예상보다는 매출이 높게 나오지 않았지만 시간이 지나면서 조직은 하나씩 체계를 갖춰갔다. 그것이 인정을 받았는지 노학종 팀장님은 프랜차이즈 사업을 위해 본사로 복귀하라는 명령을 받았다. 동기 중 한 명인 김동훈은 사무실에서 지원 업무를 해야 하니 본사 출근을 하라는 지시가 있었다.

노학종 팀장님과 3개월 근무하면서 느낀 점은 팀장님이 스마트하고 합리적으로 판단하는 상사라는 점이었다. 나는 '이래서 어린 나이에 벌써 팀장이 되었구나' 하는 결론을 도출할 수 있었다. 나도 앞으로 팀장이 된다면 노학종 팀장님처럼 하겠다는 꿈도 품게 되었다. 또한 팀장님 덕분에 혼자만 회사에서 인정받는 사람이 되기보다는 아랫사람들이 좋아하는 한 인간으로 성장하고 싶다는 포부도 갖게 되었다. 노학종 팀장님과 또한 유소야 동기들과 일하면서 세 가지 덕목을 가슴에 새겼다.

'스마트하게, 합리적으로, 정직하게!'

지금도 이 세 가지만큼은 지키기 위해 노력하며 살고 있는 중이다.

노학종 팀장님은 나에게 강남점을 책임져 달라고 부탁하면서 본사로 복귀했다. 나는 그날부로 강남점을 책임지는 점장으로 근무를 시작하게 되었다. 이제 진짜 나의 능력을 보여줄 시간이 왔다고 생각했다. 내가 가장 자신 있는 업무는 매장 매출을 올리는 것이다. 나는 반드시 매출을 올려서 나의 능력을 증명하고 싶었다.

사실 ㈜제니스를 떠날 수도 있었다. 하지만 어디로 이직하든 내가 원하는 화이트칼라 생활을 하기 위해서는 어느 정도의 고충은 필요할 것이라 생각했다. 왜냐하면 나는 전문대 졸업자이니까. 4년 동안 비싼 등록금을 지불하면서 공부에만 전념한 친구들과 경쟁을 해야 하는 상황이니까. 결국 현재의 나에게 충실한 것이 정답이라는 결론을 내렸다. 어차피 직장 생활 오래할 것 아니라는 생각을 늘 품고 있었기에 결론은 단순했다. 또한 나를 알아주는 곳은 (주)아모제뿐이었지만 다시 돌아갈 수도 없었다. 스스로 떠난 직장을 그리워하며 아쉬워하는 것은 자신을 실패자로 만드는 행동이라는 것이 나의 철학이었다. 스스로를 실패자로 만들 수는 없었다.

점장이 되었으니 새로운 전략이 필요했다. 나 혼자 잘하는 것은 아무런 의미가 없었다. 가맹점들이 돈을 벌어서 먹고 살 수 있는 시스템을 만드는 것이 중요했다. 개인 한 명의 성공이 아니라 누구나 성공할 수 있는 구조를 만드는 것이다. 지금까지 매장 하나 매출을 높이는 것에 몰두했었다. 이제 그건 너무 쉬워서 어느 매장을 책임지든 살릴 수 있다는 자신감도 넘쳤다. 하지만 그 자신감을 다른 곳에 써야 할 시점이었다. 모두를 살릴 수 있는 시스템을 만드는 일에 써야 했다.

혼자 잘하기는 쉽다. 하지만 남들도 '나'처럼 잘하게 만들기는 정말 어렵다. 최소 서른이 넘고 사회적 연륜도 쌓은 가맹점 사장님을 교육해서 성공 사업가로 만드는 일 역시 쉬운 일이 아니었다. 그래도 나는 도전했다. 신입사원 입소 교육에서 프랜차이즈 시스템에 대해 배우면서 그것이 꼭 필요한 시스템이라고 확신했다. 또한 장차 내가 사업하는 데도 프랜차이즈 시스템은 큰 도움이 될 것이라 판단했다. 나에게 좋은 기회가 주어진 것이라 믿었다. (주) 제니스는 몸으로만 뛰어서는 인정받기 힘든 회사라는 것을 감각적으로 인지하고 있었다. 머리를 써서 업무를 잘하는 직원으로 변신해야 했고, 지금이 변신해야 할 때라고 생각했다. 새롭게 다시 태어나야 했다.

힘든 순간을 즐겨라

새롭게 다시 태어나려면 우선 유소야 강남점에서 성과를 내야 했다. 성과를 위해 나는 강남점에 집중하기로 했다. 그래야만 그다음 기회가 나에게 주어질 것이라 생각했다. 김동훈처럼 본사에 불려가는 것보다 강남점에서 뭔가 나의 능력을 보여주는 것이 더 중요하다고 생각했다. 그렇게 마음먹으니 본사 입성이 부럽지만은 않았다.

첫 출항 임무는 유소야 강남점 일 매출 200만 원 달성이었다. 선장으로서 동료들과 함께 항해한다면 충분히 가능할 것이라 판단했다. 멋진 항해를 마치면 전원 본사 사무실에서 근무할 수 있을 거라 생각했다.

하지만 그 생각이 환상에 불과했다는 것을 나중에 알게 되었다. 현실은 생각과 달랐다. 3개월 정도 지나 공채 4기가 입사를 했다. 회사는 유소야 2호점을 미금역에 오픈하기로 했고, 공채 4기 직원들은 미금역점으로 발령을 받았다. 미금역점 점장으로는 유소야 메뉴와 일본 수입품 관련 업무를 맡고 있던 박호진(제니스 임원 이후 현 불막열삼 임원) 대리가 임명되었다. 유소야 2호점이 오픈한 상황에서 1호점 매출은 꾸준히 상승했다. 나는 매일 전단지를 들고 고객들이 제일 많이 걸어 다니는 사거리에서 호객 행위를 했는데, 그 반응과 결과가 굉장히 좋았던 것으로 기억하고 있다.

스물아홉 살 젊은 나이에 전단지를 고객에게 나눠주는 일이 쉽지는 않았을 것이라고 생각할 수도 있다. 하지만 나에게 창피한 것은 중요하지 않았다. 매출을 올리지 못하는 나의 모습을 동료들에게 보여주게 된다면 그것이 더 창피한 일이었다. 전단지를 돌리는 행위는 몸으로 하는 일이다. 나는 몸으로 하는 일을 가장 잘한다고 자부하며 살아왔기에 전단지 나눠주는 행위는 식은 죽 먹기였다. 나는 몸으로 뛰면서 전단지를 돌리는 내 자신이 자랑스러웠다. 윗분들도 솔선수범해서 전단지를 돌리며 매출 증진에 기여하고 있는 나를 예쁘게 봐 주셨다.

그렇게 열심히 뛰니, 유소야 강남점 일 매출이 200만 원에 점점 가까워져 갔다. 조금만 더 하면 일 매출 200만 원이란 목표를 달성하면서 인정받는 그날이 올 것만 같았다. 하지만 나의 즐거운 상상은 잠시였을 뿐 실현되지는 않았다. 갑자기 나에게 미금역점으로 이동해서 점장으로 근무하라는, 사업부장님의 명령이 떨어졌다. 그 당시 나에게 사업부장님은 엄청 큰 사람이었고, 당시 유소야를 책임지고 있던 분이라 거역할 수 있는 분위기가 아니었다. 그냥 나는 가야 했다. 마침 오픈 열기가 빠지면서 매출이 하락하기 시작한 미금역점으로.

다시 미금에서 새로운 역사를 만들어야 한다는 현실에 맥이 풀렸다. 하지만 여기서 포기할 수는 없었다. 지금까지 쌓아온 모든 것이 물거품으로 돌아갈 것이기 때문이다. (주)아모제에서의 실수로 충분하다고 생각하며 마음을 다잡았다. 잘못된 판단을 반복하는 바보가 될 수는 없었다. 현실을 받아들이고 현재의 위치에서 열심히 하다 보면 남들보다 조금은 늦어지더라도 언젠가는 굳건한 탑을 쌓을 수 있다고 생각했다. 쌓고 있던 탑을 버리고 새로운 장소로 이동해 다시 탑쌓기를 시작하는 것은 더 출혈이 컸다. (주)아모제를 떠나면서 느낀 그 아픔을 다시 느낄 필요는 없었다.

나는 탑쌓기를 완수하겠다는 신념을 가슴에 품으며 유소야 미금역점으로 출근했다. 출근 첫날 큰 기대는 하지 않았다 하지만 이 정도로 상황이 심각할지는 전혀 예상하지 못했다. 공채 4기는 대학에서 경제학 또는 경영학을 전공한 외식업 사회 초년생들이었다. 그들에게 무엇인가를 기대했던 내 자신이 이상했던 것이다. 그들은 외식업 매장 근무 경험이 전무했다. 파트타임 종업원들이 오히려 경험이 많아 보였다. 하지만 그들도 외식업에 대한 지식이 없기는 마찬가지였다. 나는 처음부터 다시 시작해야겠다는 마음을 먹었다. 그래도 다행인 것은 오픈한 지 3개월밖에 지나지 않았다는 것이다. 아직은 홍보도 많이 하지 않은 상황이고 유명세도 적어서 다시 시작하기에는 차라리 나은 상황이었다. 다시 시작하는 것이 미금역점이 살 길이었다. 나의 미래를 위해서라도 미금역점을 반드시 살려야 했다.

미금역점은 인근에 엄청난 아파트 단지를 가지고 있으며 역세권에 속하는 우수 상권이다. 하지만 아직 많은 주민들이 유소야 미금역점을 모르고 있었다. 나는 장기적 비전을 가지고 우선 3일을 지켜봤다. 아무런 행동을 하지 않고 지켜봐야 그 매장에 대한 문제점을 눈으로 확인할 수 있기 때문이다. 보통 2주 정도는 아무것도 하지 않고 매장을 지켜보는 게 기본

매뉴얼이다. 그러나 유소야 미금역점은 굳이 2주를 지켜볼 필요가 없었다. 아예 아무것도 준비된 게 없는 매장이었기 때문이다.

나는 3일째 되던 날 더 이상 지켜볼 필요가 없다는 판단을 내렸다. 이제 움직여야 했다. 그래서 그날 파트타임 종업원 세 명을 세워놓고 이야기했다. 앞으로 나의 지시를 정확하게 이행할 수 있는 친구는 내일부터 출근하고, 그렇게 하지 못할 것 같으면 내일부터 출근 안 해도 된다고 단호하게 말했다.

단호한 제안 후 세 명 모두 미금역점을 떠났다. 하루아침에 공채 4기 두 명과 나, 이렇게 세 명만 매장에 남게 되었다. 불행 중 다행은 공채 4기 두 명은 미금역점을 살리는 것이 자신의 미래와 연결된다는 생각을 갖고 있었다. 그들은 어려운 시기에 공채 4기로 입사한 젊고 활기 넘치는 신입사원들이었다. 나와 두 신입사원은 다시 한 번 열의를 불태웠다. 처음부터 다시 시작해보기로 마음을 모았다. 그날로 나는 공채 4기 두 명에게 주방을 맡으라고 했다. 당분간 홀은 내가 맡아서 운영하고, 파트타임은 바로 채용하겠다고 약속했다.

사실 공채 4기는 나의 지시를 따르는 게 힘들었을지도 모른다. 그들은 4년제 대졸이라 주임으로 입사한 신분이었다. 전문대 졸업자인 나는 직책은 점장이지만 직급은 사원이었다. 공채 4기는 자신들보다 직급이 낮은 점장 밑에서 일해야 했던 것이다. 그런 상황을 받아들이는 데 어려움이 분명 있었을 것이다. 하지만 그들은 지금의 문제를 해결하는 데 집중하자는 나의 의도에 동의했다. 서로가 상황에 맞게 잘 대처했던 것으로 기억한다.

유소야 미금역점 상권을 알아가면서 더욱 자신감이 생겼다. 미금역점은 강남점과 다르게 역세권이면서 주변에 아파트가 많은 지역으로, 미금역을 기준으로 크기에 비해 과도한 인구가 밀집해 살고 있는 최고의 상권이라는 것을 시간이 지나면서 알게 되었다. 그러자 나는 자신감이 충만해지기 시작했다. 아직 미금역 1번 출구 앞 상권 자체가 활성화되지는 않았지만 엄청난 인구가 입주할 것이기 때문에 장기적으로 경쟁력이 있는 점포였다. 하지만 나는 그 미래를 기다리고 있을 수는 없었다. 왜냐하면 3개월 이내에 미금역점을 활성화시키고 본사로 컴백하겠다는 생각밖에 없었기 때문이다.

지금은 최고의 입지인 미금역 1번 출구 부근이 2003년에는 한산한 동네였다. 그렇기 때문에 평범한 전략으로는 매출을 끌어올리기 힘들었다. 파격적인 이벤트가 필요했다. 사람들이 돈가스와 우동을 먹으러 굳이 이곳까지 오지는 않을 것 같았다. 때는 여름, 나는 고객들에게 어필할 수 있는 냉우동 50% 할인이라는 파격적인 이벤트를 기획했다. 그런데 이벤트 내용을 본사에 전달했더니, 본사는 50%는 너무 높으니 20% 정도로 낮추라는 답변을 주었다. 나는 이번 이벤트를 오케이해주지 않으면 미금역점 매출을 올리는 데 긴 시간이 소요될 것이라며 협박조로 말했다. 본사는 마지못해 나의 이벤트를 승낙했다.

나는 모든 결과에 책임지겠다는 각오를 가지고 이벤트의 성공을 향해 뛰었다. 매일매일 점심시간이 되기까지 미금역 1번 출구에서 전단지를 나눠주고, 점심시간이 끝나면 2시부터 5시까지 주변에 있는 모든 아파트를 돌아다니면서 전단지를 붙였다. 전단지에는 50% 할인 쿠폰을 부착했다.

그 시절엔 아파트에 전단지를 부착하는 것이 지금보다 수월했고, 불법 부착물로 신고하는 경우도 적었다. 또한 지금 시기라면 배달앱을 통해 손쉽게 쿠폰을 배포할 수 있겠지만 그때는 이 방법밖에 없었다.

공채 4기와 파트타임 직원들은 점장이 날마다 전단지를 돌리는 모습을 이해할 수 없었을지도 모른다. 대부분의 관리자들은 나처럼 행동하지 않기 때문이다. 하지만 나에게 중요한 것은 성공이었다. 매장의 성공을 위해서라면 전단지쯤은 문제도 아니었다. 미금역점이 실패하면 장차 내가 벌일 사업도 실패할 거라는 생각으로 나는 뛰고 또 뛰었다. 지금 회사가 나에게 사업을 사전에 연습할 수 있는 기회를 준 것이라 생각하면서 말이다. 이런 생각은 내가 회사를 이용하는 것처럼 비칠 수도 있다. 하지만 회사 역시 유소야 미금역점 매출이 올라가면 이익을 보는 것이기에 서로 상부상조하는 것이라 여기고 생각을 실행에 옮겼다. 누군가는 이런 나를 이기적이라고 이야기할지도 모르겠다. 과정의 옳고 그름을 논하고 쉽지는 않다. 그때 나는 단지 목표를 이루고 싶었다. 목표를 이뤄서 화이트칼라로 인생을 살아가고 싶었다.

위기는 위험과 기회의 준말

이러한 나의 노력은 3개월 뒤에 결과로 도출되었다. 하지만 예상과는 다른 상황이 벌어졌다. 미금역점 일 200만 원 매출 달성을 했을 시기에 유소야 강남점은 일 300만 원을 판매하게 되었다. 나는 모든 스포트라이트가 나에게 집중될 줄 알았다. 하지만 현실은 냉정했다. 회사와 모든 임직원분들은 유소야 강남점 300만 원 매출에만 집중했다. 그 당시 유소야 강남점 점장은 김민균(현 Lasvegas Hotel chef)이었다. 그는 나의 뒤를 이어서 강남역점 점장을 맡고 있었는데, 전임인 나의 공은 모두에게 잊힌 듯했다. 현실은 나의 생각과 항상 동일하게 흘러가지 않는다는 것을 배우게 된 좋은 계기였다.

㈜제니스는 연말 창립기념 행사에서 최고 매출 달성을 인정받은 김민균과 나에게 모범상을 수여했다. 주임으로 한 단계 진급도 시켜 주었다. 나는 진급한 것을 위안으로 삼기로 했다. 모두 잊고 다음 목표를 향해 나아가기로 마음을 다잡았다. 아쉬움은 남았지만 진급이 모든 것을 용서해 준 것 같았다. 이제 동기들과 똑같은 직급이 되었으니, 남은 것은 확실하게 다른 나를 보여주는 일이라고 생각했다. 공채 3기 중에 가장 먼저 대리 진급을

해서 동기들에게 나의 능력을 보여주고 싶었다.

하지만 기쁨도 잠시 또 다른 시련이 다가오고 있었다. 미금역점 매출을 올린 공으로 본사로 복귀할 줄 알았는데, 훼미리점 점장으로 출근하라는 지시를 받은 것이다. 훼미리점 매출이 떨어지고 있다는 것이 발령 이유였다. 지금 생각해도 이 사건은 어이없는 사건이다. 내가 무슨 매출 올리는 제조기도 아닌데, 무조건 매출을 올리라고 하니 헛웃음만 나왔다.

그러나 안 갈 수가 없는 상황이었다. 훼미리점은 ㈜제니스 본사 인근에 위치한 점포로, 회장님 이하 본사 임직원분들이 식사를 하러 방문하는 매장이다. 그래서 특별히 신경을 많이 써야 했다. 대충하기에는 보는 시선이 너무 많은 매장이었다. 나는 항상 현실을 빨리 받아들이고 대안을 찾는 성격이다. 이번에도 그랬다. 최대한 빨리 훼미리점 매출을 올리고 본사로 복귀하자고 생각했다. 머리 아프게 고민해 봐야 답은 몇 가지 없었다.

나는 빠른 결론을 내리고 훼미리점으로 출근했다. 빠른 시간 안에 매출을 올릴 수 있는 전략을 실행으로 옮기는 데 집중했다. 첫 번째 전략은 배달을 통해 추가 매출을 발생시켜 기존 내점 매출에 대한 한계성을 극복하는 것이다. 본사도 이 전략에 호감을 표하고 지원을 약속했다.

나는 그 누구도 생각해내기 힘든 두 번째 전략을 본사에 제안했다. 훼미리 아파트 4,000세대에 돈가스 상품권 4,000장을 배포하여 훼미리 아파트에 입주해 있는 모든 고객이 유소야 훼미리점에 방문해서 시식을 할 수 있게 만드는 전략이었다.

이 전략을 본사에 전달하면서 상품권 한 장당 만 원 꼴이기에 마케팅 비용으로 4천만 원을 판촉비로 지출하겠다고 했다. 나는 이 전략이 무조건 매출을 올릴 수 있을 거라 판단했다. 회사의 지원만 있다면 회사에게도, 나에게도 더없이 좋은 기회가 될 수 있었다.

과연 4천만 원 상품권을 배포하면 몇 퍼센트나 회수가 될 수 있을까 궁금했다. 나는 10퍼센트 회수를 예상하고 마케팅을 진행했다. 4천 세대에 상품권을 전달하는 일부터가 과한 업무였다. 4,000명에게 그냥 나눠주기도 쉽지 않은데, 4,000세대를 일일이 찾아다니며 배포하는 것은 불가능에 가까웠다. 하지만 결국에는 불가능에 가까운 일을 해냈다. 발로 해낸 것이다.

그 이후 상품권은 5퍼센트 정도 회수되었다. 금액적으로 200만 원 정도 판촉비를 지출하게 된 것이다. 상품권을 만들고 배포하는 데 많은 에너지가 소모된 것까지 합한다면 더 많은 비용을 지출했다고 볼 수 있지만, 비용 대비 매출이 많이 올라왔기 때문에 성공적인 판촉이라고 이야기할 수 있었다. 훼미리점 판촉에서 가장 크게 배운 점은 회수율이다. 일반 전단지 배포 시 회수율은 보통 0.2퍼센트 정도인데, 상품권의 경우 5퍼센트 이상의 회수율을 기록했다. 이것은 판촉의 방향을 설정하는 데 도움을 주는 수치다. 경영의 노하우가 되는 결과다.

나는 유소야 훼미리점에서도 최고 매출을 찍으면서 자신감이 충만했다. 이번에야말로 본사 복귀가 눈앞에 보였다. 그런데 또 예상과 다른 상황이 만들어졌다. 갑자기 노학종 팀장님이 퇴사를 한다고 했다. 이게 무슨 일인가 싶어 노학종 팀장님과 면담을 나누었고, 나는 팀장님을 만나자마자 나가실 거면 나도 같이 데리고 가라고 말씀드렸다. 노학종 팀장님은 자신도 지금 무엇을 할지 알 수 없는 상황이라 나까지 책임지기는 힘들다고 했다.

대신 나중에 자리를 잡으면 연락을 주겠다고 했다.

노학종 팀장님은 내가 (주)제니스에 입사할 때 제품개발팀으로 지원했었다는 사실을 알린 유일한 분이다. 나는 오직 팀장님에게만 제품개발팀이 아니면 회사에 더 이상 있을 이유가 없다고 말씀드리기도 했다. 팀장님은 그런 나에게 언젠가는 제품개발팀으로 갈 수 있을 것이란 희망을 심어 주셨다. 나는 팀장님이 그 약속을 저버리지 않으실 분이란 믿음이 있었기에 미래를 바라보면서 묵묵히 열심히 일했던 것이다. 그런데 나의 유일한 희망인 팀장님이 퇴사를 하신다고 하니, 나도 (주)제니스에서 일할 의욕이 사라져버린 것이다.

나는 곧바로 회사에 사직 의사를 밝혔다. 당시 유소야 기획팀장이었던 조두희 부장님이 퇴사 사유를 물어보셨다. 나는 있는 그대로 말했다. 슈퍼바이저가 아니라 제품 개발을 하고 싶어 입사 지원을 했었기 때문에 이제는 나의 길을 가야 할 것 같다고 말씀드렸다. 그러자 조두희 부장님이 굉장히 단순한 답변을 주셨다.

"우리 회사에도 제품 개발하는 치킨대학 연구소가 있는데, 굳이 왜 퇴사를 해요? 그냥 치킨대학으로 가는 게 어때요?"

역으로 받은 제안에 조금 솔깃했다. 하지만 생각할 시간을 달라고 하며 우선 대화를 마무리했다.

무작정 오케이하기가 어려웠다. 치킨대학 연구소는 특별한 인재들이 입사하는 곳이지 나 같은 사람이 갈 수 있는 곳이 아니라고 생각하고 있었다. 하지만 나는 마음을 고쳐먹었다. 나에게도 기회가 온 것이라 생각했다. 결국 나는 치킨대학으로 출근을 하게 되었다.

안 하는 것보다는 뭐든 하는 게 이익

(주)제니스의 치킨대학 연구소는 경기도 이천에 자리하고 있었다. 집에서 57.3킬로미터나 떨어진 먼 곳으로 매일 출근하게 되었다. 그때 나이 서른으로 기억한다. 어머니의 선견지명으로 운전면허 1종 보통 면허를 취득해둔 것이 큰 도움이 되었다. 스물여섯 살 어린 나이에 부모님에게 선물받은 카렌스를 3년 이상 운전했기 때문에 출퇴근은 크게 어렵지 않았다. 다만 연료비가 엄청나게 지출되었다. 그나마 LPG 차량이라 휘발유 차량보다는 적게 들었지만 그래도 급여의 30퍼센트가 연료비로 나가니 부담스러웠다.

나는 연료비가 아까워서라도 치킨대학 연구소에서 열성을 다했다. 치킨대학의 연구원들은 메뉴를 개발하고, 가맹점 사장님의 편의성을 높이고, 본사 공급이 수월하도록 개선하는 업무를 담당했다. 프랜차이즈의 정체성과 관련된 굉장히 중요한 업무이다. 연구원들은 모두 우수한 인재인데, 다만 두 계파 간 알력 다툼이 조금은 있었다. 두 계파란 도마를 이용해 메뉴를 개발하는 도마 출신과 저울을 이용해 메뉴를 개발하는 저울 출신이다. 도마 출신, 저울 출신이란 식품공학 전공자 출신을 가리킨다.

프랜차이즈 연구소에서는 음식을 맛있게 만드는 것도 중요하지만 더 중요한 것은 따로 있다. 일반 사람들도 교육을 받으면 치킨, 우동, 돈가스, 초밥을 손쉽게 만들 수 있도록 모든 공정을 단순화시키는 것, 본사가 제공하는 소스를 사용하면 언제 어디서 누가 만들어도 항상 동일한 맛이 나오도록 만드는 것이 가장 중요하다.

나는 다른 직원들처럼 소스를 가공해본 경험이 적어서 어려움을 겪었다. 누군가의 도움 없이 경쟁하기에는 역부족이었다. 나는 나를 도와줄 사람을 찾기로 마음먹고 주변 사람들을 하나둘씩 분석하기 시작했다. 하지만 연구소에서는 찾기가 어려웠다. 다들 전부 바빴고, 자신의 노하우를 알려주는 데 인색했다. 나 또한 동료들에게 물어보는 것에 자존심이 상해 적극적으로 도움을 구하지 않았다. 결국 나는 외부 업체의 도움을 받아 소스를 개발해 메뉴를 만들기 시작했다.

나를 도와준 외부 업체 사람은 세인식품 황석모 팀장님(현 가온푸드 이사)이다. 황석모 팀장님은 그 시절 영업 초년생이라 치킨대학 연구소를 자주 찾아왔다. 우리는 서로 의지하며 다양한 소스 테스트를 진행했다. 그러는 사이 자연스럽게 가까워지게 되었다. 나는 우동면으로 만드는 라볶이, 일명 '우볶이'라는 메뉴를 개발해서 히트 상품으로 만들고 싶었다. 황석모 팀장님은 고맙게도 우볶이 소스를 개발해 나에게 샘플로 제공해 주었다. 나는 우볶이 개발에 심취해서 매일 메뉴를 만들어 먹어보았다. 그런데 아무리 생각해도 소스가 너무 맛있어서 우볶이 소스로만 사용하기는 많이 아쉬웠다. 문득 떡볶이를 만들면 좋겠다는 생각이 들었다. 생각에만 그치지 않고 직접 떡볶이를 만들어서 시식을 했는데, 너무 맛있다는 주변 직원들의 반응이 나왔다. 나는 그날로 떡볶이 프랜차이즈에 관심을 갖게 되었다.

생각이 점점 많아졌다. 치킨대학 연구소에서 2년을 일하면서 어느 정도 프랜차이즈에 대한 감을 잡은 상태여서 그런지 떡볶이도 충분히 가능할 것 같았다. 제니스 브랜드 역시 소자본 창업으로 치킨 프랜차이즈 불모지 시장에서 차별화를 통해 급성장하게 된 브랜드였다. 그 성공사례를 참고해 보면 떡볶이도 가능하지 않을까 싶었다. 그렇게 떡볶이 프랜차이즈 사업에 마음이 기운 나는 승부를 걸어야겠다고 생각했다. 마침 '아딸(아버지 튀김 딸 떡볶이)'이란 브랜드가 국내 100호점을 눈앞에 두며 급성장하고 있던 중이었다. 나라고 못할 것은 없었다.

사실 연구소가 나한테 딱 맞는 부서는 아니었다. 연구소는 얻을 것은 많았지만 역동적인 부서가 아니었다. 나처럼 활동적이고 장차 사업을 꿈꾸는 사람이 오래 있을 곳은 못 되었다. 하지만 연구소를 떠나고 싶다는 이야기를 쉽게 꺼낼 수가 없었다. 나 스스로 메뉴 개발을 하고 싶다는 이유를 구실로 연구소 전보발령을 받았기 때문이다. 그런 상황에서 퇴사 또는 부서 이동을 이야기하기에는 염치가 없었다.

그렇게 고민하고 있던 시기에 유현승 팀장님이 입사했다. 그분의 입사는 나에게 일정 부분 복으로 작용했다. 어느 날 나보다 다섯 살 어린 젊은 청년이 회사에 구슬김밥이란 아이템으로 사업 제안서를 보냈는데, 이것이 회사에 큰 화제가 되었다. 그 제안서를 높이 평가한 (주)제니스 회장님은 어린 나이에 기발한 아이디어와 용기를 낸 청년을 사원으로 입사시켰다. 그 청년이 바로 유현승 팀장님이다.

유현승 팀장님은 입사 후 3개월 만에 대리로 3단계 승진하면서 구슬김밥 사업팀장을 역임하게 되었다. 회사 동료들 사이에서 이런저런 말들이 많았지만, 직원으로서 실력을 인정받은 것이기에 받아들여야 했다. 나는 유현승 팀장님을 보조하며 사업 아이템 메뉴를 만드는 업무를 맡았다. 솔직히 충격이 적지 않았다. 마침 동기 김우진이 대리로 승진한 것도 허탈감을 안겨주었다. 나름 동기들 중에 대리로 가장 먼저 진급하겠다고 목표를 설정했는데, 선두를 빼앗기니 상실감이 컸다.

그러나 다시 일어서야 했다. 지금의 자리에서 아무것도 이루지 못하고 떠날 수는 없었다. 나는 무엇이든 성과를 창출하리라 다시 한 번 다짐했다. 처음부터 다시 시작한다는 마음으로 초심初心을 상기했다.

떡볶이로 도전장을 내다

유현승 팀장님처럼 나도 회사에 제안을 해야겠다는 생각이 들었다. 떡볶이라는 아이템이 승산 있다는 것을 회사가 받아들이면 내 인생도 승산이 있었다. 여느 때처럼 하늘은 나를 버리지 않았다. 때마침 회사에 제안 제도라는 새로운 시스템이 마련된 것이다. 나는 제안 제도를 활용해 떡볶이를 사업 아이디어로 제안하기로 마음먹었다.

하지만 나 혼자서는 버거울 것 같았다. 나의 단점을 보완해줄 수 있는 기획 분야 전문가가 필요했다. 나는 주변 지인들부터 한 명 한 명 떠올렸다. 나와 함께했을 때 가장 시너지 효과를 낼 수 있는 친구를 찾았다. 한 사람이 마음속에 차올랐다. 나의 동기이면서 지혜와 지식을 모두 겸비하고 있는 김우진 대리(현 두끼떡볶이 이사)였다. 당시 김우진 대리는 초밥 브랜드인 '아찌' 전략기획팀 담당이었는데, 나는 지속적으로 김우진 대리에게 떡볶이 사업에 대해 언급하며 설득 작업을 벌였다. 덕분에 우리는 주말마다 함께 떡볶이 시장조사를 하게 되었고, 더욱 가까운 사이가 되었다.

김우진 대리도 시장조사를 통해 떡볶이 프랜차이즈에 관심이 높아지게 되었다. 결국 나와 함께하기로 결정하면서 우리는 기획안을 만들기 시작했다. 모든 기획안은 김우진 대리가 작성했고, 나는 아이디어만 제공하는 수준이었다. 그래도 매장 운영 및 사업의 전반적인 방향에는 나의 뜻이 대폭 반영되었다. 김우진 대리는 사업의 시장 현황과 앞으로 전략 방향을 설정하는 데 집중했다. 우리는 각각 다른 분야의 전문가로서 서로의 단점을 보완하고 장점을 부각시키는 시너지 효과를 발휘했다. 준비하는 하루하루가 즐겁고 신이 났다.

드디어 회사에 제안서를 보냈다. 얼마 후 회사 측에서 검토를 마무리했다며 면담을 요청했다. 또 하늘이 나를 도운 것일까? 제안제도를 검토하는 전략기획실 부서장이 조두희 부장님이었다. 앞서 언급했지만 조두희 부장님은 유소야 시절부터 나와 함께 근무를 하셨던 분이다. 나를 치킨대학 연구소로 갈 수 있게 도와주셨을 뿐만 아니라 나에 대해 긍정적으로 평가해 주셨다. 부장님은 이번에도 도움을 주셨다. 우리의 사업 제안 아이디어를 누구보다 좋게 바라보시고 회장님에게도 긍정적으로 보고를 하셨다. 다행히 그 보고가 회장님의 마음을 움직였다. 다음 순서는 프레젠테이션이었다.

회장님 앞에서 프레젠테이션을 진행한다고 생각하니 가슴이 벅찼다. 실수할까 봐 떨리기도 했다. 일이 순조롭게 풀리면서 기대와 불안감이 동시에 커졌다. 그런데 뜻밖의 일이 일어났다. 김우진 대리가 갑자기 자신은 빠지겠다고 하는 것이다. 이유가 너무 어이없었다. 지금의 아내인 여자친구가 반대해서 나와 같이 떡볶이 사업을 진행하기 힘들다는 것이다. 김우진 대리는 자신이 맡은 업무 파트는 문제 없도록 지원할 테니 걱정 말고 나혼자 진행하라고 했다.

나는 혼자 할 수 있을까 불안했다. 하지만 이미 돌아올 수 없는 강을 건넌 상황이었다. 무조건 돌진할 수밖에 없었다. 결국 나는 홀로 돌진했다. 여기서 잠시 나의 프레젠테이션 노하우 한가지를 이야기 하자면 세상에서 내가 제일 잘한다고 생각하면서 시작하면 떨리는 가슴이 조금은 덜하다. 2년 정도 근무했던 치킨대학 연구소를 떠나기로 한 것이다. 그 당시 김우진 대리는 아찌 전략기획 담당으로 김동기 기획팀장님(현 제니스 베트남 담당 부장)과 함께 근무 중이었다. 김우진과 나는 자주 아찌 관련해서 연락을 주고받고 있었기에 그에게 도움을 받는 것이 어렵지는 않았다. 그는 주말에 자신의 시간을 쪼개서 별도로 떡볶이 업무를 도와주기도 했다. 나는 좋은 동기이면서 친구로 지내게 된 김우진 대리가 항상 동기들보다 진급이 빨라 시샘도 좀 나기는 했지만 왠지 모르게 그가 좋았다. 능력 있는 데다 성품까지 선해서 매력을 느꼈던 것 같다. 그와 회사 생활을 하면서 늘 뭔가 함께하면 잘할 것 같다는 생각을 했는데, 15년 뒤에 실제로 그런 일이 일어났다. 두끼떡볶이에서 또 새롭게 인연이 맺어진 것이다. 그 이야기는 차차 언급할 예정이다. 아무튼 인연은 참으로 고귀하고 소중한 것이다.

나는 회장님 앞에서 당당히 프레젠테이션을 진행했다. 회장님이 큰 박수로 기뻐해 주셨다. 이대로 잘 마무리되는 줄 알았다. 하지만 함께 참석한 많은 임원들이 떡볶이 사업은 경쟁력을 키우기 힘들다는 논리로 반박 질문을 거침없이 던졌다. 그분들의 입장도 충분히 이해하지만 주임한테 그렇게까지 할 필요가 있었을까 싶다. 나는 어쩔 수 없이 한 발짝 물러날 수밖에 없었다. 임원들의 우려에 회장님도 한 발짝 물러섰다. 처음부터 다시 시장조사를 해서 재보고를 하라는 지시를 내린 것이다. 그로부터 나는 6개월 이상 전국을 돌아다니며 시장조사를 했다. 하지만 처음 상황과 크게 달라진 것은 없었다. 나는 이미 오래전에 답을 정해놓은 상태였기 때문이다.

나는 회장님 앞에서 처음 프레젠테이션을 할 때 당시 1호점 투자비를 5억으로 책정했다. 임원들은 떡볶이 창업에 5억이나 투자해서 어떻게 창업자를 모집할 것인지를 물어보았다. 당연한 의심이었다. 왜냐하면 제니스 매장 하나 오픈하는 데 5천만 원이면 가능한데, 어느 누가 5억을 투자해서 떡볶이집을 내겠는가. 임원들의 의심은 지극히 현실적이었던 것이다.

하지만 나는 비즈니스의 성공은 남들과 다른 전략이 있을 때 가능하다고 믿는 사람이었다. 어떤 사업이든 고객이 필요로 하는 것을 만들어낼 때 사업성이 있다고 나는 배웠다. 배달의 민족은 배달 홍보에 대해 고민하던 사장님의 문제를 해결해 주면서 성공했다고 볼 수 있고, 쿠팡은 빠르게 배송받고 싶어 하는 고객의 니즈needs를 해결함으로써 현재 사업을 진행 중에 있는 것이다 앞으로 떡볶이 역시 길거리 음식이 아닌 깨끗한 매장에서 먹을 수 있는 시장으로 변환다면 성공 가능성이 보였다.

나는 예전과 달리 많이 성장해 있었다. 그 자리에서 사직서를 제출할 수도 있었지만 참고 또 참았다. 시간이 해결해줄 것이라 믿으며 인내하자고 스스로를 다독였다. 그렇게 나는 6개월을 기다렸다. 처음 기획안에는 A급 상권에서 브랜드 홍보를 하면서 B급 상권으로 사업을 확장하고, 최종적으로 파리바게트처럼 C급 상권까지 입점을 진행하는 계획을 세웠다. 하지만 임원들의 반대에 부딪치며 단순하지만 명쾌한 전략을 짰다. C급 상권부터 오픈시키고 순차적으로 B급 상권, A급 상권으로 확장하는 전략이었다. 나는 그 전략을 내놓고 기다렸다. 필요했던 건 시간뿐이었다.

제니스에서 킹떡볶이의 시대를 열다

직영점 오픈 준비를 위해 회장님에게 최종 보고를 완료한 때는 2007년 2월이다. 그날을 기억하는 이유는 내가 좋아하는 숫자가 2와 7이기 때문이다. 아마 평생 잊지 않을 것이다. 직영점 오픈을 위해 하나하나 준비를 진행하면서 취업 사이트에 채용 공지도 올렸다. 모든 업무를 혼자 다했다. D-PROJRCT팀이라는 별도 팀이 구성되어 있었지만, 인원은 나 혼자였다. 혼자라서 힘들었다기보다는 혼자라서 너무 편했다. 회사가 나에게 이런 기회를 만들어 준 것에 대해 오히려 감사했다.

직영점 준비를 하면서 인생에서 세 번째 은인을 만나게 되었다. 채용 공지를 보고 한 분이 면접을 보러 오셨다. 그때는 그분이 나에게 은인이 될 줄은 전혀 몰랐다. 그분은 바로 조혜정 사장님이다. 현재 두끼떡볶이 가든파이브점 사장님으로 나와 아직도 인연을 함께하고 있다. 나보다 스무 살 정도 많으시며, 어머니 같은 분이다. 면접에서 조혜정 사장님은 아딸 창업을 준비 중이라고 했다. 지인이 아딸을 해서 돈을 많이 버는 것을 보고 자신도 한번 알아보는 중이라고 말씀하셨다. 창업하기 전에 매장에서 직접 일을 해봐야 본인이 떡볶이 창업에 맞는 사람인지 확신할 수 있을 것이라고 고백하셨다. 그 시절에 이런 마인드를 가진 창업자는 많지 않았다. 나는 조혜정 사장님의 마인드가 마음에 들었다.

또한 조혜정 사장님은 독특한 경력의 소유자였다. 종로 3가에서 보석상을 20년 정도 운영한 베테랑 사업자였던 것이다. 참 재미있는 인연이라는 생각이 들었다. 보석 하나 팔아 몇 백만 원 받던 분이 떡볶이 1인분 2,000원짜리 팔아서 만족할 수 있을까 의문도 들었지만, 사장님의 엄청난 열정과 열기가 나를 에워싸며 그 의문을 지웠다. 조혜정 사장님을 채용하지 않으면 후회할 것 같았다. 이런 분이라면 매장을 맡겨도 될 것 같았다. 나는 회장님께 보고도 해야 하고 본사와 정산도 해야 하기 때문에 매장을 자주 비울 수밖에 없는 상황이 자주 생길 터였다. 주인정신과 열정이 있는 사람이 꼭 필요했고, 조혜정 사장님이 그런 사람이었다.

마침내 나는 조혜정 사장님과 단둘이서 킹떡볶이 1호점인 개포점을 론칭하게 되었다. 제니스 임직원들은 크게 걱정도, 기대도 안 했을지 모르지만 나는 자신감이 하늘을 찔렀다. 아직까지 매장을 운영해서 최고 매출을 갱신하지 않은 적이 없는 나였다. 이번에도 잘할 것이라며 스스로를 믿었다.

그 믿음대로 개포점은 순조롭게 나아갔다. 시간이 지날수록 매출이 꾸준히 상승했다. 이제 가맹점 전개에 눈을 돌려야 할 타이밍이었다. 프랜차이즈 사업은 한 개 매장 매출이 높다고 성공한 것이 아니다. 시스템을 갖추고 가맹점 전개를 해야 성공을 논할 수 있었다. 나 혼자 지지고 볶는 상황은 아무런 의미가 없었다. 나는 가맹점 전개에 대해 깊이 고민했다. 가맹점이 확대되어야 회사에서도 더 관심을 가져줄 텐데, 당장 좋은 수가 없었다. 그러던 중에 조혜정 사장님이 단번에 고민을 해결해 주었다. 자신이 2호점을 운영하겠다고 선뜻 나서준 것이다. 내가 보기에 조혜정 사장님은 최고의 적격자였다. 나는 대박 행운이라고 생각했다. 주저 없이 2호점을 오픈하기로 서로 구두 약속을 했다. 이어서 오픈 계획을 세우며 투자비를 산출했다.

그런데 조혜정 사장님과 의견 일치를 보지 못하는 한 가지가 있었다. 2호점의 지역이었다. 조혜정 사장님은 대치동 은마아파트 지하상가에 오픈을 하기를 원했다. 오랜 외식업 종사자로서 절대 식당을 하지 말아야 할 장소가 지하라는 것을 경험한 나는 그 바람을 들어주기가 곤란했다. 장사는 역시 자리가 중요했다. 지금이야 세상이 많이 바뀌고 코로나19로 인해 배달 또는 HMR 같은 간편식이 대세이지만, 그 당시는 그렇지 않았다. 우리두 사람의 의견은 쉽게 조율되지 않았다. 그러나 결국 내가 양보했다. 이런 일로 2호점을 포기할 수 없었다. 회사에 사업이 잘되고 있다는 것을 보여줘야 할 시간이 다가오기도 했다. 나는 어쩔 수 없이 대치동 은마상가 지하 1층에 2호점을 내기로 결정했다.

하지만 더 큰 문제가 발생할 것이라는 것을 우리는 알지 못했다. 조혜정 사장님이 확정한 자리는 은마 지하상가에서 오랜 시간 맛집으로 유명세를 떨치고 있는 '만나분식' 바로 앞집이었다. 대치동에서 만나분식을 모르면 대치동 사람이 아니었다. 유명한 집 앞에 오픈하는 것은 호랑이굴에 호랑이를 잡으러 들어가는 것만큼이나 위험한 모험이었다. 이런 경우 보통 3개월을 넘기기가 어려웠다. 다시 한 번 조혜정 사장님과 의견을 조율했다. 조혜정 사장님은 귀를 막고 자신은 무조건 강남에서 장사를 하고 싶다고 했다. 현재 손에 든 투자비로는 이 장소 말고 다른 장소는 힘들 것 같다고 못박았다. 나는 이 현실을 받아들여야 했다. 만나분식을 이길 수 있는 전략을 생각하는 게 빠른 해결책이라 생각했다.

결국 우리는 킹떡볶이 2호점이자 가맹 1호점을 은마상가 지하상가에 당당히 오픈했다. 첫날 매출 18만 원. 고전할 것이라 어느 정도 예상은 했지만 현실은 더 참담했다. 이 참담한 성적표도 지인들이 많이 찾아준 덕분이었다. 막막했다. 조혜정 사장님을 위로하고 용기를 드려야 하는데, 내가 할 수 있는 일은 아무것도 없었다. 그런데 조혜정 사장님이 오히려 나를 위로했다. 걱정 말라면서, 시간이 지나면 지금보다는 좋아지지 않겠냐면서.

그렇게 나와 조혜정 사장님의 인연은 시작된 것이다. 킹떡볶이 대치 은마점은 실제로 시간이 지나면서 점점 좋아졌다. 조혜정 사장님은 그 매장을 10년 동안 운영했다. 그리고 훗날 내가 사업적으로 독립할 때 엄청난 조력자로 다시 등장하게 된다.

킹떡볶이 2호점의 문을 연 나는 이제 본격적으로 가맹사업 준비를 해야 했다. 먼저 물품 공급 방식을 프랜차이즈 사업에 맞도록 시스템을 구축하고, 떡, 어묵, 순대, 튀김, 소스 등을 HACCP 인증된 제품으로 전환하는 업무를 병행해야 했다. 혼자 업무를 진행하기는 쉽지 않았던 상황인데, (주)제니스 구매팀 직원들은 전혀 미동도 하지 않았다. 그들에게 킹떡볶이는 귀찮은 존재에 불과했다. 지금도 바쁜데 왜 떡볶이 매장을 오픈해서 일을 만드냐고 나를 원망하는 것 같았다. 얼마 안 가 없어질 건데, 굳이 구매 코드를 만들 필요가 있나 생각하는 것처럼 보였다.

제품 코드를 따고 가격을 협상해 제니스 물류센터로 입고시키는 일이 시급했다. 하지만 이 업무는 구매팀 고유 영역이라 나로서는 할 수 있는 게 하나도 없었다. 오직 기다리는 것 말고는……. 솔직히 아이템을 가지고 퇴사해서 창업을 해볼까도 잠시 생각했었지만, 그건 스스로 물러나는 꼴이었다. 나는 그런 꼴을 보이기 싫어서 이를 악문 채 구매팀에서 진행해 주기만을 기다렸다. 그러는 사이 가맹점 숫자가 점점 증가했다. 하루빨리 제품마다 구매 코드를 만들어서 중앙 공급을 시작해야 했다. 나는 애가 타는데, 구매팀은 떡볶이 사업은 뭐하러 하는지 모르겠다는 말만 하면서 업무 진행을 하지 않았다.

그러나 하늘이 나를 도왔다. 서경호 과장님(이츠 올레 상무)이 어느 날 나를 불러서 이렇게 말씀하셨다.

"승우야, 힘들지? 내가 뭐 도와줄 거 있으면 이야기해."

그 말이 너무나 감사했다. 서경호 과장님은 나에게 관심을 갖지 않아도 되는 분이었다. 그런데도 나를 도와주시겠다고 하니 얼마나 감사했겠는가. 나는 구매 코드에 대해 말씀드렸다. 그러자 서경호 과장님은 일주일 만에 모든 코드를 마무리해주셨다. 하늘은 스스로 돕는 자를 돕는다는 말이 실감났다.

서경호 과장님 덕분에 킹떡볶이도 제니스치킨과 동일하게 경기도 광주에 있는 물류센터에서 중앙공급을 시작하게 되었다. 그때 정말 고마웠고, 은혜를 언제 갚을지 아직은 알 수 없지만 그리 멀지 않은 시간에 가능할 듯싶다. 현재 내가 운영 중인 회사에 투자를 하셨기 때문이다. 그 시절의 인연이 지금까지 이어진 것이다.

그 시절 기억나는 사건이 한 가지 더 있다. 중앙공급을 시작하면서 떡 공급을 진행하기 위해 나는 광진식품이란 떡공장을 방문해서 경기도 광주에 있는 제니스물류센터로 매일 아침 떡 배송을 부탁드렸다. 그런데 공장장님이 사용량이 너무 적다는 이유로 배송까지는 힘들다고 했다. 나는 그 자리에서 공장장님에게 이렇게 말씀드렸다

"떡 배송은 제가 하겠습니다. 아침마다 제시간에 떡공장 입구에 떡만 놓아주시면, 제가 일찍 경기도 광주로 배송하고 출근하겠습니다."

그래서 나는 매일 새벽 떡을 물류센터로 배송하고 사무실로 출근했다. 그렇게 한 달쯤 지나자 공장장님이 달라졌다. 나에게 고생 많다면서, 그 열정을 높이 사서 앞으로는 공장 배송차로 진행하겠다고 했다.

영업을 배우기 전과 후

　나는 이렇게 ㈜제니스에서 많은 임직원들의 반대를 물리치고 성공을 일구어냈다. D-PROJECT 팀에서 사업부서로 승격되었고, 본부장, 영업담당부장, 운영과장 자리가 만들어지며 어엿한 사업부서의 모양을 갖추게 되었다. 나는 대리이지만 정식으로 킹떡볶이 사업부 팀장으로 발령을 받았다. 직급은 대리이면서 직책은 팀장이라 조금 아쉬움은 있었지만, 크게 신경 쓰지 않았다.

　영업담당부장인 김보성 부장님은 킹떡볶이 가맹점 개설에 탁월한 성과를 보였다. 덕분에 매장이 꾸준히 늘어났다. 가맹점 상담 영업을 해본 적 없는 나는 김보성 부장님에게 영업 스킬을 많이 전수받았다. 그때 전수받은 스킬은 인생에서 꼭 필요한 전략적 무기로 나의 몸에 장착되었다.

　영업을 배우기 전과 후, 나는 많은 것이 바뀌었다. 은행 직원을 바라보는 시선부터 바뀌었다. 예전에는 은행 직원이 프로모션으로 뭔가를 제안하면 그저 "감사합니다" 하면서 받아들였지만, 이제는 은행 직원이 무엇인가를 제안하면 '아하, 저 제품을 많이 판매해야 은행 직원분이 평가 점수를 잘 받겠구나' 생각을 한다. 이런 점을 활용해서 내가 먼저 은행 직원에게 요구하기도 한다. "카드 하나 만들고 싶은데, 도와주시겠어요?" 하고. 나로 서는 은행 직원을 위한 관심과 배려이다. 은행 직원에게 이익이 되는 부분을 먼저 말하고 다가가면 대부분은 고마워한다.

그런데 어떨 때는 이런 순간이 슬프게 다가오기도 한다. 누구나 생계에서 자유롭지 못하다는 현실이 느껴져서인지……. 아무튼 김보성 부장님을 2년 정도 따라다니면서 귀한 것을 배웠다. 사람들을 설득하는 방법과 사람의 유형에 맞도록 상담하는 방법이다. 이것은 일상생활에도 적용할 수 있는 영업 스킬로, 살아가는 데 든든한 무기가 된다.

떡볶이 사업에 박차를 가할 때 대한민국은 한식 세계화를 외쳤다. 쌀 소비도 장려되었다. 그 분위기를 타서 떡볶이는 큰 이슈가 되었다. 떡볶이 사업의 전망이 밝은 것은 의심의 여지가 없었다. 경쟁 브랜드인 아딸은 한 달에 20개점 이상씩 오픈을 했다. 킹떡볶이 역시 성장세가 두드러지며 직원이 더 많이 필요한 상황에 이르게 되었다. 그 상황에서 제니스 강북지사에서 근무하던 소현철 운영과장님(탑브릿지 대표)과 연을 맺게 되었다. 소현철 운영과장님은 조직개편으로 킹떡볶이로 발령받았는데, 그분에게는 반가운 일은 아니었다. 그 시절 떡볶이 부서로 발령을 받는다는 것은 제니스에서 강등되는 느낌이 강했다. 소현철 운영과장님은 그 당시 회사를 그만둘 마음으로 킹떡볶이에 출근했었다고 나한테 고백했었다.

소현철 운영과장님이 킹떡볶이로 첫 출근 하던 날은 킹떡볶이 벽제점이 오픈하는 날이었다. 기존에 근무하던 운영과장이 퇴사를 해서 내가 직접 벽제점을 챙기고 있었던 시기였다. 소현철 운영과장님의 첫 느낌은 오래 다닐 사람이 아니라는 것이었다. 내일 당장 그만두고 싶은 듯 불만이 가득한 표정이었다. 나는 당장 급한 불이나 끄겠다는 마음에 그냥 막 아무 일이나 시켰다. 그날 벽제점에 부족한 물건을 보충해야 해서 경기도 광주 물류센터에서 벽제까지 두 번이나 왕복을 했다. 이 일화는 지금도 술자리에서 안줏거리로 쓰인다. 운영과장님이나 나나 서로 웃으면서 안주로 씹는다. 소현철 운영과장님과의 인연도 지금까지 이어오고 있다.

공채 4기 중 한 명인 심주용 과장님(현 소바야 임원)도 큰 도움이 되었다. 그는 BHC 치킨에서 건강상의 문제로 퇴사했다가 다시 재입사를 했다. 나는 킹떡볶이를 제안했고, 과장님은 흔쾌히 제안을 수락해 우리는 함께 업무를 진행하게 되었다. 동갑내기 친구인 심주용 과장님은 어려운 시기에 큰 힘이 되었다. 그의 도움으로 킹떡볶이 사업부서는 안정적으로 성장하는 초석을 만들 수 있었다.

리더가 해야 될 업무

킹떡볶이는 안정적으로 성장하고 있었다. 이제는 제니스와 같은 회사라는 이미지가 장점보다는 단점이 많다는 결론을 도출시켰다. 우리는 '제니스'를 빼고 킹떡볶이로 브랜드명을 바꾸기로 결정했다. 쉽지 않은 결정이었지만 킹떡볶이의 미래를 위해서는 꼭 필요한 작업이라 생각했고, 제니스 브랜드에 더 이상 도움을 받고 싶지 않았다. 그러던 중 회사 내부 사정으로 유소야 사업부 산하의 구슬김밥(유현승 팀장)과 킹떡볶이(남승우 팀장)가 통합되면서 하나의 회사로 재편되었다

회사 재편과 함께 회장님 권유로 이지훈 사장님이 입사하게 되었다. 이지훈 사장님의 젊은 열정으로 유소야 및 기타 사업에 힘을 실어주겠다는 회장님 나름의 배려라고 생각했다. 이지훈 사장님은 나보다 나이가 세 살 어렸다. 나는 대리 직급인데, 상무로 입사했다. 젊은 나이에 초밥 브랜드로 100호점 이상 론칭시킨 경력을 인정받은 것이다. 나는 이제 이런 상황은 쉽게 받아들일 수 있었다. 나보다 적은 나이에 상무로 입사했다고 부러워하거나 시기하지 않을 정도의 내공이 생긴 것이다.

내공이 생긴 나는 조직 개편에 흔들리지 않았다. 그냥 내가 하던 업무에 꾸준히 성실하게 임하자고 다짐했다. 브랜드 통합으로 더 많은 조직원들과 함께하게 되었으니, 그들과 좋은 관계를 유지하면 큰 힘이 되어줄 터였다. 진급보다 그들과 힘을 모아 킹떡볶이를 성장시키는 것이 나에게는 더 중요했다.

사업부서는 수시로 재편되었다. 반복된 재편 중에 킹떡볶이 위주로 재구성되면서 킹떡볶이에는 영업팀, 운영팀, 전략기획팀이 생겨났다. 킹떡볶이가 사업 부문으로 승격되면서 조직 개편이 이루어진 것인데, 나는 전략기획팀장을 맡게 되었다. 킹떡볶이 대표에는 본사 경영지원본부에서 근무하던 김열 대표님이 선정되었다.

전략기획팀장인 나는 많은 권한을 쥐고 있었다. 나는 할 수 있는 모든 역량을 동원해 킹떡볶이 사업 전개에 최선을 다했다. 회사 내에서 독보적으로 성과를 창출한다고 볼 수 있었지만 워낙 소형 매장이라 본사 공급 매출은 저조했다. 때문에 회장님은 늘 격려보다는 하루빨리 공급 매출을 올려서 회사에 기여도를 높이라고 말씀하셨다

킹떡볶이 직원들은 최강이라 자부할 수 있을 정도로 지속적으로 좋은 성과와 아이디어를 냈다. ㈜제니스에서 진행하는 여러 가지 이벤트에서도 탁월한 능력을 발휘했는데, 기억에 남는 것 중 한 가지는 회사에서 제안제도를 가장 잘 실천하는 부서에게 포상을 한 일이다. 킹떡볶이는 직원 참여율 100퍼센트를 달성하여 1등 포상을 받았다. 맥주를 마시면서 직원들 간 단합을 도모하는 'HOF DAY 이벤트'에서도 역시 가장 높은 참여율을

기록했다. 킹떡볶이 직원들은 모든 면에서 우월성을 보였다. 다른 부서의 시기와 질투를 받을 정도로 실적 또한 우수했다. 2013년 경영 계획 발표에서는 회장님에게 큰 박수를 받기도 했는데, 회장님은 전 부서는 킹떡볶이처럼 경영계획을 작성하라는 지시까지 내렸다.

그렇지만 제니스 브랜드가 있기에 킹떡볶이가 있는 것은 현실이었다. 회장님은 나에게 많은 것을 기대하셨다. 전략기획팀장인 나에게 운영팀장과 영업팀장까지 겸직하게 한 것이다. 그로 인해 나는 또 새로운 전략이 필요했다. 나 혼자 모든 업무를 실행하고 처리하기에는 업무량이 많았기에 새로운 시스템을 만들었다. 후배들에게 책임과 권한을 나누고, 나는 의사 결정과 방향성만 잡는 방식으로 업무를 진행했다. 그런 방식으로 하자 타인과 함께 협업하는 업무 스킬이 자연스럽게 늘게 되었다. 나로서는 큰 소득이었다.

나는 가능한 한 많은 업무를 위임하고, 결과를 공유하고, 성과에 대한 과실은 나눠서 서로 윈윈win-win 하는 방식으로 행동했다. 나보다 뛰어나고 유능한 후배들이 많았기에 점점 더 성과는 좋아졌다. 시간이 흐르면서 어느 순간부터 내가 딱히 할 일이 없어지기도 했다. 그 순간 나는 더 유능하고 똑똑한 사람들과 업무를 나누면 더 큰 성과를 낼 수 있다는 것을 깨달았다. 그래서 인재 영입 업무에 집중했고, 그 결과 킹떡볶이는 한층 더 성장할 수 있었다. 우리가 성장을 거듭하자 ㈜제니스에서도 킹떡볶이 사업부에 관심을 가지기 시작했다.

작지만 성과가 있었던 창업

　킹떡볶이 비즈니스를 하던 중 B&S 그룹의 김세진 대표(현 휴식 중)를 알게 되었다. 김세진 대표 역시 내 인생을 바꾼 사람 가운데 한 명이다. 물론 처음에는 그가 나에게 엄청난 행운을 가져다줄 줄은 전혀 몰랐다.

　김세진 대표는 킹떡볶이 은평뉴타운점 덕분에 인연이 생겼다. 나는 은평뉴타운점 창업 상담을 직접 진행했다. 은평뉴타운 지역이 신도시라 권리금도 없고, 젊은층들이 대거 입점할 예정이라 아이들이 많을 것을 예상했다. 그래서 옷가게를 운영하셨던 사장님과 상담할 때 이런 장점을 들며 경쟁력이 있을 것이라는 의견을 드렸다. 사장님은 그 의견에 동의했고, 금전적으로 부족하지 않은 상태라 빠른 시간에 오픈을 하게 되었다. 부부가 함께 창업을 하셨는데, 나는 그분들이 큰 어려움 없이 매장을 운영할 수 있을 것으로 판단했다.

　그런데 예상 밖의 문제가 생겼다. 은평뉴타운점 사장님은 힘들게 일을 해본 경험이 없었고 금전적으로도 어렵지 않았기에 장사에 지속적인 열의를 보이지 않았다. 매장 업무에 집중하지 않자 매출은 계속 하향곡선을 그렸다. 결국 사장님은 본사 측에 인수인계를 요청했다. 하지만 매장을 인수할 사람을 찾기가 쉽지 않았다 예상과 다르게 은평뉴타운 지역은 활성화되지 않고 점점 더 침체되는 분위기로 흘러갔다. 시간이 지날수록 주변에 텅 빈 상가들이 생기고, 동네 매장들은 하나둘씩 부동산에 가게를 내놓기 시작했다.

나는 사장님에게 투자비를 전부 받기는 힘들 것 같다고 말씀드리면서 낮은 금액이라도 인수인계할 마음이 있는지 물었다. 사장님은 천만 원이라도 받으면 바로 넘기고 싶다고 답했다. 그 답변에 순간 내 마음이 흔들렸다 킹떡볶이 은평뉴타운점은 투자비 3,500만 원에 보증금 3,000만 원, 총 6,500만 원 정도 들어간 매장이었다. 천만 원에 은평뉴타운점을 인수받는다면 손해 보는 장사가 아니었다. 나는 그 장사에 내가 도전해보고 싶은 욕심이 생긴 것이다. 결국 나는 그 욕심에 따라 행동했다. 일주일 정도 지난 후 사장님에게 내가 인수인계를 받겠다고 말씀드렸다. 나는 직장을 다니면서 킹떡볶이 매장을 운영하는 창업자가 된 것이다.

인수인계를 받기로 했지만 나는 매장을 직접 운영할 수 있는 입장이 아니었다. 점장으로 매장을 운영할 친구를 찾아야 했다. 다행히 소현철 팀장 소개로 점장을 소개 받아 은평뉴타운점을 맡겼다. 다행히 이전보다 매출은 올랐지만 만족스러울 정도는 아니었다. 그런데 1년도 지나기 전에 점장은 퇴사를 이야기했다. 나는 새로운 점장을 찾아야 했다. 이때 나는 생각을 바꿨다. 믿을 만한 사람을 찾는 것도 쉽지 않을뿐더러 단순히 점장을 뽑아서는 지금보다 높은 매출을 만들기 어려울 것 같다는 생각이 들었다. 그래서

'청년 창업 프로젝트'를 기획했다.

청년 창업 프로젝트란 6개월 이내에 회사가 원하는 목표 지점까지 매출을 올리면 창업을 무상으로 시켜주는 제도였다. 나의 아이디어로 만든 이 프로젝트는 회장님의 결재를 득했다. 나는 자신감을 갖고 신문 기사, 홈페이지 등을 통해 청년 창업 프로젝트를 알렸다. 몇 개 팀이 도전하겠다며 신청서를 냈다. 그 도전자 중 한 명이 바로 김세진 대표였다.

청년 창업 프로젝트로 김세진 대표와 친구 한 명이 킹떡볶이 은평뉴타운점의 새 주인이 되었다. 젊은 그들의 손에 의해 매장은 하루가 다르게 매출이 상승했다. 두 청년은 6개월 목표 날짜가 다가오기도 전에 목표를 달성해버렸다. 나는 기분이 굉장히 좋았다. 하지만 그 친구들에게 무료 창업을 시켜줘야 하기 때문에 부담감과 책임감도 뒤따랐다. 김세진 대표가 떠나면 은평뉴타운점을 운영할 점장을 다시 구해야 하는데, 이것도 골칫거리였다. 아무리 알아봐도 김세진 대표 같은 친구를 구하기는 힘들 거라는 게 솔직한 심정이었다.

그 솔직한 심정에 따라 나는 김세진 대표에게 무상 창업을 은평뉴타운점에서 하는 건 어떻겠냐고 물었다. 예상과 전혀 다른 답변이 돌아왔다. 두 청년은 떡볶이집을 직접 6개월 운영해 보니 너무 힘들었다고 했다. 쉬는 날도 없고, 하루 종일 12시간 일하는 게 쉽지 않았다는 것이다. 솔직한 마음을 고백한 그들은 당분간 좀 쉬면서 다른 일을 알아보겠다고 했다. 그런 그들을 나는 더 잡을 수가 없었다. 그렇게 김세진 대표와 나는 헤어지게 되었다. 그는 내 머릿속에 강한 인상을 남기고 떠났다. 그는 참 진정성 있는 사람이었다. 그 진정성을 잊지 못해 훗날 나는 그에게 도움의 손길을 내밀

게 된다.

이렇게 나는 첫 번째 나의 매장에서 성공을 거두었다. 성공 이후 천만 원 주고 인수했던 매장을 권리금 2,500만 원에 매각했다. 1,500만 원의 시세 차익을 실현한 것이다. 크다면 크고 적다면 적을 수 있는 금액이지만, 나에게는 의미만큼은 '아주 큰' 금액이었다. 내가 직접 운영했던 것도 아닌데, 5천만 원 투자해서 2년이 되기 전에 1,500만 원, 즉 20퍼센트 이상의 수익을 창출했기 때문이다. 회사 후배들이 다들 한턱 쏘라고 이야기했다. 나는 후배들을 전부 모아놓고 소고기를 샀다. 돈을 벌면 남들에게 선심을 쓸 수 있어서 좋다는 것을 새삼 깨달았다.

벌어들인 돈을 그냥 은행에 넣어둘 수는 없었다. 또 다른 투자를 진행하기 위해 새로운 점포를 알아보았다. 그러던 중에 GS슈퍼마켓에 입점하라는 제안을 킹떡볶이에서 받게 되었다. 일반적으로는 GS슈퍼마켓 매장 안에 있는 기존 분식 코너를 리모델링해서 킹떡볶이 입점을 진행하는데, GS슈퍼마켓 상계점은 매장이 넓지 않아 매장 입점이 불가했다. 때문에 GS슈퍼마켓 MD는 키오스크KIOSK 매장으로 입점하기를 요구했다. 나는 아직 검증되지 않은 키오스크 매장을 모르는 타인에게 창업 안내 하기에는 위험이 많다고 판단했다.

위험을 줄이기 위해 키오스크 매장에 대해 더 알아보았다. 예상보다 투자비가 높지 않다는 장점이 발견되었다. 나는 내심 투자 욕심이 생겼다. 은평뉴타운점에서 얻은 수익으로 이 정도 투자비는 감당이 가능했다. 만약 투자에 실패하더라도 크게 손실을 볼 것 같지는 않았다. 두 번째 도전을 못

할 이유가 전혀 없었다. 나는 킹떡볶이 상계점을 스스로 오픈하겠다고 결심했다. 결심한 즉시 직원 채용 공고도 냈다. 모든 업무가 일사천리로 진행되었다. 마침 지인인 여사님이 상계점 근무를 원해서 오케이하고 책임자로 임명했다. 손쉽게 두 번째 창업을 시작하게 되었다.

GS슈퍼마켓 상계점은 어느 정도 예상 매출이 적중했다. 그에 따른 수익도 나쁘지 않았다. 나는 상계점에 천만 원 정도를 투자했는데, 월 손익을 산출했을 때 월 100만 원 정도는 현금으로 수익이 창출되었다. 직장 다니면서 월 100만 원 정도 추가로 수익이 생긴다면 싫어할 직장인은 아무도 없을 것이다. 나는 굳이 집에서 용돈을 받지 않아도 될 정도로 안정적 수입이 발생하는 것에 대해 매우 만족하면서 직장생활을 열심히 했다. 그러던 어느 날 여사님이 미팅을 요구했다. 혹시 퇴사를 원하나 싶었는데, 예상은 적중하지 않고 빗나갔다.

여사님은 매장을 인수하고 싶다는 말씀을 하셨다. 나는 고민에 빠졌다. 안정적으로 수익이 발생해서 이제 용돈 걱정 없이 직장생활 좀 하나 싶었는데, 갑자기 매각을 하라고 하니 어떻게 말씀드려야 될지 난감했다. 고민 끝에 팔고 싶은 마음이 전혀 없다고 솔직히 말씀드렸다. 이후 여사님은 수시로 전화해서 제발 매장을 팔라며 부탁조로 사정을 하셨다. 공부 뒷바라지해야 될 아들이 있어서 돈을 많이 벌어야 하는데 큰 투자를 할 수는 없다는 것이었다. 본인이 2년 정도의 수익금액을 권리금으로 줄 테니 꼭 매각해주면 좋겠다고 했다. 그렇게 여러 번 사정을 하셔서 나는 어쩔 수 없이 3개월 만에 권리금 2천만 원을 받고 매장을 넘겼다.

사즉생, 변화의 시작

킹떡볶이 GS슈퍼마켓 상계점 매각은 회사 내에 새로운 분위기를 만들었다. 킹떡볶이 직원들 대다수에게 매장 오픈에 대한 꿈을 심어준 것이다. 이후 GS슈퍼마켓 자리가 나오면 서로 하겠다고 이야기할 정도였다. 실제로 꿈을 이룬 사람도 나왔다. 허종욱 주임(예향정 가든파이브 대표)은 두 개 매장을, 이재만 과장(현 원할머니 기획팀장)은 3개점까지 운영했다. 직원들이 몸소 오픈을 하니 킹떡볶이의 개설 수치는 다른 브랜드를 제치고 회사 내에서 탑을 찍었다. 어느 순간 월 20개 점 이상을 큰 문제없이 오픈시키는 브랜드로 성장하게 되었다. 나는 나의 목표와 꿈이 이루어지고 있다는 것을 느낄 수 있었다.

그렇게 킹떡볶이는 승승장구했다. 다만 회장님을 만족시키지는 못했다. 회장님은 매월 30개 이상씩 오픈하라는 지시를 내렸다. 나는 혀를 내둘렀지만 이내 어떻게 해서라도 월 30개를 오픈하고 말겠다는 의지를 불태웠다. 더 뜨겁게 뛰어다녔더니 월 초도(물류가 출고되는 첫날) 기준으로 30개점을 오픈하게 되는 날이 한 번 생겼다. 이제는 회장님에게 칭찬을 받을 것이라 기대했다. 그러나 그것은 나만의 착각이었다. 회장님은 다음 달부터는 40개 점을 오픈하라는 지시를 내렸을 뿐이었다.

병법에서도 당근과 채찍을 골고루 사용해야 군사들의 사기를 관리할 수 있다고 했다. 또한 전쟁에서 승리하기 위해서는 병사들의 사기가 무엇보다 중요하다고 적혀 있다. 그런데 내 오해일 수도 있지만 어쩐지 나는 채찍만 받는 느낌이었다. 그 느낌을 가진 이후로 나는 매장 오픈 숫자에 크게 관심을 갖지 않았다. 어차피 40개 점 오픈하면 50개 점 오픈하라는 지시가 떨어질 것 같았기 때문이다. 하지만 뭐든 할 수 있다는 자신감을 얻었기에 채찍을 맞아도 기분은 좋았다. 물론 그 기분에 젖어 안주할 상황은 아니었다.

나는 변화를 갈망했다. 대형 매장으로의 변화를 지속적으로 주장했지만, 회사에서는 대형 매장에 대해 부정적이었다. 스쿨푸드라는 분식 브랜드가 이슈였고, 죠*떡볶이가 막 떠오르던 시기였다. 경쟁자들보다 앞서기 위해 나는 둘 중 하나를 해야 된다고 생각했다. 대형으로 메인 상권에 입점하든지, 아니면 A급 상권에 깔끔하고 고급스러운 인테리어로 지금과 완전히 다른 분식집으로 입점하든지. 둘 중 하나라도 하지 않으면 킹떡볶이의 미래는 없을 것이라 예상했다. 당연한 예상이었다. 매일 떡볶이 관련 업무만 고민하는데 어떻게 떡볶이 시장 흐름을 예측하지 못하겠는가. 비즈니스에서는 생각과 고민을 가장 많이 하는 놈이 이기게 되어 있다.

변화에 가장 큰 장벽은 존재감이었다. (주)제니스에서 킹떡볶이의 존재는 크지 않았다. 떡볶이 사업이 잘된다고 해서 회사 자체가 부흥하는 건 아니었다. 나는 회사 입장을 충분히 이해할 수 있었다. 킹떡볶이로 (주)제니스의 미래를 책임지고 싶었지만, 그건 나의 욕심일 뿐이었다. 회사의 미래는 제니스 해외 사업에 집중되어 있었고, 연간 해외에 투자되는 금액도 어마어마했다. 하지만 투자에 비해 수익은 크지 않았다. 당연히 해외 사업의 전망도 밝지 않았다.

그런 현실 속에서 회장님은 줄곧 성장을 강조했다. 직원들의 정신교육까지 지시했다. 나로서는 지금도 이해할 수 없는 정신교육이 행해졌다. 정신교육의 공식 명칭은 '사즉생死則生 프로젝트'였다. 사즉생 프로젝트에 따라 직원들은 평일엔 오전 9시 출근해서 5시 퇴근 시가지 본사 업무를 진행하고, 퇴근 후에 인근 가맹점을 방문해서 전단지를 배포했다. 주말인 토요일과 일요일엔 치킨대학에 오전 9시까지 전 임직원이 집합해서 저녁 8시까지 교육을 받았다.

사즉생 프로젝트가 3개월이 넘어가자 직원의 30퍼센트가 퇴사를 했다. 다들 너무 힘들다면서 회사를 떠나갔다. 나도 떠나고 싶었지만 지금에 와서 사표를 제출하기는 너무 억울했다. 회사도 프로젝트가 너무 과도하다고 생각했을까? 3개월이 지나자 사즉생은 'we are family'로 명칭이 바뀌었다. 그러면서 일요일 하루는 쉬기로 했다. 그때 나는 일요일 하루라도 쉴 수 있는 것에 정말 감사했다. 모든 것은 시간이 해결해 줄 것이라 믿고 참고 견디기로 마음먹었다.

사즉생 프로젝트는 힘들었지만 좋은 추억으로, 값진 경험으로 남아 있다. 지금 제니스 퇴사자들은 두 부류가 있다. 이들은 각각 모임을 갖는다. 한 부류는 사즉생과 we are family를 함께했던 직원들, 다른 한 부류는 그렇지 않은 직원들이다.

시간이 흘러 킹떡볶이가 500호점 오픈을 기록했다. 이제 더 이상 지체할 수 없었다. 하루빨리 뉴 모델을 만들지 않으면 킹떡볶이 사업은 하향 곡선을 그릴 것이다. 상승 곡선을 유지하기 위해서는 남다른 전략과 신선한 아이디어가 필요했다. 우리는 그것을 얻기 위해 이벤트를 기획했다. 킹떡볶이 고객들을 참여시켜 떡볶이 경연대회를 개최하기로 한 것이다. 고객들의 참신한 아이디어도 구하고 색다른 떡볶이 메뉴도 선보일 수 있다면 그야말로 일석이조였다. 우리는 기대에 부풀어 홈페이지와 기사 홍보를 통해 신청자를 모집했다. 대학생과 일반인들이 신청자로 참석하게 되었다.

떡볶이 경연대회는 치킨대학에서 개최했다. 그러나 기대했던 것만큼 큰 성과는 없었다. 대신 나는 한 사람을 얻었다. 바로 지금까지 함께 사업을 진행하고 있는 김관훈 두끼떡볶이 대표이다. 그 당시 김관훈 대표는 정유회사를 다니다 떡볶이 비즈니스를 하겠다고 회사를 그만둔 상태였는데, 떡볶이 경연대회는 절대 빠질 수 없다고 하면서 카메라 한 대를 들고 참석했다. 지금 생각해도 김관훈 대표와의 인연은 참으로 신기하다. 떡볶이 경연대회로 인해 김관훈 대표는 ㈜제니스와 인연을 맺었고, 회장님 지시로 킹떡볶이 컨설팅을 하게 되었다. 킹떡볶이 뉴 비즈니스 모델 고문으로 참여한 덕분에 나와는 지속적으로 만남을 이어갔다. 우리는 주기적으로 만나 킹떡볶이의 뉴 비즈니스 모델을 함께 기획했다. 그러면서 더욱 친분이 쌓였다.

그 시절 김관훈 대표와 만든 기획안은 '떡볶이천국'이다. 지금 생각해보면 두끼떡볶이 초안이 아니었나 싶을 정도로 콘셉트가 겹치는 부분이 많이 있다. 떡볶이천국 기획안을 검토한 회장님은 뉴 콘셉트를 한번 만들어보라고 했다. 그러면서 죠*떡볶이처럼 한번 해보라는 지시를 덧붙였다. 아마도 누군가가 회장님에게 죠*떡볶이 관련하여 별도 보고를 드린 게 아닌가 싶었다. 회장님의 지시는 결국 소형 점포로 승부를 보라는 말이었다. 나는 오랜 시간 품고 있던 대형 점포의 꿈을 포기하고 메인 상권에 소형 점포로 입점하는 방식을 선택할 수밖에 없었다. 그 상태에서 한 번 더 도약하면 된다고 생각했다.

나는 죠*떡볶이의 성공 스토리를 어느 정도 알고 있었다. 따라서 그 모델을 답습하는 데 큰 어려움은 없었다. 하지만 이미 죠*떡볶이가 시장에서 자리매김하고 있었기 때문에 쉽게 접근하기는 힘들었다. 나는 이런 상황을 회장님에게 보고했다. 내가 직접 점장으로 근무하면서 일 매출 200만 원 이상 만들고 난 뒤 사무실로 컴백하겠다고도 말씀드렸다. 그것은 나의 의지이며 새로운 도전의 시작이었다. 회장님은 나의 생각을 인정해 주시고 기회를 주셨다. 다만 일 매출 200만 원은 부족하니 300만 원을 기록하고 컴백하라고 했다.

한순간에 막을 내린 15년

나는 정자동 킹떡볶이 매장으로 출근을 하게 되었다. 정자동에서 새로운 무언가를 보여주고 싶었다. 하지만 예상과 정반대로 매출은 저조했다. 월 임대료 600만 원 하는 A급 상권에 최고 입지라고 할 수 있는 자리에 상가를 얻어서 고급스럽게 인테리어까지 했는데, 일 매출은 50만 원 정도였다. 당연히 매월 적자를 예상해야만 했다. 하지만 나는 시간이 조금 필요했을 뿐이지, 자신 있었다. 지금까지 내가 마음먹은 매장에서 최고 매출을 찍지 못한 기억이 없기 때문이다. 내 머릿속에 매출을 못 올린다는 생각은 아예 존재하지 않았다.

그 시점에 새로운 여성 임원 한 명이 떡볶이 컨설팅을 위해 킹떡볶이에 입사했다. 그 여자 상무님은 현실과 다른 이상적인 전략을 나한테 지속적으로 요구했다. 그 내용은 다음과 같이 정리할 수 있다.

1. 국내산 떡을 사용해야 된다(국내산 쌀로 떡을 제조하면 일반떡에 4배 가격이다).

2. 국내산 고춧가루를 사용해서 소스를 만들어야 된다(원가 상승으로 떡볶이 1인분을 6,000원에 판매해야 된다).

3. 호떡과 핫도그 등을 도입해야 된다(매장에서 소화하기 힘든 메뉴다).

컨설팅을 위해 입사한 상무님 말씀을 맞춰 드릴 수는 있었다. 하지만 현실성이 많이 부족했기에 나의 의지를 굽힐 수가 없었다. 그러니 여자 상무님과 계속 갈등이 일어날 수밖에 없었다. 나의 직장 생활에 적신호가 들어오는 느낌이었다. 직장생활 15년 동안 한 번도 방향을 못 잡아본 기억이 없는데, 이번은 정말 어떻게 해야 될지 전혀 알 수 없었다. 여자 상무님에 맞추려면 킹떡볶이 사업을 포기해야 할 듯싶었고, 여자 상무님 지시를 무시하면 직장생활을 계속하기 힘들 것 같았다.

고민이 정말 많았다. 부모님 두 분 다 하늘나라로 떠나시고 결혼해서 첫째 아들 현중이가 있던 시기였다. 하늘에 있는 부모님의 아들 역할도, 곁에 있는 아들의 아빠 역할도 잘하고 싶었다. 아내에게도 최소한 생활비 걱정은 끼치고 싶지 않았다. 하지만 이렇게 회사 생활을 지속하는 게 무슨 의미가 있을까 회의가 왔다. 내 마음은 회사를 떠나야 되겠다는 쪽으로 점점 기울어 갔다.

여자 상무님과의 갈등이 하루하루 깊어지고 있는데, 영업을 책임질 본부장이 한 분 더 입사하게 되었다. 그분은 남자이지만 역시 여자 상무님과 분위기가 비슷했다. 또한 회장님에게 인정받기 위해 본부장의 역할을 다하고 싶어 했다. 그런 본부장님에게 남승우라는 사람은 걸림돌이었다. 내가 6년 이상 만들어 놓은 킹떡볶이 시스템 안에서 곧바로 능력을 발휘하기는 쉽지 않았을 것이라 나는 짐작한다. 어떤 업무를 진행하려고 해도 직원들이 한결같이 남승우 팀장에게 알리고 진행해야 된다는 답변을 내놓으니 본부장으로서 자존심이 상했을 것이다. 결국 본부장이 팀장에게 보고하는 모양새니 마음이 불편했을 게 당연하다. 본부장 입장에서 "누가 윗사람인지 모르겠네" 하는 말이 나올 법하다. 본부장님은 이 상황을 바꾸고 싶었을 것이다. 그러려면 가장 먼저 나를 정리해야 했을 것이다.

상무님과도, 본부장님과도 갈수록 관계가 어색해져 갔다. 상무님은 나에 대한 허위 보고를 회장님에게 지속적으로 했다. 그 바람에 회장님에 대한 나의 신뢰도는 점점 낮아지고 있었다. 주로 현장에서 근무하는 나는 회사 내부 사정을 매일매일 체크하기 어려웠다. 돌이켜보면, 상무님이나 본부장님이나 나의 그런 상황을 이용하지 않았을까 싶다. 나를 퇴출시키기 위해 기회를 엿보고 있지 않았을까 의심이 든다.

그 시절 현장 근무에 매달린 나는 매일매일 목표 매출 달성을 위해 고민하면서 청량리에서 정자동까지 머나먼 여정의 출퇴근을 지속했다. 몸도 마음도 지칠 수밖에 없었다. 목표가 있었기에 겨우 견딜 수가 있었다. 그러던 어느 날 내가 없을 때 회장님이 매장을 방문했다. 회장님은 본부장님에게 남승우 팀장의 위치를 물었다. 이때 본부장님이 왜곡된 답변을 했다고 나는 판단하고 있다. 내 스케줄 이야기는 전부 제외하고 단순하게 이렇게 보고했다는 것이다.

"요즘 남 팀장 마음이 떠서 매장에서 볼 수 없는 것으로 알고 있습니다."

회장님은 대로大怒해서 곧장 킹떡볶이에 전화를 걸어 바로 상황을 확인했다. 그리고 나는 그날로 회사에서 정리해고 되었다.

아마도 나 자신이 죽기를 각오하고 매장에서 24시간 일했다면 지금도 직장을 다니고 있을지도 모르겠다. 그러나 그 시절 회사를 떠나고 싶다는 마음을 품고 있었던 것은 사실이다. 나의 삶에서 더 이상 직장생활이 의미가 없음을 인식하고 있던 시기였다. 이런 나의 마음을 알고 하늘이 나에게 기회를 준 것인지는 알 수 없지만, 나는 그렇게 회사를 떠나게 되었다.

정리해고를 당하는 순간은 영화의 한 장면 같았다. 그런 극적인 상황을 내가 직접 겪게 될 줄은 미처 몰랐다. 회장님의 해고 명령이 떨어지자마자 인사총무 황철용 팀장님(현 제니스 임원)은 나의 모든 소지품을 압수해 박스에 담았다. 황철용 팀장님은 내가 제니스에서 제일 좋아하는 형님이다. 나는 지금도 형님을 만나면 그날 이야기를 웃으면서 한다. 또한 여자 상무님과 남자 본부장님 때문에 회사를 떠나게 됐지만 결과적으로 잘되었다. 그래서 나는 두 분을 나의 세 번째 은인이라고 지인들과 함께하는 술자리에서 가끔 추켜세우곤 한다.

나는 오래전부터 ㈜제니스를 나의 마지막 직장으로 삼고 있었다. 더이상의 이직은 의미가 없었다. 회장님은 나에게 언젠가는 CEO를 하라는 말씀을 수시로 했었다. 때문에 나는 킹떡볶이에서 CEO를 하겠다는 비전을 품고 있었다. 물론 동시에 독립에 대한 욕심도 갖고 있었다. 정확히 말하면, 기업에서 CEO를 한 번 경험해 보고 독립하는 것이 나의 이상적인 미래였다. 그러나 기업에서 CEO를 하겠다는 꿈은 순식간에 날아가버렸다. 그렇다면 남은 것은 독립이었다. 서른여덟 살의 나는 독립을 향해 나아

가야 했다.

(주)제니스 킹떡볶이 사업팀장(차장). 15년 동안의 직장생활은 이렇게 마무리되었다. 15년의 시간을 나는 후회하지 않는다. 여러 기회를 준 (주)아모제와 (주)제니스 모두에 감사한 마음도 갖고 있다.

15년의 직장생활을 통해 나는 많은 인맥을 얻게 되었다. 그것은 인생의 큰 자산이었다. 충실히 쌓은 인맥 덕분에 나는 사업가로서 제2의 인생을 성공적으로 살 수 있었다. 인맥은 그 삶을 지탱하는 뿌리였고, 초석이었다. 나를 도와준 사람들에게 진심으로 감사한다.

나의 능력을 키우는 15가지 팁

❶ 새로운 개념을 받아들이는 것을 두려워하지 마라.

❷ 사업은 살아 있는 생물과 같다.

❸ 이미 경험한 성공에 대한 믿음이 새로운 도전과 모험을 가로막는다.

❹ 때론 지나친 자신감도 필요하다.

❺ 스마트하게, 합리적으로, 정직하게!

❻ 회사의 업무를 나 자신의 사업을 사전에 연습할 수 있는 기회로 삼아라.

❼ 위기를 통해 노하우를 만들어라.

❽ 한계에 다다르면 처음부터 다시 시작하라.

❾ 비즈니스의 성공은 남들과 다른 전략이 있을 때 가능하다.

❿ 하늘은 스스로 돕는 자를 돕는다.

⓫ 사람들을 설득하는 방법과 유형에 맞도록 상담하는 방법을 배워라.

⓬ 유능하고 똑똑한 사람들과 업무를 나누면 더 큰 성과를 낼 수 있다.

⓭ 도전해보고 싶은 의욕이 생길 때 기회를 놓치지 마라.

⓮ 비즈니스에서는 생각과 고민을 가장 많이 하는 사람이 이긴다.

⓯ 퇴사한 직장도 인생의 큰 자산이다.

나는 호주에서의 미팅 실패를 계기로 영어를 꼭 배워야겠다고 작정했다. 작정 이후 매일 일대일 과외를 받았다. 이제는 나에게 '글로벌'은 반드시 이루어야 하는 사명으로 자리 잡았다. 그 사명을 완수하려면 우선 한국에서 안정된 사업체를 만들어야 하고, 지속적으로 추가 아이템을 개발해야 한다. 다양한 나라에서 다양한 전략을 구사하기 위해서는 나 자신이 다양한 무기를 가지고 있어야 한다. 어느 나라에서는 떡볶이란 무기가 필요할 것이고, 어느 나라에서는 치킨이란 무기가 필요할 수 있다. 적절한 무기를 언제든 꺼내 쓸 수 있도록 단단히 무장해야 한다.

PART

2

나는
글로벌 시장을
꿈꾼다

"뾰족한 수가 보이지 않을 때조차도 집중을 해서
최선의 수를 두는 생각만큼은 중요하다고 말할 수 있다.
숨고 싶거나 죽고 싶을 때야말로 CEO로서 남과 다른
특별한 면모를 보여줄 수 있는 순간이다."

- 벤 호로위츠의 《하드씽 스타트업의 난제, 어떻게 풀 것인가?》 중에서

1장

월급쟁이는 알 수 없는
사장의 삶

직장은 월급 받으며 다니는 학원

　내가 생각하는 직장은 월급을 받으면서 다니는 학원이다. 직장생활하는 동안 월급을 받으며 영어도 배우고, 다양한 업무 스킬도 익히고, 자신의 능력을 업그레이드할 수도 있으니 정말 좋은 학원이다. 이런 학원은 다녀서 나쁠 게 없다. 사업을 하려는 사람도 직장이라는 학원을 먼저 거친다면 성공에 더 가까워질 것이다.

　인간은 누구나 안정적인 삶을 꿈꾼다. 안정적인 삶의 기준은 저마다 다르겠지만, 좋은 직장이 그런 삶을 누리는 데 일조할 수 있을 것이다. 좋은 직장이 꼭 대기업이나 공무원 사회에만 있는 것은 아니다. 누구나 자신만의 그릇이 있을 것이다. 그 그릇에 담을 수 있는 직장이라면 좋은 직장이 될 수 있다. 지금 하고 있는 업무가 세상 가장 즐거운 일이라면 현재에 만족하고 안주해도 괜찮을 것이다. 그릇에는 맞지만 적성에 맞지 않아 즐겁지 않다면, 현재에 충실하면서 더 나은 내일을 꿈꾸기를 권한다. 그 꿈을 향해 나아갈 때 행복은 찾아온다. 자신만의 적성도 찾을 수 있다. 나 역시 사업을 하고 난 뒤에야 사업이 내 적성에 맞는다는 것을 깨달았다.

나는 오랜 직장생활을 통해 많은 것을 배웠다. '전략'이란 단어의 가치를 배웠고, 전략을 세우며 난관을 헤쳐나갔다. 나의 전략은 단순했다. 즉시 하고, 반드시 하고, 될 때까지 하는 것이 전부였다. 그런데 사업에서는 이 단순한 전략이 중요하다는 것을 직장을 통해 배웠다. 그렇게 회사를 다니면서 매월 급여를 받아 부모님을 기쁘게 해드렸고, 데이트 비용을 벌었고, 결혼하고 아이들을 낳아 키울 수 있는 환경을 만들었다.

무엇보다 나는 직장에서 스스로의 역량을 업그레이드했다. 메뉴를 개발하고 제품을 구매하고 브랜드를 기획할 수 있는 모든 스킬을 직장생활에서 익혔다. 마지막으로 사람을 얻었다. 지금까지 함께하는 후배, 선배, 친구, 동료를 나는 15년이란 직장생활에서 얻은 것이다. 사람은 직장생활을 통해 얻은 것 중 가장 귀하다. 이들과 함께 다양한 비즈니스를 하고 있는 나는 정말 행복하다.

사업을 처음 시작했을 무렵에는 잘 몰랐다. 사업이 얼마나 재미있는 놀이인지. 나에게는 사업이 세상에서 가장 재미있는 놀이다. 좋은 사람들과 함께 즐기면서 할 수 있기 때문이다. 이렇게 즐겁게 사업으로 놀 수 있는 바탕에는 15년의 직장생활이 있다. 직장생활을 통해 얻을 것이 참 많다. 지금 직장에 몸담고 있다면 그 시간을 헛되이 보내서는 안 된다. 학원에서 열심히 공부하듯이 열정과 성실로 임해야 한다. 그런 태도가 성공과 행복을 만든다.

고민하면 방법은 있는 법

나는 2012년 11월 30일 회사에서 정리해고를 당했다. 10일만 더 근무하면 10년 근속상을 받을 수 있었다. 스스로에게 10년이나 근무하느라 수고했다는 칭찬을 할 수 있었을 것이다. 10년에서 10일 부족한 상태에서 회사를 떠나야 했지만 크게 실망하지는 않았다. 독립의 날, 기다리고 있던 그날이 조금 일찍 왔다고 스스로를 위로했다.

그나마 재미있는 기억이 하나 있다. 나는 3년 정도 개인 핸드폰을 사용하지 않고 법인폰에 의지하며 생활했기 때문에 따로 개인 휴대폰을 가지고 있지 않았다. 왠지 모르겠지만 정리해고 한 달 전쯤에 문득 이제는 개인폰을 하나 만들어야겠다는 생각으로 휴대폰을 구매했다. 새 개인폰에 법인폰에 저장되어 있던 전화번호를 이전했다. 그리고 일주일도 지나지 않아 정리해고를 당했다. 지금 생각해도 신기하다. 인간의 감(感)이란 참 대단하다. 만약 그때 감이 시키는 대로 개인폰을 구매하지 않았다면, 해고 당시 그 자리에서 법인폰을 압수당했기 때문에 지인들 연락처 하나 없이 회사를 떠나야 했을 것이다.

정리해고 당한 그날 나는 모처럼 집으로 퇴근했다. 아내에게 정리해고 당했다는 이야기를 꺼냈을 때 아내의 반응은 담담했다.

"어차피 오빠 회사 오래 안 다닐 생각이었는데, 잘됐네."

남편 상처 받지 말라고 일부러 쿨한 척한 건지는 모르겠지만 여하튼 아내에게 고마웠다. 나는 아내를 위해서라도 다음 날부터 부지런히 움직였다. 만날 사람들을 정리하고 일정을 수립했다. 지금까지 만나고 싶었던 사람들, 앞으로 나에게 도움을 줄 수 있을 것 같은 사람들을 정리하여 일정을 계획한 다음 먼저 연락해서 가능한 일정을 협의했다. 매일매일 오전 오후로 나눠서 스케줄을 정리하고 행동에 옮겼다. 일단은 무작정 사람들을 만나면서 앞으로 무엇을 하는 게 좋을지 자문을 구했다. 미래의 방향을 잡는 데 집중하면서 하루하루 바쁜 시간을 보냈다.

생각보다 빠른 시간에 방향이 설정되었다. 내가 잡은 방향은 유통이었다. 기존에 거래하던 떡, 순대, 어묵, 소스 등 다양한 식품 공장 사장님들이 다들 도와줄 테니 이참에 비즈니스를 해보라는 제안을 했다. 제품 가격은 킹떡볶이 주던 가격에 맞춰서 당분간 지원할 테니 부담 갖지 말고 한번 시작해 보라고들 했다. 이보다 좋은 기회는 다시 오지 않을 것 같았다. 도와주겠다는 사람들이 많다는 것은 분명 좋은 기회였다. 나는 그 기회를 잡기로 마음먹었다.

방향은 잡았는데, 떡볶이 재료를 누구에게 납품할지가 고민이었다. 그런데 우연인지 필연인지 모르겠지만, 김관훈 대표가 퇴사를 해서 가든파이브에 사무실을 얻어 사업을 준비한다는 소식을 들었다. 그의 사업 방식 중

하나는 네이버에 떡볶이 카페를 만들어서 떡볶이를 사랑하는 사람들을 회원으로 가입시키는 것이다. 그는 떡볶이 관련 일인자가 되겠다면서 마티즈 한 대를 구매해 떡볶이 전국 투어도 계획했다. 나는 김관훈 대표에게 꾸준히 수입이 있어야 할 텐데 돈은 언제 벌 거냐고 종종 물어보았다. 그의 대답은 늘 똑같았다. "하다 보면 돈 될 일이 생기지 않겠어요?" 하며 번번이 넘어갔다.

사실 나는 내 코가 석 자여서 김관훈 대표를 걱정할 여유가 없었다. 그의 도움이 필요했다. 그가 개설한 네이버 카페 '떡볶이 모든 것'의 회원 수는 급속도로 늘어나고 있었다. 회원들은 본인들도 좋은 재료를 공급받고 싶은데 정보가 별로 없었기 때문에 떡볶이 카페에 의존하는 것이었다. 지금 생각해 보면 그때 치킨 카페가 활성화된 지 오래였기에 떡볶이 카페도 충분히 활성화될 수 있었는데, 나는 그 시장을 보지 못했다. 처음 본 사람은 김관훈 대표였다. 그가 떡볶이 카페를 개척할 때 나는 걱정만 한 가득 안고 있었다. 역시 승자가 되기 위해서는 시야가 넓어야 한다. 그 진리를 김관훈 대표를 통해 다시 한 번 확인하게 되었다.

유통 사업을 선택한 이유

나에게 프랜차이즈 사업을 제안하는 사람도 많았다. 나는 프랜차이즈에 큰 매력을 못 느꼈다. (주)제니스에 근무하면서 가맹점과 본사의 갈등을 오랜 시간 지켜보았고, 나 역시 킹떡볶이를 하면서 가맹점 사장님들과의 분쟁으로 지칠 때가 많았다. 때문에 프랜차이즈 사업보다는 일반 떡볶이 점포에 좋은 재료를 공급하는 게 더 편하고 좋을 것 같다는 생각을 했다. 마침 김관훈 대표가 '떡볶이 모든 것'이란 카페를 통해 일반 떡볶이 점포들로부터 좋은 재료를 공유할 수 있는 시스템을 카페에서 제공해 줄 수 있냐는 문의를 많이 받던 때였다. 이런 고객의 니즈needs를 채워준다면 충분히 승산이 있을 듯했다.

나는 승산 있는 쪽으로 움직였다. 좋은 식재료를 공급받아 일반 점포 역시 HACCP 인증 제품을 사용할 수 있게 만든다면 굳이 프랜차이즈 사업을 하지 않아도 수익을 낼 수 있을 거라는 판단이 섰다. 더구나 유통 사업은 가맹 사업처럼 가맹점을 관리해 주지 않아도 되는 장점이 있었다. 이러한 이유로 나는 유통 사업을 선택했다.

김관훈 대표와 나는 업무를 나눠서 별도 사업으로 진행하기로 합의했다. 김관훈 대표는 납품 주체가 되고, 나는 김관훈 대표를 대신해 배송을 대신하는 시스템을 만든 것이다. 김관훈 대표는 카페를 통해 신규 창업자 또는 기존 떡볶이 운영자에게 좋은 재료를 납품할 수 있도록 안내하는 영업 주체자의 역할을, 나는 김관훈 대표가 영업한 신규 점포에 식재료를 배송하는 역할을 맡은 것이다.

나는 식재료 배송을 직접하기보다는 조금 색다른 방법을 생각해냈다. 물류업체와 계약을 해서 나는 제품 아웃소싱outsourcing을 담당하고, 마진이 좀 줄더라도 외주 식재료 업체에게 배송을 의뢰할 생각이었다. 영업적인 부분은 카페 '떡볶이의 모든 것'에 생각보다 많은 창업자들이 문의를 해왔기 때문에 큰 어려움이 없었다. 하지만 우리 제품을 사용하게 만드는 데는 여러 가지 어려움이 따랐다. 매장 사장님들은 자신이 받고 싶은 제품만을 원했다. 그 요구를 다 채워주려면 우리 입장에서는 배송 효율성이 떨어져 수익을 내기 어려웠다. 우리 제품의 품목을 늘려야만 배송 효율성이 높아져 수익을 낼 수 있었다. 한마디로 매장 사장님들이 떡, 순대, 어묵, 소스를 전부 우리 제품으로 사용하게 만드는 것이 중요했다.

처음에 컨설팅을 진행할 때는 소스와 기타 품목을 접목시키면 컨설팅 비용도 받고 품목도 세팅할 수 있을 것으로 예상했다. 그 예상대로 첫 컨설팅을 300만 원 받고 진행하기로 계획을 세웠다. 그리고 우리는 첫 고객에게 컨설팅 비용 300만 원을 진짜로 받았다. 신이 난 우리는 고객의 창업을 도와주면서 우리가 자체 아웃소싱한 제품을 공급하기 위해 여러 가지로 우리 제품의 좋은 점을 부각시켰다. 그러나 고객은 가격이 저렴한 제품만 사용하고, 자신이 생각하기에 비싸다고 생각하는 제품은 사용하지 않으려 했다. 당연한 일이었다. 고객을 탓해서는 안 되는 일이었다. 그런데 솔직히 나는 고객의 마음을 이해하기가 쉽지 않았다. 오랜 시간 프랜차이즈에 몸담은 경험 탓이었다. 가맹점 사장님들이 본사의 정책에 따르지 않는 것을 이해할 수 없는 삶을 나는 10년이나 살았던 것이다. 우리의 고객은 가맹점 사장님이 아닌 개인 점포 사장님이었다. 당연히 자신이 사용하고 싶은 재료만을 사용할 수 있는 권리가 있었다. 나는 이 권리를 인정하는 데 많은 시간이 필요했다.

김관훈 대표와 나는 업체와 기본적인 물량을 보증guarantee 했기 때문에 되도록 많은 제품을 사용하게 안내를 하는 것에 그쳐야 했다. 강요하면 안 되는 상황이었다. 하지만 나는 강요 비슷하게 제안을 했다. 그 바람에 고객과 얼마간 갈등이 발생했다. 프랜차이즈 회사에서 몸에 밴 습성을 버리지 못한 나의 잘못이었다. 첫 고객도 나의 습성 때문에 불만을 갖게 되었다. 자신이 돈을 주고 의뢰를 했는데, 우리의 의지를 관철시키려 하는 것이 못마땅했던 것이다. 김관훈 대표와 나는 첫 고객에게 300만 원을 돌려주었다. 이후 앞으로는 절대 돈을 받지 않기로 했다. 우리의 의지에 부합하는 고객만을 대상으로 영업을 하자는, 새로운 전략을 수립했다.

사업은 문제를 해결하는 과정

이렇게 첫 번째 문제는 잘 해결된 듯싶었다. 컨설팅 비용을 받지 않았기 때문에 고객들이 불만을 가질 이유가 없었다. 우리가 마음에 안 들면 그냥 자신이 혼자 해결하면 되는 문제이기도 했다.

그러나 식재료 공급 관련 문제는 쉽지 않았다. 나는 식재료 사장님에게 제품을 사장님 물류센터로 보낼 테니 고객에게 배송하고 물류비용만 우리에게 청구하라고 말씀드렸다. 식재료 사장님은 구두 계약을 하고 일단 진행해 보자고 했다. 나를 믿지 못한 것인지 아니면 크게 기대가 없었던 것인지 모르겠지만 사장님 뜻대로 별도의 계약서는 작성하지 않았다. 그렇게 우리는 강북에 있는 정릉 지역에 1호점을 컨설팅해서 론칭시키고 식재료 공급을 시작했다. 이제 영업만 하면 기하급수적으로 매장이 늘고 우리는 식재료 공급으로 많은 돈을 벌 수 있을 것으로 생각했다. 그러나 그건 착각이었다.

김관훈 대표는 나와 같이하는 식재료 유통 사업 말고 개인적으로 어묵 유통을 따로 진행하고 있었다. 그래서 나보다 10배 이상 더 바빴다. 우리는 각자 사업을 진행하면서도 매일 만나 서로의 사업에 도움이 될 수 있는 방향을 의논했다. 그렇게 서로 의지하며 일했는데, 두 번째 매장에서 문제가 발생하고 말았다. 나름 열심히 컨설팅한 두 번째 매장에 식재료 배송을 요청했는데, 식재료 사장님이 자신은 강북 말고는 배송을 하지 않는다는 것이다. 전혀 예상하지 못하고 있던 문제가 발생한 것이다. 김관훈 대표와는 상관없는 사고였다. 김관훈 대표는 영업을 하고, 그에 따른 식재료 배송은 나에게 위탁을 준 상황이기 때문에 식재료 배송 관련해서는 나의 책임이었다.

이제 겨우 2개 매장을 진행하게 됐는데 벌써 이런 문제가 발생하니, 어떻게 해야 될지 고민이 많았다. 그나마 사업 초기에 문제가 발생한 것에 감사해야 했다. 아무 생각 없이 사업하다 다수의 매장에 공급하고 있던 중에 식재료 업체가 부도나거나 배송을 못하겠다고 하면 정말 큰일이기 때문이다. 나는 이 사건을 계기로 수도권 전역에 공급 가능한 업체를 선택해야 했다. 그러기 위해 여러 업체와 미팅을 지속했지만 내가 원하는 업체를 찾기는 힘들었다. 두 번째 매장 인테리어 공사가 마무리될 시기가 다가오면서 시간이 촉박해졌다. 결론을 만들어야 할 시간이었다. 어떤 식으로든 해결하지 않으면 안 되는 상황이 벌어진 것이다.

이것이 하늘의 뜻인지 모르겠지만, 결국 나는 탑차를 직접 구매하는 것으로 결론을 도출했다. 다른 방법은 전혀 없었기 때문이다. 이게 최선의 방법이었다. 그렇게 나는 식재료 사업을 시작할 수밖에 없었다. 나의 의지는 중요하지 않았다. 사업은 최선의 방법을 선택해 가면서 하나씩 만들어가는 것이라는 말을 어느 책에서 본 것 같았다. 나는 그 말대로 해야 했다.

나는 힘들게 사업을 하고 있는데, 김관훈 대표는 달랐다. 어느 날 김관훈 대표는 300만 원 주고 소형 트럭을 구입했다. 그 트럭을 개조해 '떡모 푸드트럭'이라는 이름으로 떡볶이 장사를 해보겠다고 했다. 나는 과연 이게 될까 의문을 가졌지만, 김관훈 대표의 푸드트럭 사업은 승승장구했다. 그 모습을 본 나는 지속적으로 푸드트럭 사업에 투자하고 싶다는 의향을 전했다. 하지만 김관훈 대표는 나의 제안을 받아들이지 않았다. 이렇듯 김관훈 대표는 안정적으로 사업을 확장하고 있었다. 어묵 사업 역시 대박 나기 직전이었다. 아마도 지금의 삼진어묵 회사가 있게 된 배경에는 김관훈 대표의 노력이 있었다고 나는 확신한다.

김관훈 대표의 안정적 성장을 지켜만 볼 수 없었던 나는 뭐라도 해야 했다. 이미 식재료 배송 관련해서 위탁을 받은 상황이라 지금에 와서 중단한다고 이야기할 수 있는 상황도 아니었다. 내가 할 수 있는 일은 오직 돌진뿐이었다. 다른 방법은 떠오르지 않았다. 그 어쩔 수 없는 상황에서 탑차를 구매했지만 탑차만으로 식재료 배송을 할 수는 없는 노릇이었다. 당연히 물류센터가 필요했다. 하늘이 무너져도 솟아날 구멍이 있다고 했던가. 하늘이 동아줄을 내려주듯 김이훈 팀장님(제니스 공채 4기)이 나에게 도움의 손길을 내밀었다.

김이훈 팀장님은 당시 대기업 구매 담당자를 역임하고 있었다. 그 누구보다 구매에 대한 자부심이 대단했다. 세상 누구보다 자신이 구매를 제일 잘한다고 이야기할 정도였다. 나는 김이훈 팀장님의 도움을 받아 광주 오포의 임수길 사장님을 소개받았다. 임수길 사장님은 300평 넘는 창고를 얻어 사업을 벌일 준비를 하고 있었다. 그런데 매출이 없다 보니 창고에 여유

공간이 많았고, 그것을 보고 김이훈 팀장님이 당분간 임시적으로 사용할 수 있게 일부 공간을 제공해달라는 제안을 했던 것이다. 나는 임수길 사장님에게 3개월 동안 무상으로 사용해도 된다는 답을 받았다. 그래서 탑차를 몰고 오포 물류 창고로 출근하기 시작했다.

나는 3개월 동안 공짜로 창고를 사용하면서 다짐했다. 무언가 확실한 성과를 만들지 못하면 3개월 후에 식재료 유통 사업에서 배송 부분은 정리 하기로. 그렇게 나는 컨설팅한 매장에 떡, 어묵, 순대, 소스를 납품하고 있 었는데, 매장 사장님들이 지속적으로 아이템을 더 요구했다. 어떤 사장님 은 CJ튀김가루를 갖다 주길 원했고, 어떤 사장님은 오뚜기 마요네즈가 필 요하다고 했다. 오는 길에 좀 부탁한다는 식으로 자주 연락이 왔다. 다행히 오포 임수길 사장님 창고에 다양한 공산품이 비축되어 있었기 때문에 한 두 품목 정도는 맞춰줄 수 있었다. 하지만 계속 이런 방식으로 별도 아이템 을 구해서 배송할 수는 없었다.

나는 대책을 고민하다가 김이훈 팀장님에게 자문을 받았다. 김이훈 팀 장님은 내가 자문을 구하면 항상 최상의 해결책을 만들어주었기에 이번에 도 기대가 컸다. 역시나 김이훈 팀장님은 나를 실망시키지 않았다. 나로서 는 정말 감사한 일이구 나의 사업에서 가장 큰 은혜를 준 친구로 기억하고 싶다.

미원과 다시다 & 튀김가루

　김이훈 팀장님은 나에게 소스 공장에서 설탕을 많이 사용하니, 공장에 설탕을 납품하라고 제안했다. 나는 공장에 설탕 납품을 어떻게 하는지 모르고 있었는데, 김이훈 팀장님이 모든 것을 알려 주었다. 어느 날 대한제당 국호두 당시 대리를 불러 무조건 기존 가격보다 싸게 제공하라면서 그렇게 해주지 않으면 대기업 납품을 중단하겠다는 협박까지 했다. 국호두 과장은 어쩔 수 없이 나에게 설탕을 낮은 가격으로 납품하기로 약속했다. 그날 이후 나는 '가온푸드'라는 소스 공장에 설탕을 납품하기 시작했다. 월 사용량이 많은 편이 아니라서 큰 이익이 나지는 않지만, 그래도 월 30만 원 정도 이익을 발생시키고 있기 때문에 아주 나쁜 상황은 아니었다.

　나는 이렇게 대한제당을 시작으로 오뚜기, 대상, 동원, 사조, 대림 등 대한민국에서 10위 안에 들어가는 식자재 회사 대리점 코드를 전부 만들어 본격적으로 유통사업 기반을 갖추었다. 이들 회사와는 지금도 전부 거래하고 있다. 이들과 거래하며 대한민국 유통시장에 대한 전반적인 이해도를 높일 수 있었다.

대리점과 관련해 두 가지 기억이 있다. 첫 번째가 (주)대상 청정원과의 기억이다. 대한제당 설탕 다음으로 소스 회사에서 중요한 것은 미원이었다. 나는 미원을 납품하고 싶어 김이훈 팀장님을 통해 대상 영업사원을 소개받았다. 대상 영업사원은 나를 도와주기 위해 많은 노력을 했다. 또한 자신의 상사분인 지점장님과의 만남을 주선해 주었다. 당시 나는 지점장이 엄청 높은 사람인 줄 알고 매우 긴장했었다. 좋은 인상을 드려야 앞으로 비즈니스하는 데 편할 것이라 생각했다. 사실 (주)대상에서 지점장은 팀장급인데 회장님이라도 만나는 것처럼 신경을 많이 썼다. 아무튼 그렇게 대상 지점장님을 만났다. 그리고 참으로 많은 인연을 쌓았다. 그 인연에 대해서는 이어지는 장에서 더 자세히 기술하겠다.

대상 지점장님을 만나고 난 뒤 나는 대두유 유통을 시작하게 되었다. (주)대상에서 대두유 사업을 시작했는데, 매월 자신들의 목표 실적을 달성하기 위해 B&S 그룹에 파격적인 가격으로 지원을 하게 되었던 것이다. 나는 전부 팔 수 있으니 많이 밀어달라고 이야기했다. 그리고 폐유 업체와 기타 유통상에 대두유를 판매하면서 이익을 발생시킬 수 있었다. 큰 이익은 아니었지만 직원 한 명 급여 정도의 돈은 대두유를 팔아서 감당할 수 있었다.

매일매일 손익을 계산할 수 없을 정도로 혼자 처리해야 될 업무가 많았다. '그냥 많이 팔면 되겠지'라는 생각으로 영업을 했다. 아무튼 (주)대상의 미원과 대두유를 받아 부지런히 유통하고 또 부지런히 여러 공장에 영업하러 다니면서 새로운 사실을 알게 되었다. 매장에서는 미원보다 다시다를 더 많이 사용한다는 사실이었다. 누구나 아는 사실이지만 대한민국 다시다는 CJ가 장악을 하고 있다. CJ 다시다가 유통되지 않으면 대한민국 소스 시장은 마비될 것이다. 우리나라에서 다시다와 미원은 두 회사가 장악을 하고 있다고 해도 과언이 아니다. 누구도 근접할 수 없다. 나는 다시다와 미원이 두 회사에 안정적 수익을 가져다줄 것이라 감히 예상한다. 나도 그렇게 만들고 싶다는 생각을 매일 하면서 다시다와 미원을 팔고 있다.

그 시절 CJ에는 내가 알고 있는 영업사원이 한 분 있었다. 배홍필 과장님(현 B&S 그룹 대표)이라고, 킹떡볶이 튀김가루를 납품하면서 알게 된 사이다. 나와는 여러 가지로 친분이 깊은 분이다. 당시 킹떡볶이의 콘셉트는 '엄마가 아이에게 주고 싶은 떡볶이'였다. 그래서 떡볶이가 맵지 않았다. 반면 유명했던 아딸 떡볶이는 매운 맛이 반응이 좋았다. 주변 사람들은 킹떡볶이도 매운 떡볶이를 만들어야 한다는 의견을 주었다. 사업부 직원들 역시 아딸처럼 만들어야 된다면서 새로운 소스를 요구했다. 나는 새로운 소스를 만들기 위해 고민했다. 그러던 중 CJ에서 튀김가루를 납품받고 있었기 때문에 CJ에 의뢰해서 매콤한 소스를 개발했다. 고객들 반응이 좋아서 킹떡볶이 소스도 두 가지로 진행하게 되었다. 그때 킹떡볶이에 튀김가루와 매콤달콤 소스를 납품해준 영업 담당 과장이 배홍필 과장님이었다.

유통사업을 하면서 다시 배홍필 과장님을 만났다. 내가 찾아갔다. CJ 대리점도 코드를 따서 다시다를 납품받고 싶어서였다. 아니, 사실 더 중요한 이유가 있었다. 나만의 튀김가루를 만들고 싶다는 욕심이었다. 떡, 순대, 어묵 소스는 B&S 그룹 전용 제품이 있어서 남들과 경쟁을 하지 않아도 된다는 장점이 있었다. 비즈니스에서 경쟁이 없다는 것은 손쉽게 성공할 수 있는 요인이다.

하지만 튀김가루는 사정이 달랐다. 누구는 CJ 튀김가루를, 누구는 오뚜기 튀김가루를 원했다. 더 큰 문제는 튀김가루 납품 가격이었다. 거래처들은 납품 가격이 조금이라도 남들보다 비싸면 납품을 받지 않고 업체를 바꿔버렸다. 이 경우 나는 타격을 받을 수밖에 없었다. 나는 튀김가루가 나에게 방해는 되지 않았으면 좋겠다는 바람으로 B&S 그룹 전용 튀김가루를 만들어야 되겠다는 생각을 했다. 그래서 배홍필 과장님을 찾아간 것이다. 그 시절 나는 튀김가루를 월 1톤도 사용하지 않을 정도로 튀김가루 사용량이 미비했다. 하지만 나는 자신이 있었다. 1년 이내에 그 누구보다 튀김가루를 많이 판매할 수 있을 것이라는 비전이 있었다.

나는 나의 비전을 배홍필 과장님께 이야기했다. 과장님은 그 자리에서 확답을 주었다.

"남 본부장님께서 원하시면 제가 어떻게든 해드려야지요. 걱정 마세요. 제가 팀장님께 잘 보고 드려서 꼭 만들어 드릴게요."

배홍필 과장님의 도움 덕분에 나는 그 당시 만든 "쉐프가 만든 튀김가루"는 2021년 현재 월 10톤 이상 사용하고 있으며 베트남 CJ 공장에서 그 이상으로 베트남 공장에서 두끼로 판매를 진행하고 있다.

매출 1억을 넘긴 힘

현창길 대리님도 잊을 수 없는 사람이다. 당시 그는 대림의 영업사원이었다. 대림은 다른 회사와 다르게 특판 대리점 코드를 쉽게 만들기 어려웠다. 회사 정책상 월 단위로 매출을 체크하고 매출이 부진하면 대리점 계약을 유지할 수 없도록 계약을 취소하고 바로 퇴출시킨다. 이런 회사 정책에도 나는 1년 이상 월 200만 원 미만으로 매출을 기록하면서 대림에서 정리되지 않았다. 모두 현창길 대리님의 노력 덕분이었다.

현창길 대리님은 매달 팀장님에게 책임지고 반드시 매출을 올리겠다는 확답을 드리면서, 자신의 직장 생활을 담보로 하면서 나에게 시간을 벌어다 주었다. 그렇게 한 달 한 달 이어갔지만, 언제 정리되어도 이상하지 않을 정도로 B&S 그룹은 대림 매출이 저조했다. 대림의 품목은 맛살, 어묵처럼 유통기한이 짧은 것들이 주를 이루고 있다. 때문에 매출을 발생시키기 힘든 구조이기도 했다. 그렇다고 매출을 올리지 않을 수는 없는 것이다. 매출을 올리지 못하면 대림 특판 대리점을 유지할 수 없는 것은 상식이다.

나는 여러 가지 고민을 했다. 다른 브랜드에도 납품을 진행해 보고, 자체적으로도 사용량을 늘리기 위해 고민을 많이 했지만 쉽지 않았다. 그렇게 1년 하고 6개월이 지나고 나서야 대림 매출은 올라가기 시작했다. 이후에는 대림이 나에게 부탁드린다는 말을 할 정도로 매출이 높아졌다. 모두 현창길 대리의 도움을 받은 덕분이었다.

B&S 그룹의 매출 경로는 다양했다. 첫 번째는 김관훈 대표가 운영하는 '떡볶이의 모든 것'의 외주를 맡아서 하는 식재료 위탁 배송 관련 매출이 30퍼센트 정도 차지했다. 두 번째는 레드벨떡볶이 매장 10개, 쉐프떡볶이 매장 20개 등 브랜드 물류 대행에서 얻는 매출이 또 30퍼센트였다. 나머지 40퍼센트는 다시다, 미원, 설탕 같은 소재 제품을 공장에 납품하는 데에서 발생했다. 이렇게 B&S 그룹 매출의 60퍼센트는 떡볶이 재료 납품에서 나왔다. 장기적으로 나의 목표는 떡볶이 재료 유통을 키우는 것이었다.

하지만 예상치 않았던 곳에서 새로운 매출이 발생하면서 나는 방향성을 어떻게 가져가야 할지 고민이 많았다. 이때 스스로를 다시 한 번 생각하게 만드는 사건이 하나 발생했다. (주)아모제는 '엘레나가든'이란 샐러드 뷔페를 운영했다. 엘레나가든 의정부점의 점장은 양기준이란 친구였는데, 그는 나와 마르셰Marche 강남점에서 직원으로 함께 근무한 친한 동생이었다. 내가 식재료 유통사업을 한다는 얘기를 누군가에게 듣고 자신이 고민이 있는데 해결 가능한지 나에게 문의를 했다. 나는 그를 찾아가서 고민을 들었다. 내가 해결할 수 있는 고민이었다.

양기준 점장님의 고민은 굉장히 단순했다 신선한 과일을 저렴한 가격으로 받고 싶다는 것이나. 그는 본사에서 납품하는 과일은 신선도가 떨어지는데 가격까지 높아 매장 비용 관리에 어려움이 많다고 했다. 당시 엘레나가든에서는 야채와 과일은 점장 권한으로 아무 곳에서나 납품받을 수 있었다. 그래서 양기준 점장님은 나를 찾은 것이었다. 나는 무조건 과일 납품이 가능하다고 이야기했다. 품질과 가격은 한번 비교해보라고 덧붙였다. 과일을 어떻게 구매할지는 추후에 고민해도 될 문제였기 때문이다.

그렇게 납품 약속을 받고 나니 걱정스러웠다. 매일 새벽마다 가락시장에 가서 야채와 공산품을 구매하면서 과일 판매하는 장소를 지나다니기는 했었지만 직접 과일을 구매한 적은 없었다. 해본 적이 없는 일이라 자신감이 조금 떨어졌다.

그러나 나는 곧 자신감으로 무장했다. 늘 단순하게 전략을 세우며 문제를 해결하던 나였다. 내가 저렴하면서도 질 좋은 과일을 못 살 이유가 없었다. 어린 시절 청량리에 살면서 경동시장 과일가게를 자주 드나들었기에 그 경험을 살리면 가능하다고 생각했다.

실질적으로 과일을 구매하는 방법은 아주 쉬웠다. 나는 과일가게 사장님을 찾아가 미팅을 진행했고, 매일 새벽 5시쯤 과일을 받으러 올 테니 준비해 달라고 부탁했다. 그리고 식재료 배송 코스를 조정했다. 청량리쪽 매장을 마지막에 배송한 뒤 과일가게를 방문해 의정부점으로 보낼 과일을 전달받아 배송 후 퇴근하게 되었다. 예상했었던 것보다 많은 금액의 발주가 지속적으로 들어왔고, 양기준 점장님의 만족도는 갈수록 높아졌다. 양기준 점장님은 엘레나가든 점장 회의에서 B&S 그룹을 소개하기도 했다. 그것을 계기로 타 지역 엘레나가든 점장님들도 나에게 전화를 주기 시작했다. 그 결과 한 달 사이에 의정부점, 청량리점, 양주점, 영등포점으로 주문이 확대되었다. 한 달에 과일 배송 매출만 6천만 원이 넘었다. 그 시절 B&S 그룹 월 매출이 7천만 원 정도였는데, 과일 매출이 발생하기 시작하면서 단숨에 월 1억을 넘길 수 있었다. 아직 B&S 그룹을 시작한 지 1년이 지나지 않았던 때였다.

깨달음 & 사업의 효율성

　자신감이 하늘을 찌르고도 남았을 정도였다. 누구도 이렇게 매출이 급속도록 높아질지 예상하지 못했는데, 내가 그 예상을 멋지게 깬 것이다. 은인들의 도움과 나의 정성이 맺은 열매였다. 나는 10개월 동안 하루 3시간 자면서 B&S 그룹을 운영한 것이다.

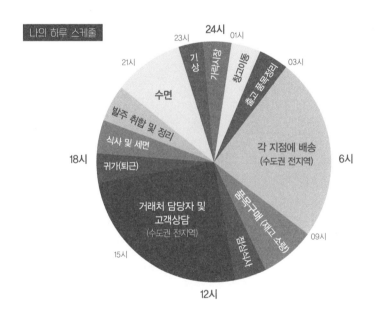

승승장구하던 나는 직원 채용을 결심하게 되었다. 계기를 준 사건이 하나 있었다. 어느 날 밤에 졸음운전을 하다가 큰 사고가 날 뻔했던 것이다. 죽을 수도 있었던 그 일로 인해 나는 아이들과 가족들을 떠올렸다. 내가 죽으면 그들에게 상처만 안길 뿐이었다. 월급 300만 원이면 직원 한 명을 채용할 수 있는데, 나는 그 인건비를 아끼겠다고 세 명의 업무를 보고 있었다. 배송에만 하루 8시간을 소진하고 있으니 졸음운전을 하는 게 당연했다. 배송할 시간에 영업을 더 많이 해서 두세 명의 월급에 해당하는 돈을 버는 게 더 효율적이었다.

나는 그 생각을 왜 이제야 했을까 땅을 치면서 당장 직원 채용에 들어갔다. 이것은 나에게 새로운 인생의 시작을 알리는 일이었다. 그 경험 이후 나는 어떤 비즈니스를 하든 무조건 사람을 먼저 채용한다. 인풋input이 있어야 아웃풋output이 있다는 비즈니스의 진리를 가슴속에 깊이 간직하고 또 실천하며 살게 된 것이다. 죽음의 고비가 나에게 엄청난 깨달음을 준 것이다.

누구를 채용해야 할지 오랜 시간이 걸리지는 않았다. 머릿속에 한 사람이 가장 먼저 떠올랐다. 바로 킹떡볶이 은평뉴타운점에서 근무했던 김세진 대표이다. 나는 다음 날 바로 연락을 해서 한번 만나자고 제안했다. 그는 인천 지역에서 우체국 택배 일을 하고 있으니 그쪽으로 와 달라고 부탁했다. 나 역시 매일 인천 쪽으로 배송을 가기 때문에 마지막 코스를 인천으로 잡으면 만나기가 수월했다. 김세진 대표를 만난 나는 거두절미하고 바로 같이 일하자고 제안했다. 김세진 대표는 쉽게 결정하지 못했다. 3년 정도 택배 생활을 한 그는 2년만 더 근무를 하면 남들이 부러워하는 공무원이 될 수 있는 상황이었다. 나는 나의 의사를 전달하고 일단 물러났다.

다른 업무 직원도 당장 구해야 했기에 대치 은마점 사장님 남편분에게 부탁을 드렸다. 지인 후배에게도 소개를 받았다. 그렇게 나 혼자 일하던 회사가 갑자기 여직원 한 명과 남자 직원 두 명을 두고 운영하는 유통회사가 되었다. 진짜 어깨가 무겁게 느껴졌다. 이제 매달 적자를 예상하면서 회사를 운영해야 했다. 최대한 빨리 손익분기점을 맞추는 것이 중요했는데, 그래도 희망적이었다. 이제 배송할 시간에 영업을 하기 때문에 지금보다 더 빠르게 매출이 오를 것으로 예상했고, 그건 당연한 진리였다. 그 진리대로 매출은 꾸준히 올랐다. 월 2억 이상 판매를 진행하게 되는 때가 그리 오래 걸리지 않아 찾아왔다.

하지만 이것으로 만족할 수 없었다. 더 많은 투자를 해야 된다고 판단했다. 유통 시스템은 물건을 먼저 구매해서 점포에 납품하고 차월에 돈을 받는 시스템이기 때문에 매출이 늘면 늘수록 자본이 지속적으로 들어가는 구조이다. 사업을 처음 시작했을 때 전혀 예상하지 못했던 부분이었다. 나는 100원에 사서 120원에 팔면 20원 남는 거라 생각했지, 100원은 먼저 주고 120원은 나중에 받는다는 사실을 간과했었던 것이다. 이건 엄청난 과오였다. 상황을 빨리 정리하지 않으면 회사의 미래를 장담할 수 없었다.

나는 당시 자본금 5,000만 원으로 유통사업을 시작했다. 시작과 동시에 탑차를 2,500만 원 주고 구매했다. 그 결과 초기 2,500만 원으로 사업을 시작했던 것인데, 지속적으로 돈이 들어가면서 집에 있던 여유자금 5,000만 원을 먼저 지출해버렸다. 어머니가 물려주신 주택 월세를 전세로 바꿔 그

마저도 전부 식재료를 구매하는 데 지출했기 때문에 더 이상 돈을 융통할 곳이 없었다. 지속적으로 돈을 투자하면서 사업을 하기에 나는 돈이 너무 적었다. 대출도 이미 받을 만큼 받았기에 더 이상은 힘든 상황이었다.

참으로 신기하게도 하늘이 무너져도 솟아날 구멍이 있다. 누군가 나에게 알찬 정보를 전달해 주었다. 청년창업 지원자금이었다. 나는 신용보증기금에 가서 바로 신청했다. 보통은 5,000만 원 정도 대출 보증이 가능한데, 당시 무슨 이유인지 기억은 없지만 나는 총 1억 원을 대출받았다. 정말 운이 좋았던 것은 만 40세까지 적용 대상인데, 그때 내가 딱 마흔이었다.

이렇게 힘든 고비를 넘기는 와중에도 매출은 꾸준히 늘어났다. 늘어나는 매출에 당장 창고를 이전해야 할 상황에 처하게 되었다. 이곳저곳 부동산을 알아보았지만 금액 대비 만족스러운 창고를 구하기 힘들었다. 나만의 냉동 냉장고를 새로 만들고 싶었지만 어마어마한 비용이 들어가기에 남들이 사용하던 창고를 얻어야만 했다. 그러던 중 (주)제니스에서 근무했던 정수창 대표님을 소개받았다. 정수창 대표님은 프랜차이즈 사업과 물류 사업을 동시에 진행하고 있었는데, 경기도 광주에 큰 창고를 두고 있었다. 그러나 예상보다 쉽게 매출이 늘지 않아 창고 비용에 부담을 느끼고 있었다. 그분은 나에게 자신의 창고 절반을 현재 임대료의 50퍼센트를 부담하고 사용할 것을 제안했다. 반가운 제안이었다. 별도 투자비 없이 바로 창고를 이전할 수 있는 기회가 온 것이다.

나와 김세진 대표는 바로 이사를 결정했다. 우리는 토요일 배송을 마친 오후에 차량 두 대로 정수창 대표님의 창고로 모든 물건을 옮겼다. 그렇게 우리는 남의 창고를 얻어 쓰게 되었다. 남의 창고에서 업무를 보는 것은 많이 불편했다. 하지만 반대로 도움도 많이 받았다. 비앤에스 그룹 직원 둘은 배송하고 나는 영업을 핑계로 하루 종일 외근하는 일이 잦았기에 창고에는 여직원 혼자 근무하는 때가 많았다. 그래서 물건 입고 시 지게차로 받을 수 있는 상황이 아니었다. 그 문제를 정수창 대표님이 해결해 주셨다. 그 당시 정수창 대표님을 만나지 않았다면 나의 사업이 어떻게 되었을지 정말 생각하기도 싫다. 지금도 그분에게 감사한 마음을 갖고 있다.

돈을 지불하며 얻은 교훈

아무튼 남의 창고에서 계속 살 수는 없었다. 자금이 필요한 상황이었다. 매출을 올리는 것은 어떻게든 가능할 듯싶은데, 자금은 해결 방법이 떠오르지 않았다. 나는 자금 유통에 대한 경험이 없었다. 여러 모로 사업가로서 자질이 부족했던 것이다. 사업에는 자금 유통 능력이 큰 도움이 된다.

자금 사정이 좋지 않았던 상황에 사건 하나가 발생했다. B&S 그룹에서 물류 대행을 해주고 있는 쉐프떡볶이 회수 자금이 원활하게 결제되지 않은 상황이 벌어지고 말았다. 월 단위 결제라 한 달 결제가 늦어지면 6천만 원 정도가 수금되지 않는 것이다. B&S 그룹은 초기부터 선 결제 시스템으로 물건을 구입하고 있었다. 따라서 B&S 그룹이 업체에 결제해야 될 돈에 대한 부담은 다른 업체에 비해 적은 편이었다. 이것은 내가 사업을 시작하기 전부터 구상했던 시스템이다. B&S 그룹이 돈을 못 받아서 망하는 한이 있더라도 돈을 못 줘서 부도가 나는 일은 없게 하겠다는 의지로 만든 것이다. 그 의지대로 처음부터 선 결제를 주로 해서 구매를 했더니 업체들로부터 신뢰가 쌓였다. 조금만 이해해 달라고 사전에 전화를 하면 결제일을 조금씩 미뤄주기도 했다. 덕분에 버틸 수 있는 힘을 가질 수 있었다. 하지만 쉐프떡볶이 사건처럼 우리가 받아야 할 돈을 못 받는 일이 자주 생기면 타격을 피할 수 없었다. 어떻게든 결단을 내려야 했다.

힘든 상황에 처해서 그런 것일까? 마음 한 구석에서 그동안 도외시했던 프랜차이즈에 대한 유혹이 피어올랐다. 프랜차이즈를 하면 가맹금이나 교육비처럼 원가 없는 수익을 창출할 수 있었다. 그 수익으로 회사의 자금을 안정적으로 확보할 수 있었다. 또한 프랜차이즈는 유통사업에서 가장 문제가 되는 미수금이 발생할 일도 없었다. 프랜차이즈를 해야 미수금 걱정 없이 마음 편하게 비즈니스를 할 수 있다는 생각이 자꾸 머릿속을 맴돌았다.

그렇게 심각하게 고민하고 있던 차에 쉐프떡볶이가 부도를 맞았다. 나는 1억 3천을 못 받게 되었다. 1억 3천을 수익으로 만들려면 10억의 매출을 올려야 할 정도로 B&S 그룹에서는 엄청나게 큰 금액이었다. 그렇다고 나 역시 부도를 낼 수는 없는 상황이었다. 우선 법무사를 통해 법적으로 해결하려고 접근했다. 시간과 돈을 투자했지만 1년 넘게 시간만 허비하고 결국 3천 3백만 원밖에 회수하지 못했다.

쉐프떡볶이는 세이브존과 GS리테일구 GS슈퍼마켓 사업장에 샵인샵Shop in Shop으로 입점되어 있던 매장이다. 따라서 월 단위로 세이브존과 GS리테일에서 쉐프떡볶이 본사에 결제를 해주었다. 쉐프떡볶이가 GS리테일에서 받은 돈을 바로 결제만 해주면 되는, 굉장히 단순하고 돈을 못 받을 일이 발생할 수 없는 시스템이다. 하지만 쉐프떡볶이 대표는 수수료를 받아 다른 사업에 투자했고, 그 사업으로 어려움을 맞게 되면서 회사 자체를 부

도 낸 것이다

나는 부도가 난 다음 날 세이브존과 GS리테일에 압류를 걸었다. 두 회사에서 받을 수 있는 금액이 1억 8천이 있었기 때문에 1억 3천만 원을 받는 데는 큰 문제가 없을 것으로 예상했다. 법무사 사무실에서도 이 금액은 받을 수 있을 것 같다고 안내해주었기 때문에 나는 법무사와 법적으로 진행을 했었던 것이다. 그런데 4개월이 지나 법원에서 이런 판결을 받았다. 쉐프떡볶이는 국세를 1억 2천이나 미납한 상태라 총금액 1억 8천 중에 국세 1억 2천을 제외한 나머지 6천만 원만 지불해주겠다는 것이다. 문제는 나 말고 돈 못 받은 업체가 여러 곳이라는 것이다. 그래서 비율에 맞게 배분해준 금액이 3천 3백만 원이었다.

이 상황을 기뻐해야 될지 슬퍼해야 될지 알 수 없었다. 다만 한 가지는 확실히 배웠다. 미수금은 그 자리에서 포기하는 게 낫다는 것이다. 실패를 아쉬워하며 미련을 갖기보다는 바로 인정하고 대책을 마련하는 것이 더 낫다. 나는 미수금에 매달리면 돈과 시간 그리고 마음만 더 다친다는 결론을 얻었다. 그날 이후 미수금에 대해서는 신경 안 썼다. 아예 미수가 생길 것 같은 거래처와는 매출이 높아도, 이익이 크게 발생할 것을 알아도 처음부터 거래를 트지 않았다.

쉐프떡볶이 미수금은 공증을 받아 서류로는 가지고 있다. 그러나 7년이 지난 지금도 받을 가능성은 희박하다. 그저 비싼 학원비를 내고 큰 가르침을 얻었다고 생각하면서 살고 있다.

치킨과 떡볶이 사이에서

쉐프떡볶이 부도 사건으로 인해 프랜차이즈 사업으로 마음이 기울었다. 더 지연할 이유가 없었다. 그래서 나는 나의 첫 프랜차이즈 사업으로 치킨 프랜차이즈를 준비했다.

떡볶이 관련된 노하우는 누구한테도 뒤지지 않는다고 자부할 수 있었지만 머릿속에 확신을 가질 수 있는 콘셉트가 떠오르지 않았다. 내 머릿속에 떠오른 콘셉트는 치킨과 맥주, 일명 '치맥'이었다. 이 콘셉트라면 기본 이상은 할 수 있을 것 같았다. 그렇게 치킨 프랜차이즈 사업을 결심한 나는 은행에 융자 신청을 해 자금을 마련했다. 또한 조성연(현 놀부 마케팅 팀장)의 동생 조경연을 소개받았다. 조경연(현 두끼떡볶이 인사총무팀장)은 당시 죠*푸드에서 근무 중이었는데, 그 회사에서 비전을 찾지 못해 다른 직장을 알아보던 중이었다. 그는 삼겹살집에서 나와 첫 만남을 가진 뒤 나의 사업에 합류하게 되었다.

나는 조경연 팀장에게 프랜차이즈 사업의 비전을 제시했다. 그리고 우리의 미래를 위해 점포를 구할 때까지 우선 다른 치킨 매장에서 근무를 하면 좋겠다는 의사를 전달했다. 조경연 팀장은 고맙게도 나의 제안을 흔쾌히 수락했다. 그 후 나는 치킨 교육이 가능한 매장을 알아보기 시작했다. 그 와중에 재미있는 사건이 하나 발생했다. 떡볶이의 모든 것이란 카페로 식재료 납품 문의가 들어왔다. 나는 용인시 죽전 단국대학교 앞으로 식재료 납품 상담을 하러 가게를 방문했다. 그날 처음 만난 젊은 사장님 두 분이 바로 재미있는 사건의 주인공들이다.

두 젊은 사장님은 자신들이 신촌 바*밥 이야기에서 근무를 했다고 했다. 앞으로 이 자리에서 떡볶이 뷔페를 하고 싶은데, B&S 그룹에서 식재료를 납품받을 수 있겠냐고 물었다. 나는 당연히 가능하다고 답변했다. 내가 떡볶이 회사에서 근무했던 경험이 있으니 궁금한 사항이나 매장 오픈 관련해서 모르는 게 있으면 언제든 물어보라는 말도 덧붙였다. 그렇게 사장님들과 신뢰를 쌓았고, 나는 보름 뒤부터 식재료 납품을 시작했다.

사실 바*밥 이야기는 내가 긍정적으로 보지는 않았던 매장이다. 지하에 자리하고 있었고, 서비스 방식도 복잡해서 소비자들에게 사랑을 받지 못할 것이라 예상했다. 그 예상에 사로잡혀 나는 죽전 홍*인간(즉석떡볶이 뷔페)에 큰 기대를 하지는 않았었다. 그러나 막상 오픈하자 내 예상과 기대가 모두 깨어졌다. 어마어마한 물량의 식재료 발주가 들어왔다. 어느 날 나는 홍*인간에 배송을 마치고 홍*인간 사장님들을 찾아갔다. 그리고 이런 질문을 던졌다.

"장사는 잘되는 것 같은데 6,900원 받아서 남는 게 있나요?"

신촌 바*밥 이야기에는 라면 무한리필이 없었는데, 죽전 홍*인간에서는 다양한 라면까지 무한리필로 먹을 수 있었다. 때문에 과연 이렇게 장사해서 돈이 남을 것인지 나는 굉장히 궁금했다.

홍＊인간 사장님들은 이렇게 대답했다.

"힘은 들지만 이익은 나쁘지 않아요. 원재료 비용이 38퍼센트거든요."

사장님들의 말에 정신이 확 들었다. 사업성이 번뜩인 것이다. 나는 단도직입적으로 물었다.

"몇 달 전부터 치킨집을 하려고 준비 중이었어요. 사장님들이 괜찮으시면 나도 사장님 같은 떡볶이 매장을 오픈하고 싶은데, 혹시 도와주실 수 있으신가요?"

그 질문에 대한 대답은 이러했다.

"저희도 신촌 바＊밥 사장님의 도움을 받았어요. 우리 매장 인근 지역만 아니면 상관없어요. 저희가 도와드릴 테니 걱정하지 마시고, 대신 식재료 가격을 지금보다 조금만 싸게 공급해주세요."

나는 사업의 방향을 치킨에서 떡볶이로 바꾸기로 결단을 내렸다. 그 자리에서 사장님들께 감사한다고 말씀드린 뒤 바로 조경연 팀장에게 연락했다. 우리의 방향을 치킨 프랜차이즈에서 떡볶이 프랜차이즈로 변경하겠다고 이야기했다. 그리고 앞으로 죽전 홍＊인간으로 출근해 매장 노하우를 전수받으라고 부탁했다. 조경연 팀장은 이번에도 내 뜻을 따라주었다.

다음 주부터 조경연 팀장은 일주일간 홍＊인간에서 교육을 받았다. 나는 매장을 알아보기 위해 고려대학교, 외국어대학교, 경희대학교 앞 부동산을 돌아다니면서 점포 임대를 요청해 놓았다. 그 시절 내가 살던 집이 청량리였던 것도 있고, 떡볶이 뷔페는 대학가에서 해야 된다는 확신이 있었기 때문에 내가 잘 알고 있는 세 곳의 대학교 부동산에 문의한 것이다. 그렇게 나는 떡볶이 뷔페 프랜차이즈 사업을 하기로 결정하고 사업을 잘할 수 있는 방법을 다각도로 구상했다.

프랜차이즈 사업을 어떻게 전개할 것인가. 어떻게 성공시킬 것인가. 이 것이 나의 과제였다. 과제에 대한 고민을 하다가 김관훈 대표가 떠올랐다. 떡볶이의 모든 것이란 네이버 카페를 운영하는 그는 자신이 떡볶이 최고 전문가라 자부하는 인물이었다. 떡볶이 최고 1인이 되고 싶은 야망을 가지고 있는 사람처럼 이 사업의 동반자로 최적화된 사람은 없다는 게 나의 판단이었다.

나는 김관훈 대표를 찾아갔다. 만나자마자 그 자리에서 새로운 사업에 투자하라고 요청했다. 정확히는 30퍼센트 정도 투자를 제안했다. 왠지 그가 오케이할 것 같았다. 내가 치킨 사업이 아니라 떡볶이 사업을 제안했기 때문이다. 며칠 뒤 김관훈 대표에게서 연락이 왔다. 예상대로 그는 내 제안을 승낙했다.

김관훈 대표가 합류하자 더 자신감이 붙었다. 나부터 떡볶이에 대해서는 자신이 있었고, 대한민국에서 떡볶이로 가장 유명한 사람을 파트너로 삼았으니 성공에 대해 더욱 확신을 가질 수 있었다. 사실 신촌 바*밥 이야기 사장님도, 죽전 홍*인간 사장님도 결국 김관훈 대표를 통해 알게 된 것이다. 그와의 인연은 나에게 많은 긍정적인 상황을 만들어 주었다. 앞으로 어떤 상황이 일어날지 알 수 없지만, 앞으로도 매우 긍정적일 것이라는 게 나의 예감이다. 김관훈 대표는 나의 큰 은인이다.

대한민국 대표
떡볶이 브랜드를 향하여

이제 어떻게 운영할지가 문제였다. 나는 B&S 그룹이란 식재료 유통 회사를 운영해야 했기에 떡볶이 뷔페 프랜차이즈 사업을 대신해 줄 인재가 필요했다. 조경연 팀장을 영입해서 당장에 급한 불은 끌 수 있었고, 점포 한 개를 운영할 수는 있었다. 하지만 프랜차이즈 사업을 성공시키려면 점포를 더 늘리는 것은 당연했고, 그러려면 더 많은 인재를 영입해야 했다. 나를 대신해서 사업을 맡아서 운영할 책임자가 필요했다.

하늘은 나를 버리지 않는다는 것이 다시 한 번 입증되었다. 나의 인생에서 가장 큰 도움을 준 사람을 그 시기에 다시 만나게 되었다. 그 사람은 바로 최은영 대표이다. 그녀는 책 한 권을 써도 부족할 만큼 내 인생의 은인이다. 살면서 도움을 준 여성들이 몇 있다. 어머니, 임모일 점장님, 추효경 점장님, 최은영 대표. 내가 여성과 잘 맞는 건지는 모르겠지만 아무튼 이 여성들 덕분에 나는 성공적인 인생을 살 수 있었다.

최은영 대표는 1부 직장편에서 살짝 언급했었다. 그녀는 (주)아모제 공채 3기로, 마르셰Marche 강남점 파트타임으로 입사했던 친구이다. 6개월 정도 근무하다가 자신은 마르셰Marche 업무가 체질에 맞지 않는다고 퇴사를 했다. 그리고 일본에서 4년간 애견 관련 공부를 하고 한국으로 돌아왔다. 하지만 시대 상황 때문에 애견 관련 일은 하지 못했다. 대신 일본어를 할 수 있어서 ㈜농심에서 운영하는 '코코야찌방'에 취업해 10년 정도 근무했다.

나와의 인연이 다시 시작된 때는 내가 B&S 그룹에서 식재료 유통사업을 시작했을 시기였다. 최은영 대표는 나를 도와주겠다며 자신이 몸담은 코코야찌방의 구매 담당자를 소개해줄 테니 견적 맞춰서 납품을 해보라고 했다. 사실 대기업 ㈜농심에서 납품을 따낼 자신은 없었다. 그래도 도전을 해보겠다고 지속적으로 노력하면서 최은영 대표와 자주 만나는 계기가 되었다. 당시 그녀는 매장을 책임지는 슈퍼바이저로 진급하기 바로 직전이었다. 코코야찌방은 15개 정도의 매장을 운영하고 있었는데, 최은영 대표는 총괄 관리 업무를 맡고 있었다. 그 일이 많이 힘들다면서 나에게 종종 조언을 구하기도 했다.

"난 15개 매장도 관리하기 힘든데, 넌 킹떡볶이 매장 500개를 어떻게 관리했었냐? 노하우 좀 알려줘."

당시 그녀가 나에게 자주 했던 말이다. 나는 내가 지니고 있는 노하우와 매뉴얼을 그녀에게 모두 전수해 주려고 노력했다.

하지만 최은영 대표는 사람에게 받는 스트레스를 유독 많이 힘들어하는 성격이었다. 결국 그녀는 당분간 쉬겠다고 회사에 이야기하면서 사직서를 제출했다. 나는 최은영 대표와 어떻게든 함께하고 싶었다. 그녀가 나와 함께한다면 큰 힘이 될 거라 믿었다. 문제는 돈이었다. 최은영 대표를 나의 회사에 입사시킬 만큼 자금적으로 여유롭지 못했다. 그래도 최은영 대표를 이대로 포기할 수 없었기에 나는 치킨 사업을 하는 지인에게 최은영 대표를 소개했다. 지인은 나름 좋은 조건을 제시했고, 최은영 대표가 그것을 받아들여 지인과 함께 일하게 되었다. 나는 최은영 대표와 함께하는 미래를 어렴풋이 그렸다. 추후에 내가 치킨 사업을 하게 되면 나와 함께하자고 제안해야겠다고 생각했다.

지인의 치킨 사업은 최은영 대표가 합류하면서 좋은 성과를 만들어 주었다. 그러나 지인은 지속적으로 최은영 대표와의 선약을 깨고 자신의 방식으로 매장을 운영했다. 그것을 인정할 수 없었던 최은영 대표는 나에게 더 이상 지인과 함께할 수 없다고 나에게 이야기했다. 나는 고생만 시키기 위해 최은영 대표를 붙잡고 있을 수는 없었다. 결국 그녀와 지인과의 인연은 3개월 만에 마무리하게 되었다.

그 마무리가 나에게는 기회로 다가왔다. 최은영 대표가 지인과 결별한 시기가 바로 떡볶이 뷔페를 고려대학교 앞에 오픈시키기 바로 직전이었다. 정말 기가 막힌 타이밍이었고, 운명이었다. 그렇게 최은영 대표는 떡볶이 뷔페 1호점 주방 아줌마로 나의 떡볶이 프랜차이즈 사업에 참여하게 되었다. 사람의 인연이 얼마나 중요한지 다시 한 번 강조한다. 그때 최은영 대표가 합류하지 않았다면 아마도 두끼떡볶이는 존재하지 않았을 수도 있을 것이다.

나는 고려대학교 메인 거리에서 오랫동안 중국집을 운영하다 2년 정도 비워둔 가게를 소개 받았다. 점포를 보는 순간 바로 계약하겠다고 중개 사장님에게 이야기했다. 그렇게 점포를 결정하고 인테리어에 대해 궁리했다. 궁리 끝에 ㈜아모제에서 나의 상사였던 박홍민 대표님을 다시 만났다. 그분은 '불족'이라는 프랜차이즈 사업을 진행하고 있는 중이었다. 인테리어에 대해 상의하자 박홍민 대표님은 자신도 배울 게 있으니 마진 없이 서비스로 공사를 진행해 주겠다고 했다. 나로서는 희소식이었다. 나는 다른 업체를 알아보지 않고 대표님에게 인테리어를 맡겼다.

그렇게 떡볶이 뷔페 고대점 공사를 시작하게 되었다. 나는 박홍민 대표님에게 투자비가 많이 들어가도 좋으니 최고의 레스토랑 매장을 만들어 달라고 부탁했다. 나는 남들과 완전히 다른 새로운 떡볶이 뷔페를 만드는 게 목적이었다. 현재 대한민국에 없는 최상의 품질과 최고의 인테리어를 자랑하는 대한민국 대표 떡볶이 1등 뷔페 브랜드를 만드는 게 목표였다.

다른 떡볶이 브랜드와 차별화를 이룰 수 있는 방법은 무엇일까. 심각하게 고민하는 나에게 최은영 대표는 자신의 오빠 최대영(대만 두끼떡볶이 가맹점 사장님) 형님을 소개해 주었다. 그때 최대영 형님은 유기네 닭갈비 메뉴 개발 팀장으로 근무 중이었다. 외식업 쪽에 오랜 경험과 전문전인 지식을 많이 가지고 있어서 나는 자문을 받는다는 기대로 형님을 만났다. 더구나 유기네 닭갈비에서 떡볶이 메뉴를 검토하고 있던 차라 더더욱 형님을 만나야 했다. 나로서는 소스와 떡을 제안할 수 있는 기회였다.

유기네 닭갈비 본사에서 최대영 형님과 미팅을 진행했다. 나는 계획했던 대로 다양한 떡볶이 소스와 떡을 제안했다. 그런데 우연히도 그날은 유기네 닭갈비 메뉴 시연이 있는 날이었다. 나는 신메뉴인 유기네 퐁듀 닭갈비 메뉴를 담는 용기를 처음 보았다. 퐁듀 닭갈비는 현재 유기네 닭갈비의 최근 신제품으로서 히트를 치고 있던 메뉴였다. 나는 퐁듀 닭갈비 용기를 보는 순간 기발한 아이디어가 한 가지 떠올랐다. 그 자리에서 최대영 형님한테 용기 제작 업체를 소개해 달라고 부탁했다.

다음 날 나는 중앙시장으로 갔다. 그곳에서 ㈜키친프로 배진석 대표님을 만나 나의 아이디어를 자세히 말씀드렸다. 그 제품을 배진석 대표님이 만들어 주셨다. 바로 두끼 퐁듀다. 훗날 두끼 퐁듀는 두끼의 이미지를 연상시키는 첫 아이콘으로 자리잡았다.

두끼의 탄생

콘셉트, 인테리어, 주방 집기 등 하나하나 오픈을 위한 준비를 해나갔다. 그런데 공사 시작한 지 일주일이 지나도록 브랜드 네임을 결정하지 못하고 있었다. 김관훈 대표와 매일 카톡으로 의견을 나누면서 아이디어를 짜냈지만 딱 이거다 할 정도의 브랜드 네임은 탄생하지 않았다.

나는 언젠가부터 머리가 복잡하거나 마음 한쪽이 답답할 때 어머니를 모신 납골당을 찾았다. 그게 습관으로, 삶의 일부분으로 자리 잡았기에 오픈을 앞두고 안정을 얻고 싶어 그날도 납골당으로 향했다. 나는 아내에게 운전을 부탁하고 옆자리에 앉아 멍 때리면서 브랜드 네임을 고민했다. 뭔가 떠오를 때마다 계속 김관훈 대표에게 카톡으로 보냈는데, 그는 무응답이거나 '나쁘진 않아요' 정도의 답변만 주었다. 그러던 사이 내가 타고 있던 차가 신호등 앞에서 대기하게 되었고, 나는 무심코 길 건너 점포의 간판을 보았다. 간판에는 '한 끼'라고 적혀 있었다. 그 순간 머리에서 '두 끼'라는 단어가 떠올랐다.

두 끼는 우리의 콘셉트와 딱 맞았다. 나는 떡볶이 뷔페는 식당이란 느낌과 배가 부른 느낌, 두 가지를 모두 포함하고 있어야 된다고 줄곧 생각하고 있었다. 두 끼를 먹는다는 것은 두 가지 의미를 다 포함한다는 생각이 들었다. 나는 바로 김관훈 대표에게 카톡으로 '두끼'라는 글자를 전송했다. 0.5초의 시간도 지나지 않아서 답이 왔다. '떡볶이로 한끼 볶음밥으로 두끼'라고. 그 시절 즉석떡볶이집에서는 볶음밥을 볶아 먹는 게 일반화되어 있었다. 앉은자리에서 두 끼를 해결하는 거나 다름없었다. 우리는 그날 '두끼'를 브랜드 네임으로 확정했다. 떡볶이가 단순히 간식이 아닌 식사로 접근할 수 있는 좋은 슬로건이라는 생각이 들었다.

인력 문제 역시 수월하게 해결되었다. 점장은 조경연 팀장으로 결정했다. 최은영 대표(현 도토리편백집 대표)가 사업의 책임자로서 오픈 초기 주방 아줌마 1 역할까지 1인 2역을 담당하기로 했다. 주방아줌마 2 역할은 최은영 대표와 코코야찌방에서 오랫동안 함께 근무했던 정하린 팀장(현 두끼 재무담당 팀장)이 맡았다. 솔직히 정하린 팀장 급여가 부담스럽기는 했지만 장기적으로 재무담당자의 역할을 주기로 하고 채용을 결정했다.

마지막으로 주방 보조 한 명만 더 채용하면 끝이었다. 나는 파트타임직을 채용할까 하다가 정선우 대리(현 두끼떡볶이 메뉴 개발 대리)를 선택했다. 정선우 대리는 사업 초기 내가 컨설팅을 했을 당시 (주)에이컨Acorn에서 근무했던 친구이다. (주)에이컨Acorn이 카페를 창업하면 점장으로 근무시킬 계획으로 채용해 교육 중이었던 사원이었다. 하지만 6개월이 지나도록 (주)에이컨Acorn에서 카페 창업을 하지 못하는 바람에 사무실에서 잔심부름 업무만 담당하고 있었다. 그 6개월 동안 나는 그를 지켜보면서 좋은 인재라는 판단을 내렸다.

시간이 좀 더 흘러 ㈜에이컨Acorn이 갑자기 부도를 낼 수밖에 없는 상황이 벌어졌다. 정선우 대리는 개인적으로 백수가 될 위기에 처했다. 나의 가슴속에서 왠지 그를 챙겨야 한다는 마음이 솟아났다. 그 시점이 바로 주방 보조가 한 명 필요한 때였다. 나는 정선우 대리에게 주방 보조 업무를 제안했고, 정선우 대리는 승낙했다. 그렇게 미래를 함께할 ㈜다른 두끼떡볶이의 멤버들이 꾸려졌다. 특히 정선우 대리의 합류는 나에게 큰 힘이 되었다. 그는 지금 ㈜다른 두끼떡볶이에서 메뉴 개발 담당으로 최선을 다해 일하고 있다. 물론 훌륭한 직원이다.

두끼떡볶이 고대점의 오픈이 코앞에 다가왔다. 열심히 준비한 우리는 오픈 전 지인들을 초대했다. 대학교 앞 학생들이 많은 상권이라 일반 손님이 찾아오지 않는 토요일과 일요일 이틀 동안 지인들에게 시험 판매를 했다. 지인들을 통한 시뮬레이션을 진행해서 문제점을 파악하려는 의도였다.

우리는 완벽하게 준비했다고 생각했지만, 고객 역할을 한 지인들은 많은 불만 사항을 이야기했다. 그중 가장 큰 불만 사항은 보증금 제도였다. 우리는 고객에게 매장 입장 시 선불로 천 원을 보증금으로 받았다. 그리고 나갈 때 자신이 먹은 음식을 남기지 않고 그릇까지 셀프로 직접 퇴식구로 이동시키고 나면 보증금 천 원을 고객에게 다시 돌려주었다. 지인 고객들은 선불로 보증금을 받는 것도 불편하다고 이야기했지만 퇴장 시 보증금 천 원을 받기 위해 그릇을 치우는 게 더 싫다고 이야기했다. 우리는 그날로 보증금 제도를 없앴다. 또한 고객 퇴점 시 셀프로 그릇을 치우고 가는 시스템에서 종업원이 치우는 시스템으로 바꾸었다. 모든 것을 고객이 원하는 서비스로 바꾼 것이다. 기존 셀프 방식보다 종업원이 더 많이 필요하고, 내가 기준으로 삼았던 홍*인간보다 관리비가 더 많이 나올 수 있는 시스템이지만 선택할 수밖에 없었다. 고객을 만족시키지 못하고 업자의 방식을 고집하는 매장은 오래가기 힘들다.

비용은 들지만 좋은 결정이라고 생각했다. 장사는 관리비를 줄여서 이익을 만드는 것이 아니다. 고객을 만족시켜 재구매가 이루어지게 만들어서 지속 경영이 가능하게 만드는 게 제일 중요하다. 나에게 수익을 가져다주는 사람은 고객이다. 고객을 만족시키지 못할 것 같으면 그 사업은 접어야 한다. 아직 시작하지 않았다면 시작하지 말아야 된다.

시작은 미비하게 끝은 창대하게

지인 고객들과의 주말 프리오픈Pre-open을 마친 우리는 시스템을 전부 변경 완료했다. 그리고 월요일 두끼떡볶이 고대점의 그랜드 오픈을 시행했다. 엄청난 홍보 행사와 함께 요란한 오픈을 했을 것이라 생각하겠지만, 그렇지 않다. 우리의 방식은 정반대였다. 나는 일반적인 방식을 선호하지 않는다. 오픈 첫날 많은 고객을 끌어들이기 위해 대대적인 행사를 하는 것은 내가 꿈꾸는 사업 방식이 아니다. 나에게 첫날 매출은 크게 중요하지 않다. 오히려 첫날 장사가 대박 나거나 오픈 첫 달 정신을 못 챙길 정도로 바쁘면 잘못된 시스템을 찾기가 힘들다. 그렇게 몇 달을 바쁘게 지내고 나면 사람은 자만심에 빠지기 쉽다. 지금처럼 해도 장사가 잘될 것이라고 생각하며 안주하게 된다. 그것이 인간의 속성이다.

첫날 매출은 예상했던 정도의 매출이었다고 기억한다. 아마도 28만 원이었을 것이다. 그 액수에 직원들은 근심과 걱정을 비쳤다. 나는 걱정하지 말고 나의 지시에 따라 준다면 우리의 미래는 밝을 것이라며 직원들을 안심시켰다. 그리고 남몰래 생각했다.

'이제부터 나의 능력을 보여주리라!'

나의 전략은 항상 단순 명료하다. 나는 오전에 B&S 그룹에서 업무를 보고, 11시에 고려대학교 두끼떡볶이 점포 앞에 나타나서 전단지를 나눠주기 시작했다. 직원들은 내가 매장에는 들어오지 않고 전단지만 돌리는 것이 이상했다고 훗날 이야기했다. 나는 주방과 홀에 최고의 전문가들이 포진하고 있기 때문에 내가 매장 내부를 점검할 것은 없다고 판단했다. 내가 매장을 책임져야 된다면 프랜차이즈 사업은 시작도 안 했을 것이다. 최은영 대표(현 도토리편백집 대표)와 조경연 점장을 믿고, 나는 나의 역할에 최선을 다하면 그만이었다. 나의 역할은 고객들에게 하루빨리 두끼떡볶이를 알려서 매장으로 유입할 수 있는 방법을 실행하는 것이다.

장사의 이론은 굉장히 단순하다. 누구나 아는 지식이다. 외부 고객을 유입시켜 신규 고객을 창출하고, 신규 고객에게 매장 만족도를 높여 고정 고객으로 만드는 것이다. 하지만 많은 창업자들이 이 간단한 전략을 실행하지 못해 실패한다. 오픈 전에는 전부 이해하고 실행을 다짐하지만 막상 오픈하면 머릿속에서 싹 지우고 오직 이윤만을 생각한다. 나는 그런 상황을 자주 목격하면서 성장했다. 내가 그 전철을 밟을 일은 없을 것이다.

매일 11시부터 전단지를 돌려 매장이 만석이 되면 전단지 배포를 중단했다. 처음에는 그 순간이 대략 1시쯤 찾아왔다. 3개월쯤 되었을 때는 12시가 다가오기 전에 전단지 돌리는 것을 중단할 수 있었다. 그리고 5개월이 지나고 난 뒤에는 아예 전단지를 돌리지 않아도 12시 전에 자리가 다 차게 되었다. 기다리는 손님까지 생겨났다.

저녁 시간을 공략하는 전략도 동일했다. 오후 5시부터 전단지를 돌리기 시작해서 만석이 되면 중단하는 것이다. 우리는 '오늘보다 나은 내일'을 위해 모두 최선을 다했다. 그 결과는 성공적이었다. 하루하루 매출이 증가했고, 우리가 만족할 수 있는 수준까지 이르게 되었다.

하지만 다른 사람들과 다르게 나는 만족할 수 있는 입장이 아니었다. 고대점의 성공이 최종 목적이 아니기 때문이다. 나는 남들에게 스스로 프랜차이즈 사업 전문가라고 떠벌리고 다녔다. 이제 진짜 전문가의 면모를 보여주어야 했다. 2호점 오픈이 시급했다. 하지만 직영점으로 내기에는 자본과 인력이 모자랐다. 어떻게든 가맹점으로 전개해야 했다.

가맹점 전개를 고민하던 중 김관훈 대표를 통해 박도근 대표(현 두끼떡볶이 대표)와 연이 닿았다. 박도근 대표는 가든파이브 NC백화점 7층에서 크라제버거를 운영하면서 다수의 매장까지 갖고 있는 외식업체 대표였다. 그가 김관훈 대표에게 컨설팅을 의뢰해서 나도 동석하게 되었다. 당시 박도근 대표는 자신만의 브랜드를 만들고 싶어 했다. 크라제버거 매장의 매출이 저조해서 그 매장을 자신의 브랜드로 리뉴얼하기를 원했다. 아이템을 떡볶이로 결정했기 때문에 떡볶이 전문가로 유명세를 떨치고 있던 김관훈 대표를 찾아갔던 것이다.

사람의 인연은 참으로 신기하다. 그 당시 김관훈 대표 사무실이 가든파이브에 있었다. 그런데 박도근 대표 역시 가든파이브에 사무실을 두고 있었기 때문에 둘의 만남이 가능했을 것으로 판단한다. 그리고 만약 김관훈 대표가 떡볶이의 모든 것이란 네이버 카페를 운영하지 않았다면 우리 셋의 만남은 이루어지지 않았을 것이다.

신기한 인연으로 만난 우리는 깊은 대화를 나눴다. 나는 크라제버거 자리가 너무도 마음에 들었다. NC백화점 7층 식당들 중 가장 중앙에 위치하고 있으며, 삼면이 유리로 되어 있어 지나다니는 사람들에게 쉽게 내부가 보이는 장점이 있었다. 그래서 나는 어떻게든 이 자리에 두끼떡볶이를 내고 싶었다. 하지만 박도근 대표는 두끼떡볶이보다는 자신의 브랜드를 원했다. 첫 만남은 거기까지 진도가 나갔다.

몇 번 회의를 가졌지만 합의점을 찾지 못했다. 그러던 중 김관훈 대표가 지분 참여 조건으로 현 크라제버거를 두끼떡볶이로 바꾸는 방법을 제안했다. 고심하던 박도근 대표는 마침내 합류를 결정했다. 서로 간 지분율에 분쟁이 잠시 있었지만, 김관훈 대표가 많은 부분을 양보하면서 세 명의 의견은 합의를 이루었다. 두끼떡볶이 2호점은 그렇게 가든파이브점으로 확정되었다. 말 그대로 프랜차이즈 사업이 시작된 것이다.

가든파이브 두끼떡볶이 리뉴얼 비용은 전액 박도근 대표가 투자하기로 했다. 대신 인테리어 업체 선정권을 박도근 대표에게 주었고, 그의 지인이 인테리어를 맡게 되었다. 그것이 엄청난 사고로 이어질지 그때는 전혀 예측하지 못했다.

최은영 대표는 고대점을 조경연 팀장에게 전부 위임하고, 두끼떡볶이 가든파이브를 오픈시키기 위해 혼자 그곳으로 돌진했다. 2호점은 1호점의 단점을 모두 보완하기 위해 인테리어 공사에 신중에 신중을 더했다. 고객의 편의성 또한 1호점보다 높이기 위해 동선 등 여러 가지 요인을 업그레이드하려 했다. 그러다 보니 공사가 복잡해지고 있었다. 최고의 인테리어 전문가라도 우리의 생각을 실행에 옮기기는 쉽지 않았을 것이다. 그런데 두끼떡볶이 2호점 공사업체 실장이란 사람은 전문가가 아니었다. 공사에 대한 지식이 전혀 없는 아마추어였던 것이다.

백화점 공사는 일반 로컬 공사와 다르게 백화점 인테리어 팀과 사전 조율을 통해 공사 일정을 협의한다. 따라서 기일을 맞추는 것이 무엇보다 중요하다. 백화점과의 약속을 지키기 위해 최은영 대표는 공사 현장에서 24시간 대기하면서 공사 현장을 컨트롤할 수밖에 없었다. 나는 자주 가볼 수 있는 상황이 아니어서 최은영 대표만 믿고 하루하루를 기다렸다. 내가 최은영 대표에게 해줄 수 있는 것은 늦은 시간 방문해서 소주 한잔 사는 게 전부였다. 최은영 대표는 집에 갔다 올 시간도 없으니 가든파이브 앞에 고시텔을 잡아주면 자신이 아예 공사 현장에서 밤을 새우겠다고 했다. 나는 최은영 대표가 원하는 대로 해줄 수밖에 없었다.

이후 최은영 대표는 고시텔에서 지내며 24시간 내내 잔소리를 해가며 공사를 지휘했다. 오히려 공사업체를 가르치면서 해야 할 지경이었다. 차라리 최은영 대표가 공사를 직접 하면 더 잘하겠다는 생각이 들 정도였다. 어이없는 상황이었지만 공사업체를 바꿀 시간도 없었다. 현재의 공사업체로 마무리하지 않으면 공사 일정을 어기는 대형 사고를 낼 수 있었다. 답답하고 짜증나는 시간이었지만 최은영 대표를 믿고 있을 수밖에 없었다.

그렇게 최은영 대표는 혼자서 집에도 못 가면서 공사를 마무리했다. 지금 생각해도 정말 미안하고 감사하다. 가든파이브 두끼떡볶이는 최은영 대표의 작품이라고 다시 한 번 이야기하고 싶다.

프랜차이즈 사업은 멈추면 끝이다

고생한 최은영 대표에게 감사할 수 있는 시간적 여유조차 없이 우리에게는 새로운 상황이 닥쳐왔다. 어렵고 힘든 인테리어를 마무리하고 오픈을 했지만 기존 크라제버거에서 근무했던 직원들이 일주일 사이 전원 퇴사한 것이다. 대표만 한 명 달랑 남고 직원은 0명인 상황이 벌어진 것이다. 기존 직원들은 과도한 업무량에 떠나간 것이다. 예상은 어느 정도 했지만 고객이 이렇게 많이 올 줄을 정말 몰랐다. 11시에 오픈하면 저녁 8시까지 기다리는 손님이 넘쳐날 만큼 고객이 끊이질 않았다. 더 이상 고객이 안 오길 바라면서 영업을 해본 경험은 그때가 처음인 것 같다. 당장 직원 채용이 시급했다.

12명의 새로운 파트타임 직원들과 함께하게 되었다. 우리는 그들을 파출 아줌마라고 불렀다. 매일 아침 여사님들 12명이 매장으로 출근했다. 매일 아침 최은영 대표는 여사님들을 세워놓고 한 분 한 분 개인별로 업무를 알려주며 하루 일과를 시작했다. 그리고 하루 종일 고객을 맞이했다. 여사님들 모두 초보이기 때문에 어쩔 수 없었다. 나는 어떻게든 이 문제를 해결해야 했다. 그렇게 안 하면 최은영 대표는 쓰러질 것 같았다. 나는 후배들에게 SOS를 보냈다. 하지만 일 좀 할 만한 후배는 모두 좋은 대우를 받으면서 타 업체에서 근무 중이었다. 도움 받을 사람 하나 찾지 못하는 내 자신이 정말 싫었다.

최은영 대표 역시 더 이상 혼자 버티기는 힘들었는지 스스로 해결책을 제시했다. 자신이 믿는 후배가 있는데 채용해도 되는지 나에게 물은 것이다. 나는 누구든 일만 할 수 있으면 채용하라고 했다. 최은영 대표는 한 가지 조건을 내걸었다. 후배들의 요구를 전부 수용해 달라는 조건이었다. 나는 조건을 못 받을 이유가 없었다. 가든파이브 두끼떡볶이의 책임자는 어디까지나 최은영 대표였다. 나는 그저 고맙다는 말만 했을 뿐이다.

시간이 지나면서 두끼떡볶이 가든파이브점은 안정을 찾아갔다. 그러면서 내가 할 일이 분명해졌다. 3호점 론칭이었다. 프랜차이즈 사업에 필요한 법인명과 사무실 그리고 슈퍼바이저 채용 등도 준비해야 했지만, 우선은 3호점 오픈에 수단과 방법을 가리지 않고 전력을 다해야 했다.

프랜차이즈 사업은 멈추면 안 된다는 것을 나는 알고 있었다. 물론 모든 사업이 마찬가지겠지만 프랜차이즈는 특히 그러하다. 달리지 않는 자전거처럼 멈추면 쓰러진다. 무조건 한 달에 한 개점 이상은 새롭게 오픈해야 성장을 유지할 수 있다. 그렇게 못 하면 직원 고정비에 본사가 쓰러질 수밖에 없다. 그 시절 나는 자본이 부족했다. 돈을 벌어서 사업을 확장하는 수밖에 없었기에 성장하지 않으면 회사가 망하는 구조였다. 그나마 다행인 것은 가든파이브 두끼떡볶이 2호점에서 예상보다 2배 높은 매출이 발생하고 있었던 터라 그 돈으로 어느 정도 고정비를 충당할 수 있었다.

그리고 하늘의 도움을 받아서 두끼떡볶이가 방송 출연을 하게 되었다. 〈Tasty Road〉라는, 유명한 먹방 TV 프로그램이었다. 어느 날, 하늘에 계신 어머니가 만들어준 기회인지 모르겠지만 방송 출연 섭외가 들어왔다. 고려대학교와 경희대학교 맛집 경연을 통해 어느 대학 맛집이 더 인기 있는지를 경쟁하는 콘셉트였다. 두끼떡볶이 고대점은 그렇게 방송을 탔다. 방송 송출 당일부터 손님들의 웨이팅waiting이 시작되었다. 2층 입구부터 1층 대로변까지 줄을 섰다. 두끼는 고려대학교 인근에서 유명한 식당이 되면서 3개월 이상 웨이팅이 끊이지 않고 지속되었다 이렇게 1호점, 2호점이 전부 대박을 치면서 두끼 3호점 론칭의 전망을 밝게 만들었다.

나는 이 좋은 기회를 신규 점포 오픈으로 연결하기 위해 창업자를 전문적으로 모집하는 컨설팅 회사를 수소문했다. 그 결과 대한민국 1등 컨설팅 회사라는 ㈜Topbiza와 접촉을 하게 되었고, 나는 그들에게 파격적인 인센티브를 제시하며 나의 제안을 내놓았다. 일반적으로 프랜차이즈 회사는 점포 한 개점을 오픈시키면 창업자가 이익에서 수수료를 부담해서 컨설팅 회사에게 지급하는 방식을 선호한다. 하지만 두끼떡볶이 본사에서는 별도의 마진 없이 매장을 오픈시키더라도, 본사에서 비용을 부담해서라도 높은 수수료를 지급해 주겠다고 했다. 그래서 Topbiza에서도 적극적으로 두끼떡볶이 영업을 돕도록 동기유발을 시켰다.

두끼떡볶이는 3호점에 이어 4호점까지 내면서 순풍을 탔다. 그런데 4호점이 오픈한 지 얼마 지나지 않아 메르스라는 질병이 유행했다. 질병이 확산되기 직전, 어느 의사 한 분이 가든파이브 두끼떡볶이를 방문해서 메르스 질병에 감염되었다는 뉴스가 나왔다. 안 좋은 소식이었으나 오히려 이것이 홍보 효과를 냈다. '무슨 의사가 두 끼씩이나 먹냐'는 소비자들의 농담이 번지면서 두끼떡볶이가 인터넷 실시간 검색어 1위를 기록한 것이다. 나는 이 사건을 기준으로 해서 두끼떡볶이가 전국적으로 유명세를 타게 되었다고 판단한다.

처음 프랜차이즈 사업을 시작하면서 가맹점과의 분쟁을 최소화시키기 위해 나만의 세 가지 원칙을 세웠다. 나는 그 원칙을 가슴에 새기고 사업에 임했다.

1원칙: 가맹점과 가맹점 사이의 이격 거리를 멀리해서 사장님들 불만을 사전 방지한다.

2원칙: 가맹점에게 별도의 로열티를 받지 않는다.

3원칙: 매장에서 사용하는 원재료를 직접 구매하는 단가보다 저렴하게 공급한다.

이렇게 세 가지 원칙대로 행동하면 가맹점 불만이 없는 프랜차이즈 회사를 만들 수 있을 것이라 생각했다. 나는 그 생각을 실천하며 살았다고 자부한다.

합리성과 공정함이 협력을 만든다

두끼떡볶이의 식재료는 B&S 그룹에서 공급했다. 개별 점포마다 식재료 사용량이 월 3,000만 원 이상으로 높게 나왔다. 장기적으로 B&S 그룹에서 물류를 지속하기는 힘들었다. 창고 크기에 한계성이 보이기 시작한 것이다. 다른 대안을 찾거나, 투자를 통해 물류센터를 확장하는 것이 해결해야 될 과제로 부각되었다.

나는 고민했다. 두끼떡볶이는 김관훈 대표, 박도근 대표와 함께 운영하는 회사여서 세 사람 모두 수긍할 수 있는 만족점을 찾기가 어려웠다. 투자를 통해 물류센터를 확대하는 방법, 물류를 3PLParty Logistics로 변경하는 방법, 이렇게 두 가지 선택지가 있었다. 고민 끝에 3PL을 결정했다. 아무리 생각해도 그것이 올바른 선택으로 보였다. B&S 그룹에서 아무리 투명하고 바른 경영을 한다 하더라도 물류를 계속 독점한다면 다른 두 대표들에게는 비합리적으로 느껴질 수 있었다.

나는 물류대행 업체를 물색했다. 물색 중에 불족 박홍민 대표에게 (주)삼립 GFS(SPC 그룹 자회사)를 소개받았다. (주)삼립 GFS는 SPC 그룹에서 물류 사업을 새롭게 시작한 회사였다. 그 회사는 지속적으로 적자를 발생시키고 있었기 때문에 우리는 유리한 위치에서 협상을 진행할 수 있었다. 나는 협상 중에 ㈜삼립 GFS의 영업사원이 매장당 식재료를 월 3,000만 원 어치 사용하고 있는 두끼떡볶이와 계약하고 싶어 한다는 느낌을 강하게 받았다.

그 느낌대로 두끼떡볶이는 ㈜삼립 GFS와 파트너가 되었다. 나는 ㈜삼립 GFS와 거래를 하면서 B&S 그룹이 직접 물류를 하는 것이 좋은 방법이 아니었다는 생각을 하게 되었다. 직접 물류를 유통하면 대행업체에서 제시하는 수수료보다 높은 고정비가 발생할 가능성이 크기 때문이다. 나는 3PL 방식을 통해 이 사실을 알게 되면서 B&S 그룹도 체질개선을 해야겠다는 마음을 먹게 되었다. 결과적으로 ㈜삼립 GFS가 나에게 엄청난 정보를 제공해준 셈이었다.

실제로 나는 체질개선에 들어갔다. B&S 그룹이 직접 탑차로 물류를 해야 하는 소매점들은 타인에게 인수인계하며 도매 유통 전문회사로 탈바꿈하기 시작했다. 그런데 탈바꿈이 마무리될 시점 또 다른 고민이 생겨났다. B&S 그룹에서 만든 전용 소스를 사용하는 소매점 사장님들에게 지속적으로 공급 가능한 시스템을 만들어야 했던 것이다. 일반 식재료는 직접 구매하는 것도 가능하고 타 업체를 통해서도 손쉽게 받을 수 있지만, B&S 그룹에서 만든 전용 소스는 내가 공급을 중단하면 받을 수 있는 방법이 없었다. 개인점포 사장님들에게 장사를 포기하라고 하는 것과 다름없었다.

항상 고민하면 해결책은 떠오르게 마련이다. 그 어떤 문제도 반드시 해결된다는 것이 나의 지론이다. 나는 고민 끝에 개인점포 사장님들에게 B&S 그룹 전용 소스를 택배로 받을 수 있도록 안내했다. 그리고 택배로 소스를 신청할 수 있는 사이트를 만들 생각을 했다. 그 와중에 새 아이디어가 한 가지 더 떠올랐다. 이렇게 된 마당에 아예 떡볶이 쇼핑몰을 만들면 좋을 것 같았다.

인연이 또 도와주었다. 예전에 김관훈 대표의 소개로 알게 된 한훈종 대표가 도우미로 등장하게 되었다. 레드벨 쇼핑몰을 운영하는 한훈종 대표는 나와 동갑인데 성품과 성향까지 비슷했다. 그래서 자주 만나 친분을 쌓기는 했지만 사업까지는 연결되지 않은 상태였다. 이제 연결될 때가 온 것이다.

나는 업소형 전문 온라인 쇼핑몰을 만들기로 결정한 뒤 한훈종 대표에게 50대 50으로 법인을 설립하자는 말을 꺼냈다. 그리고 한훈종 대표는 쇼핑몰을 관리하고, 나는 물류 센타에서 택배 포장과 직원 업무를 분담하는 게 어떠냐는 제안을 했다. 한훈종 대표는 내 의견에 동의했다. 그렇게 업소형 전문 온라인 쇼핑몰 〈http://redtable.co.kr/〉이 탄생하게 되었다.

나는 B&S 그룹을 도매 전문 회사로의 변화를 도모하면서 모든 권한과 위임을 김세진 대표 체제로 전환시켰다. 나는 실질적 경영을 하지 않는 대주주로 남고, B&S 그룹은 경영자가 따로 있는 회사로 변경한 것이다. 그 날을 기점으로 나는 프랜차이즈 사업에, 즉 두끼떡볶이에 더 집중하게 되었다.

공성보다 어려운 수성

두끼떡볶이를 안정화시키기 위해 영업 조직을 구축해야겠다고 생각했다. 공성보다는 수성이 더 어려운 법이다. 더군다나 본사 고정비를 높게 가져갈 수 있는 입장이 아니었기 때문에 더 많은 집중이 필요했다. 세 명이 공동으로 설립한 법인이지만 자본금이 넉넉한 회사가 아니라서 매월 벌어 지출을 감당해야만 회사 유지가 가능했다. 슈퍼바이저들의 급여를 감당하기도 힘든 상황이었다.

세 명의 주주는 영업 조직을 유동적으로 가져가자는 데 의견이 일치했다. 그 당시 친구였던 심주용 이사(현 소바애 임원)와 임민수 이사(현 탑브릿지 이사)는 영업대행 회사인 ㈜GF창업전략연구소를 설립해 운영하고 있었다. 두끼떡볶이는 ㈜GF창업전략연구소에 영업대행을 맡기기로 결정했다. 지인을 통해 영업사원에 대한 고정비 부담을 최소화하는 전략을 실행한 것이다.

㈜GF창업전략연구소 입장에서도 두끼떡볶이와 손을 잡은 것은 긍정적이었다. 우리 고객들의 반응이 좋아 2016년 1년 동안 50개 점을 오픈시

키면서 많은 수익을 냈기 때문이다. 물론 1년 동안 50개 점을 오픈했다는 것은 두끼떡볶이에게도 좋은 일이었다. 그러나 우리는 좋아할 수만은 없었다. 지속적으로 높은 비용을 영업 인센티브로 지불할 수 있는 처지가 아니었다. 새로운 영업 전략 구축이 필요했다.

우리는 고민 끝에 능력 있는 영업사원을 뽑는 것으로 체제를 변경하기로 결정했다. 그렇게 하면 고정비 부담도 줄이면서 매장 오픈을 지속적으로 할 수 있을 거라고 내다보았다. 우리는 ㈜GF창업전략연구소에 우리의 입장을 전했다. 처음 계약을 체결할 때 1년 단위로 계약을 진행할 것이고, 1년이 지난 후에 계약이 지속되지 않을 가능성이 높다는 것을 구두로 전한 바 있었다. ㈜GF창업전략연구소도 그것을 인지하고 있었기에 서로 큰 갈등과 불만 없이 계약을 종료할 수 있었다. 마침 ㈜GF창업연구소도 자신들의 자체 브랜드를 만들기로 결정했던 터라 쌍방은 평화롭게 이별할 수 있었다. 1년이라는 시간 동안 서로 '윈윈win-win'했다는 것을 인정하면서.

2017년부터는 어느 정도 브랜드 인지도가 높아졌다. 점포 개설 영업을 외주 업체에 의뢰하는 것은 비용적으로 비효율적인 판단이라 생각할 수밖에 없을 정도로 고객들의 문의가 많았다. 이제는 자체 영업팀 구축이 필요한 시기였다. 우리는 영업 인재를 채용하기 위해 다방면으로 알아보았다. 하지만 좋은 인재를 영입하는 것은 세상에서 가장 어려운 일이라고 해도 과언이 아닐 만큼 힘들었다. 하루빨리 두끼떡볶이의 영업 안정화를 이루고 싶었던 나는 속이 타들어갔다. 그러던 중에 소현철 팀장(현 탑브릿지 대표)이 번쩍 떠올랐다.

프랜차이즈 분야 최고 인재인 소현철 팀장은 나와 킹떡볶이 선후배 관계이다. 나는 바로 소현철 팀장에게 연락을 해서 미팅을 잡았다. 만나자마자 두끼떡볶이로 오라고 앞뒤 없이 이야기했다. 바로 급여까지 제시했다. 당시 ㈜오가다에서 인정받고 또 높은 연봉을 받고 있던 소현철 팀장은 쉽게 결정하지 못했다. ㈜오가다에서도 그를 쉽게 보내주지 않을지도 몰랐다. 그런 인재이기에 나는 더욱 파격적인 인센티브를 제시하며 구애를 펼쳤다. 나의 구애를 받은 소현철 팀장은 생각을 좀 해보고 답을 주겠다고 했다. 현재 함께 일하는 김진기 본부장(현 직화볶음찜닭 대표)과 논의하지 않고 혼자 결정할 수는 없다고 했다. 그런 행동은 김진기 본부장에 대한 예의가 아니라면서.

충분히 납득할 수 있는 상황이었다. 하지만 성질이 급한 나는 김진기 본부장을 만나게 해 주면 내가 직접 설득하겠다고 말했다. 김진기 본부장 역시 ㈜제니스에서 연을 맺은 나의 후배였다. 다만 친밀한 관계는 아니고 말 그대로 선후배 관계였다. 지금은 너무도 가까운 동생이지만.

일주일 뒤에 나는 김진기 본부장을 만났다. 대뜸 소현철을 나에게 주면 좋겠다고 이야기했다. 소현철 팀장도 이제는 자신의 사업을 할 나이가 된 것 같다고, 두끼떡볶이에서 프리랜서로 일하면 미래를 준비하는 데 도움이 될 거라고 설득했다. 김진기 본부장이 나의 설득을 순수하게 받아들였는지는 모르겠다. 여하튼 그는 소현철 팀장이 나에게 오는 것을 허락했다. 훗날 술자리에서 김진기 본부장이 말했다. 내가 너무 거만하게 이야기해서 당황했었다고.

설득 작업으로 끌고 온 소현철 팀장은 두끼떡볶이 영업팀장을 맡게 되었다. 그는 두끼떡볶이 개설 영업에 대한 전반적인 시스템을 구축하는 데 큰 기여를 했으며, 2년 동안 두끼떡볶이의 성공에 일등 공신 역할을 했다.

두끼떡볶이는 매월 4개 점 정도를 오픈하면서 지속적으로 매장을 확대해 나갔다. 1호점 오픈하고 1년이 조금 넘었을 무렵 (주)이랜드에서 제안이 왔다. 이랜드가 중국으로 진출하는 데 두끼떡볶이도 함께 가자는 것이었다. 그 가교 역할은 박도근 대표가 했다. 그가 (주)이랜드 직원들과 친분이 있었기에 가능한 일이었다.

두끼떡볶이는 (주)이랜드와 합작 법인을 설립해 중국 상해에 1호점을 오픈했다. 명실상부하게 글로벌 회사로 도약하는 계기를 마련한 것이다. 중국 상해 1호점 오픈은 최은영 팀장(현 도토리편백집 대표)이 맡아서 진행했다. 역시나 그녀답게 중국이란 어려운 환경 속에서도 불평불만 없이 안정적으로 오픈을 진행했다.

한동안 상해 1호점의 매출은 양호했다. 우리는 중국 시장이란 큰 그림을 그리며 기대에 부풀었다. 그러나 그리 오래가지 않아 기대가 꺾였다. 사드THAAD:Terminal High Altitude Area Defense라는 해결할 수 없는 시련이 우리에게 닥친 것이다. 우리는 오래 버티기 힘들었다. (주)이랜드 역시 출혈을 감수하며 버티기보다는 철수를 결정했다. 결국 두끼떡볶이도 철수할 수밖에 없었다. 중국이 공산국가라는 것이 실감났다. 공산국가에서 사업을 하기는 너무 어렵다. 공산당의 정책에 따라 모든 것이 결정되는 환경 속에서 우리가 할 수 있는 업무는 정해져 있기 때문이다. 그러나 중국을 완전히 포기한 것은 아니다. 언젠가는 다시 도전을 하고 싶다.

나만의 사업을 시작하기 위한 16가지 팁

❶ 사업을 하려는 사람에게 직장은 월급을 받으면서 다니는 학원이다.

❷ 사업에서 승자가 되기 위해서는 시야가 넓어야 한다.

❸ 고객에게 자신의 의지를 관철하려 하지 말고 뜻이 맞는 사람을 찾아라.

❹ 사업은 최선의 방법을 선택해 가면서 하나씩 만들어가는 것이다.

❺ 시장에 대한 철저한 조사와 이해 없이 성공은 불가능하다.

❻ 예상치 못한 변화를 새로운 도약의 기회로 만들어라.

❼ 인풋input이 있어야 아웃풋output이 있다.

❽ 실패는 바로 인정하고 대책을 마련하라.

❾ 사업의 방향을 바꿔야 할 분명한 이유가 생기면 과감히 결단하라.

❿ 다른 브랜드와 차별화를 이룰 수 있는 방법은 무엇인지 항상 고민하라.

⓫ 고객을 만족시키지 못하고 자신의 방식을 고집하면 오래가기 힘들다.

⓬ 장사의 이론은 굉장히 단순하며 누구나 아는 지식이지만 실행하기는 어렵다.

⓭ 불만이 있을 수밖에 없는 상황에서는 원칙대로 행동하라.

⓮ 항상 고민하면 해결책은 떠오르게 마련이다.

⓯ 공성보다는 수성이 더 어려운 법이다.

⓰ 일이 어그러졌을 때 솔직하고 당당하게 대처하라.

"끊임없이 변화를 추구하지만 일관된 원칙이 없는 회사는
전혀 변화를 시도하지 않는 회사와 마찬가지로 실패한다.
승승장구하느냐 실패하느냐, 오래 지속되느냐 몰락하느냐,
이 모든 것이 주변 환경보다는 기업 스스로 어떻게 하느냐에 달려 있다."

- 짐 콜린스의 《좋은 기업을 넘어 위대한 기업으로》 중에서

2장

세계로
눈을 돌리다

글로벌 시장의 출발선에서

두끼떡볶이는 중국에서 사드THAAD Terminal High Altitude Area Defense로 고전을 면치 못하고 있었다. 대기업인 ㈜이랜드마저도 퇴각하는 상황이 벌어지면서 합작회사였던 중국 두끼떡볶이도 철수할 수밖에 없는 상황을 맞았다. 우리는 중국에서 1보 후퇴를 진행했다. 그 1보 후퇴가 나쁜 것만은 아니었다. 중국 상해 매장을 본 타이완 사장님과의 인연이 시작되었기 때문이다. 타이완 사장님 덕분에 ㈜다른은 첫 번째 주계약Master Contract을 체결하는 성과를 창출했다. 그리고 첫 마스터Master 프랜차이즈 매장을 오픈하게 되었다.

타이완Taiwan 사장님은 박도근 대표(두끼떡볶이 공동대표) 소개로 두끼떡볶이와 인연을 맺게 되었다. 1호점 매장이 이슈가 되면서 현재 22개 매장을 운영하고 있다. 매장당 매출과 수익이 한국 점포보다 높게 창출되면서 가맹점 만족도가 상당히 높은 편이다. 현재도 지속적으로 오픈 중이다. 세상 일이 참 재미있다. 중국 사업은 실패했지만 그 실패가 우리에게는 글로벌 사업의 시발점이 되었다. 타이완을 시작으로 해서 두끼떡볶이는 현재 8

개국 90여 개 해외 매장을 운영 중에 있다.

중국 실패를 통해서 한 가지 배운 점이 있다면 사업은 현재 이익을 우선시하기보다는 미래를 본다는 관점에서 접근하는 게 바람직할 수 있다는 것이다. 그것이 성공으로 가는 해답일 수 있다는 것이다. 실패 이후 나는 그렇게 사업하고 있다. 결정을 해야 하는 순간에는 항상 투자 관점으로 진행한다.

타이완에서의 성공은 싱가포르로 이어지는 연결선이 되었다. 싱가포르 역시 주계약Master Contract을 진행하여 현재 3개점을 운영하고 있다. 싱가포르 파트너Partner Kim은 계약 당시 말레이시아까지 계약을 하면서 싱가포르에서는 직영점만 운영을 하기로 했다. 그리고 프랜차이즈 사업은 말레이시아에서 진행하기로 협의하여 진행 중이다. 그것이 장기적으로 볼 때 현명한 판단이라 생각했다. 싱가포르 매장 오픈 시점을 기준으로 (주)다른두끼떡볶이는 국내 70개 점 이상 운영을 하면서 회사 수익이 안정적으로 발생하고 있다. 매출이 판매관리비를 부담하고도 이익이 남을 정도로 성장했다.

두끼떡볶이는 사업 초반부터 꾸준히 직원들을 뽑았다. 1년 정도 지났을 무렵에는 직원 총 인원이 20명을 넘었다. 두끼떡볶이 직원 대부분은 최은영 대표와 코코이찌방야에서 함께 일했던 후배들이다. 황진희 과장(현 두끼 노량진점 사장), 차철환 과장(두끼 제천점 사장 이후 배달대행업체 대표), 임광순 과장(현 두끼 대학로 사장님), 노경호 과장(두끼떡볶이 기획팀 과장), 신극현(두끼 평택점 사장님), 정병호 과장(두끼 광명점, 미아점 사장님), 주수준 과장(현 pc방 대표), 김정식(두끼 본부장 이후 자기 사업 중) 등이 두끼떡볶이 발전에 큰 공을 세운 인물들이다. 지금도 각자의 자리에서 최선을 다하고 있다.

두끼떡볶이 글로벌 사업은 시작 1년을 넘기면서 타이완과 싱가포르에서 좋은 성과를 보였다. 나는 당연히 글로벌 사업에 집중 투자를 해야겠다는 생각을 점점 더 많이 하게 되었다. 글로벌 사업을 확대하려면 인재가 필요했다. 최은영 본부장(현 도토리편백집 대표)으로 충분히 가능할 수도 있었지만, 국내와 해외를 동시에 컨트롤하기에는 한계가 있었다. 나는 주변 지인들에게 부탁을 하면서 인재를 찾는 데 집중하기 시작했다.

고민하면 항상 해결책은 나오게 되어 있다. 순간 머리를 스치면서 떠오른 친구가 한 명 있었다. 내가 (주)제니스 킹떡볶이를 떠나기 직전에 입사해 처음 인연을 맺은 친구였다. 김보람(현 태국 두끼떡볶이 Master parter 대표). 그와는 (주)에이콘Acorn에서 함께 근무하기도 했었다. 꼼꼼하고 우직하고 똑똑하기까지 한 친구라 무언가를 믿고 맡길 수 있었다. 나는 언제나처럼 바로 연락을 해서 만나기로 약속했다.

그러나 첫 만남에서 김보람 팀장의 마음을 돌리지 못했다. 삼고초려를 해서야 어렵게 승낙을 받아냈다. 삼고초려의 보람은 있었다. 김보람 팀장은 (주)다른 두끼떡볶이 글로벌 사업의 전반적 업무 기반을 구축했다. 장기적으로 글로벌 사업이 성장할 수 있는 초석을 만들었다.

지금 김보람 대표(현 태국 두끼떡볶이 대표)는 나의 곁을 떠나 자신의 독자적 사업의 길을 걷고 있다. 마음 한쪽에 아쉬움이 남지만 또 마음 한쪽에는 그가 더 성장할 수 있는 환경에 놓인 지금의 상황을 응원한다. 두 가지 감정이 교차한다. 나는 오래전부터 김보람 대표에게 나중에 사업하고 싶은 날이 온다면 나에게 꼭 이야기해달라고 여러 번 당부했었다. 그가 하는 사업이라면 내가 투자를 하고 싶었기 때문이다. 그러나 김보람 대표는 항상 자신감 넘치는 목소리로 이렇게 대답했었다.

"저는 남 이사님 도움 없이 홀로 성공하고 싶습니다."

이런 마음가짐이 지금의 김보람 대표를 만든 것 같다. 더 대성할 거라는 기대를 품게 만든다.

김보람 팀장이 있었기에 두끼떡볶이는 글로벌 사업에서 좋은 성과를 낼 수 있었다. 김보람 팀장과 더불어 최은영 대표와 많은 임직원들은 자신의 사업처럼 주인의식을 가지고 일해 주었다. 나는 정말 복이 많은 사람이다. 그들을 알게 된 것이 행복이고, 그들과 함께 근무한 것은 축복이다. 그들에게 받은 은혜를 앞으로 어떻게 갚으면서 살아야 할지 늘 고민하고 있다.

모든 비즈니스는 Why에서 시작된다

내가 100퍼센트 집중하지 않아도 두끼떡볶이는 많은 인재를 통해 지속적으로 성장했다. 어느 정도 궤도에 오르자 나는 무언가 새로운 것을 갈망하게 되었다. 그 갈증을 해소하기 위해 식재료 유통 사업에 더 집중했다. 식재료 판매 전략을 고민하던 중에 유민호 본부장(현 치킨플러스 대표)이 머릿속에 떠올랐다. 유민호 본부장은 두마리치킨에서 본부장으로 근무 중에 있었다. 두마리치킨은 자체 물류 시스템과 치킨 가공 공장 그리고 소스 공장을 직접 운영하고 있었다.

나는 유민호 본부장에게 두마리치킨에 소재 납품을 여러 번 제안했다. 새로운 메뉴로 떡볶이도 추천했다. 그러나 두 가지 다 적극적인 반응을 보이지 않았다. 솔직히 이해가 잘 안 갔다. 특히 두마리치킨에서 떡볶이 아이템을 검토할 것이라는데 전문가인 나의 의견에 귀 기울이지 않는다는 것이 너무나 답답했다. 나는 떡볶이 관련해서만큼은 나의 의견에 집중하지 않으면 왠지 모르게 답답해진다.

하여간 나는 여러 가지 제안을 지속적으로 하면서 두마리치킨 본사를 자주 방문했다. 유민호 본부장과 점심 식사를 하면서 몰랐던 부분도 많이 알게 되었다. 예전에 내가 알고 '유민호'는 분명 아니었다. 많은 성장을 했다는 느낌을 강하게 받았다. 유민호 본부장은 두마리치킨에서 근무하면서 직원들이 만족하는 회사를 만들기를 원했다. 그러나 대표님과의 의견 충돌로 인해 자신의 생각을 관철시키지 못하면서 사기가 지속적으로 떨어지고 있던 상태였다. 매출이 저조한 두마리치킨 매장을 본사 직영으로 인수해 매출을 반등시키는 성과를 창출하면서 본사에서도 인정을 받았지만 대표님과의 의견 차이는 여전했다. 유민호 본부장은 공격적으로 사업을 확대하고 싶었지만 대표님은 그 속도를 조절하려 했다. 그것에 유민호 본부장은 회의감을 느끼고 있었다.

나는 유민호 본부장을 만나던 시기에 성공한 기업가들의 책을 열심히 읽고 있었다. 소프트뱅크 손정의, 구글 래리 페이지, 아마존 제프 베이조스, 배달의 민족 김봉진, 쿠팡 김범석 등 성공자들의 성공 사례를 통해 나의 부족함을 메워가고 있던 중이었다. 그 외에도 스타트업에 관한 책들을 많이 읽었다. 깊은 독서를 통해 한 가지 깨달은 것이 있었다. 스타트업은 초기 자본을 투자해서 플랫폼을 구축하면, 이미 구축된 플랫폼에서 꾸준히 수익을 창출시킬 수 있다는 사실이었다. 왜Why 지금까지 이 단순한 원리를 나는 몰랐을까? 나는 스스로를 자책할 수밖에 없었다.

모든 비즈니스의 시작은 'Why'에서 시작된다. "If so, Is a franchise business possible만약 그렇다면 그것이 프랜차이즈 사업에도 가능한가?" 단순한 원리를 왜Why 몰랐는지 스스로에게 질문한 나는 고민에 빠지게 되었다. 스타트업을 당장 하고 싶은데, 분식, 치킨, 커피 등 여러 가지 아이템 중 어떤 것을 선정해야 할지 알 수 없었다. 투자 금액의 규모가 문제이지 어떤 아이템이든 오픈만 시킬 수 있다면 프랜차이즈 사업도 충분히 스타트업이 가능할 것이라는 생각을 지울 수 없었다.

Why는 시작이다. 다음에는 How를 고민해야 한다. 스타트업을 할 수 있다는 희망을 가진 나는 How를 고민하다가 유민호 본부장을 만났다. 유민호 본부장은 매출이 저조한 두마리치킨 매장을 인수해서 자신이 생각하고 있는 전략을 투입하면 매출이 상승하고, 안정적으로 오랜 시간 운영할 수 있다고 말했다. 그 말을 들은 나는 How에 대한 해답을 찾은 기분이었다. 자본을 선(先)투자해서 신규 창업자들에게 치킨 매장을 무상으로 오픈시켜 주면 좋겠다는 생각이 순간 스쳐갔다. 오픈한 매장을 지속적으로 운영하기 위해서는 매출을 성장시킬 수 있는 전략이 필요한데, 유민호 본부장의 전략을 쓴다면 폐점도 발생하지 않을 것 같았다.

무상으로 매장을 오픈할 수 있다면 점포 수를 빠르게 확대하는 것도 가능했다. 그러면 언젠가는 아마존처럼 수익을 창출하는 기업이 될 수 있을 것이란 확신이 들었다. 이렇게 비즈니스에 확신을 가지기는 쉽지 않은데, 이번만큼은 반드시 성공할 것 같았다. 어떻게 자본을 만들 것인가는 걱정되지 않았다. 왜 그런지는 나도 알 수 없었다. 무조건 이 사업을 해야겠다는 생각만 강했다.

운명인지는 모르겠지만 유민호 본부장도 이제는 자신이 독립해야겠다는 마음을 굳히고 있었다. 우리는 자연스럽게 힘을 모으는 쪽으로 마음이 기울었다. 사업을 준비해서 론칭하자는 암묵적 합의를 하게 되었다.

유민호 본부장과 암묵적 합의를 한 날, 나는 사무실로 돌아와 스타트업을 어떻게 준비할까 궁리를 했다. 그런데 킹떡볶이에서 함께 근무할 때 늘 형님, 형님 하면서 유독 나를 따랐던 장용수 팀장(현 치킨플러스 지사장)에게 오랜만에 연락이 왔다.

"형님, 꼭 한번 봐야 됩니다."

"너 5년 전부터 그렇게 이야기만 하고 안 오잖아, 하하."

"이번엔 진짜 갑니다."

5년 동안 온다고 하고 안 왔던 장용수는 2주 뒤에 진짜로 왔다. (주)다른두끼떡볶이 사무실로 나를 찾아왔다. 그것도 혼자가 아닌 유강신(현 치킨플러스 베트남 법인장)과 함께. 두 사람은 '치킨매*아'에서 슈퍼바이저로 근무하고 있었는데, 그 회사를 떠나고 싶다는 이야기를 꺼냈다. 자신들은 가맹점 사장님들이 만족하는 그런 프랜차이즈 사업을 하고 싶다는 것이다. 자신들의 능력만으로는 힘들 것 같으니 형님인 내가 도와주면 좋겠다는 의사를 전달했다. 나는 순간 고민했다. 두 사람에게 유민호 본부장과의 진행 상황을 이야기할 것인가 말 것인가. 고민 끝에 나는 이야기했다. 어차피 유민호 본부장 혼자 사업을 하기는 힘들어서 힘을 합치는 게 좋을 것이라는 판단이 내려졌기 때문이다. 나는 두 사람에게 현 상황을 정확하게 이야기했다. 두 사람은 내 말에 오케이했다. 그 후 유민호 본부장에게도 두 사람과의 협력을 제안했다. 유민호 본부장도 고개를 끄덕였다.

그렇게 우리는 다함께 미래를 도모하기로 결정했다. 유민호 본부장이 사업을 책임지고 운영할 대표로 임명되었다. 장용수와 유강신은 운영 전반을 맡기로 했다. 이제 외식 사업의 핵심이라고도 할 수 있는 메뉴를 책임질 담당자를 정하는 것이 과제로 남았다.

그 과제를 해결해 줄 형님 한 분이 머리를 스치고 지나갔다. 나는 바로 다음 날 연락해서 만남을 가졌다. 우리 사업에 대해 제안하자 형님은 오랫동안 고민하지 않고 흔쾌히 오케이했다. 그 형님은 바로 주관석 대표(현 바른푸드 대표), 나와 (주)제니스 연구소에서 함께 일했던 사람이다. 주관석 대표는 중국 사업에 5년 정도 관여한 경력이 있으며, (주)제니스 연구소에서는 10년을 근무했다. 또한 '강호동 치킨' 론칭을 진행한 오픈 멤버이기도 하다. 강호동 치킨을 200호점 넘게 성공시킨 성공신화를 가지고 있었기 때문에 우리의 사업에 최고 적임자라 생각할 수밖에 없었다.

주관석 형님은 당시 강호동 치킨 OEM 공장인 (주)이일푸드에 일정 금액을 투자하고 대표직을 맡아 근무하고 있었다. 그래서 우리의 사업에 참여하는 데 큰 어려움은 없었다. 형님이 고민하지 않고 나의 사업에 합류를 결정한 것은 나와의 오랜 인연이 있었기에 가능했을 것이다. 나는 형님이 근무하는 (주)이일푸드에 밀가루와 설탕 등을 납품하기 위해 지속적으로 찾아가서 친분을 쌓았다. 무엇이든 납품하고 싶어 시간 날 때마다 김포 공장으로 찾아가서 인사를 드렸다. 그러면서 우리는 서로 가까워졌다. 인연은 그렇게 만들어가는 것이다. 진심과 정성으로 만들어진 인연은 결국 도움으로 돌아온다.

생각을 플러스한 치킨플러스

솔직히 나는 주관석 형님이 우리 사업에 합류할 거라 믿고 있었다. 그 믿음대로 형님은 합류를 받아들였고, 덕분에 우리는 완벽한 팀을 이룰 수 있었다. 팀에서 주관석 형님은 메뉴 개발을 전담했다. 유민호 대표는 전반적인 사업 방향을 설정했고, 장용수와 유강신은 운영과 관리를 책임졌다. 나는 물류와 식재료 공급을 맡아서 세팅을 도와주면 그만이었다.

본격적인 사업을 준비해나갔다. 1호점을 어떻게 세상에 내놓을 것인지가 첫 번째 과제였다. 직영 1호점은 사업에서 굉장히 중요한 의미를 갖는다. 매장 하나로 끝날지 아니면 프랜차이즈 사업으로 성장할 것인지 1호점 매출로 어느 정도 결정될 수 있기 때문이다. 하지만 우리에게 매출은 고민거리가 아니었다. 우리에게는 이미 두마리치킨에서 검증한 시스템이 있었다. 더 큰 고민거리는 직영점으로 시작할지 가맹점으로 1호점을 시작할지의 여부였다. 다행히 고민의 시간은 길지 않았다. 유강신의 동생 유강호(현 치킨플러스 지사장) 덕분이었다. 그는 성산동에서 치킨매*아 매장을 운영하고 있었는데, 형이 퇴사하면 매장을 폐점 하기로 계획하고 있었다. 치킨매*

아에서 퇴사하게 된다면 매장을 더 이상 운영할 수 없기 때문에 그 점포를 리뉴얼해서 1호점을 열기로 결정했다. 이 결정은 만장일치로 이루어낸 것이다. 모든 것이 순조롭게 진행되고 있었다. 우리에게는 브랜드 네임을 확정하고 사업 콘셉트를 정하는 일만 남아 있었다.

나는 오래전부터 두마리치킨 브랜드의 성공을 긍정적으로 생각하고 있었다. 대부분의 고객은 동일한 가격에 더 많은 것을 누리기를 원한다. 그것을 충족시킬 수 있다면 손쉽게 고객에게 접근할 수 있다고 생각했다. 두끼떡볶이 역시 가성비 좋은 떡볶이 브랜드로 접근한 것이 성공의 비결이라고 할 수 있었다.

하지만 두마리치킨은 브랜드가 너무 많았다 '호식이두마리치킨', '두마리치킨', '투존두마리치킨' 등이 이미 포진하고 있었다. 즉 치킨두마리 전략은 더 이상 차별화를 이루기 힘든 시대로 변한 것이다.

우리는 남들과 다른 차별화 전략이 필요했다. 전략을 짜내는 도중 치킨 두 마리가 아닌 다양한 메뉴 두 가지를 전달하는 것은 어떤지 의견이 나왔다. 그 의견 역시 만장일치로 통과되었다. 우리는 '치킨 +하다'라는 콘셉트를 확정하고, 브랜드 네임은 '치킨플러스'로 정했다. 이후 떡볶이, 피자, 햄버거, 프렌치 프라이즈 등 다양한 메뉴 개발을 추진했다. 업무는 빠르게 진행되었다. 각자가 맡은 업무 파트를 정확하게 처리하니 속도가 빠른 건 당연했다.

인테리어 시안은 (주)리드인디자인 허청 대표(현 두끼떡볶이 협력업체 대표), 간판은 디자인 아이 김동식 대표(현 두끼떡볶이 협력업체 대표)가 맡았다.

나는 프랜차이즈 사업에 필요한 분야별 전문가와 함께 팀을 이루고 있었기 때문에 무슨 일을 하든 자신 있었다. 각자 자기 분야에서 최고를 자랑하는 인재들이 맡은 업무에 집중하고 있기에 어설픈 사업 모델은 나올 수 없는 구조였다.

나의 파트너인 (주)리드인디자인 허청 대표는 (주)제니스 계열사인 (주)GNS디자인이란 인테리어 회사 직원이었다. 내가 킹떡볶이 사업팀장을 맡고 있을 시절에 처음 인연을 맺게 되었다. 많은 직원들이 그렇지만 자기 회사처럼 일하는 사람은 극소수이다. 그런 직원을 얻기는 힘들다. 허청 팀장이 바로 그런 사람이다. 회사 일을 자기 일처럼 하는, 찾아보기 어려운 인재이다. 그는 지금의 문제를 해결하는 데 급급해하지 않는다. 먼 미래를 생각하면서 장기적으로 문제가 발생하지 않도록 업무를 처리한다. 이렇게 일하는 직원도 매우 희귀하다. 대부분은 임시 땜빵 식으로 문제를 해결하면서 자기 이익을 챙긴다. 이런 허청 대표에게 인테리어를 맡기지 않을 이유가 없다. 나는 킹떡볶이 사업팀장 시절부터 그를 눈여겨보고 있었다. 언젠가 내가 사업을 한다면 인테리어만큼은 꼭 허청 팀장에게 맡겨야겠다고 생각하고 있었다.

여러 전문가들과의 협력으로 드디어 치킨플러스의 탄생을 눈앞에 두게 되었다. 그 시점에 해야 할 일이 산더미 같았지만 회사명을 정하는 것이 급선무였다. 우리는 굉장히 단순명료한 회사명을 떠올렸다. 앞으로 바르게 운영하자는 의미로 '(주)바른'으로 회사명을 정한 것이다(현재는 (주)돕는사람들로 사명 변경).

모든 경영은 유민호 대표가 책임지고 해나가기로 결정했다. 나는 단순

투자자 역할과 식재료와 물류 등의 업무 지원만 하기로 하고 모든 권한을
유민호 대표에게 주었다. 그가 원하는 회사를 만드는 데 최선을 다해 도와
주기로 약속했다.

사업의 원칙을 지키며 시작한 첫 도전

나는 치킨플러스 멤버들에게 경영에 관여하지 않을 것이라 여러 번 강조했다. 오래전부터 오너가 회사 전체를 운영하는 것은 비효율적이라 판단하고 있었기 때문이다. 인간은 정해진 시간에 정해진 행동 이상을 하기 어려운 구조를 가진 존재이다. 하루는 24시간이고, 인간은 1초에 여러 가지를 생각할 수 없고, 정해진 시간 내에 이동할 수 있는 거리가 제한되어 있다. 즉 오너가 모든 것을 전부 할 수는 없는 구조인 것이다. 내가 아는 한 그러하다. 각자 잘하는 분야에 집중하도록 업무와 권한을 분산시켜 진행해야만 시너지 효과를 낼 수 있다고 생각한다.

치킨플러스는 가맹점 한 개 오픈할 때마다 인테리어, 간판, 주방설비를 지원해 가맹점을 오픈시키는 구조이다. 따라서 매장 10개 점 오픈을 진행하면 본사 비용 1억 원 정도가 투자비로 소진된다. 일반적인 프랜차이즈 회사는 한 달에 10개 점 오픈하면 엄청난 돈을 벌어들일 것이다. 그런 점에서 치킨플러스는 남들과 다른 구조를 가지고 있다. 우리는 스타트업 회사를 꿈꾸고 있었다. 그래서 먼저 비용을 지출해서 플랫폼을 구축한 후에 플랫폼 시스템을 통해 매출과 이익을 발생시키는 구조를 선택했다. 아직까지 시도된 적 없는 첫 도전이었다. 도전 정신으로 만든 치킨플러스는 새로운 생각으로 탄생한 회사인 것이다.

물론 이 구조대로 운영하는 것이 쉽지는 않았다. 남들은 오픈 숫자가 많으면 돈을 많이 버는 구조이지만, 우리는 오픈 숫자가 많으면 금방 자본이 떨어질 수밖에 없는 구조이기 때문이다. 우리 다섯 명이 가진 최초 자본금은 2억이 전부였다. 사업 초기 멤버 5명은 인건비를 받지 않고 무임금으로 일하자는 의견이 있었기에 회사 고정비가 많이 들어가지는 않았지만 신규 매장 오픈을 많이 진행하면서 투자비가 금방 소진되었다. 우리의 미래는 밝을 수도 있었고, 어두울 수도 있었다. 시간이 꽤 흐른 뒤에 대성할 수도 있었고, 한두 달 안에 회사가 없어질 수도 있었다.

우리는 1호점 리뉴얼에 3,000만 원을 지출했다. 10호점 오픈이 임박하기 전에 자본을 증자하지 않으면 회사의 미래는 없었다. 그 누구도 말하지 않았지만 5명 모두 느낌으로 알 수 있었다. 그 시점부터 유민호 대표는 돈 구하러 다니는 게 주 업무가 되었다. 나와 유민호 대표는 우선 지인들을 통해 투자금을 모아 보자는 데 의견을 일치시켰다. 유민호 대표는 투자 설명회 준비 자료를 만들기로 했고, 나는 투자 설명회에 지인을 불러모으는 일을 맡았다. 여기저기 전화를 돌린 끝에 투자 설명회에 (주)아모제 추효경 점장님, (주)치즈 김태성 상무님, (주)다른 박도근 대표 등 몇 분을 모실 수 있었다.

정성을 다해 투자 설명회를 했지만 참석자들의 표정은 밝지 않았다. 참석자들 모두 직접적으로 의사를 표현하지는 않았지만 눈빛에 '이런 식으로 성공할 수 있을까?' 하는 의문이 어려 있었다. 도저히 투자해 달라고 이야기할 수 있는 분위기가 아니었다.

그렇게 우리는 1차 투자 설명회를 통해 단돈 십 원도 투자를 받지 못하고 헤어지고 말았다. 이제 각자 맨투맨으로 지인들을 설득해서 투자금을 모아야 할 상황으로 돌입할 수밖에 없었다. 나부터 개인적으로 부지런히 지인들을 만나 치킨플러스의 비전을 구구절절 설명했다. 하지만 어느 누구 하나 돈을 쉽게 투자하지 않았다. 이런 상황이 한 달 이상 지속되면 회사의 운영을 장담할 수 없었다. ㈜돕는사람들 치킨플러스 본사 인건비와 임대료는 지불하지 않아도 어떻게든 몇 달은 버틸 수 있지만, 치킨플러스는 자본이 없으면 개설을 증가할 수 없기 때문에 더 이상의 성장을 기대할 수 없었다. 성장을 멈춘 회사에 돈을 투자할 사람은 아무도 없을 터였다.

더 이상 지체할 수 없었다. 나는 ㈜치즈 김태성 상무님에게 개인적인 부탁을 드리게 되었다.

"상무님, 개인적으로 돈 3억만 빌려주시면, 제가 ○○% 이자를 드리고 3년 뒤 전액 상환해 드리겠습니다."

그렇게 도움을 구하고 상무님의 답변만 기다렸다. 나는 만약 상무님이 3억을 빌려주면 회사 지분율에 맞도록 배분해서 개인 채무로 처리하고, 각자 매월 이자를 지불하는 구조로 세팅하는 계획을 세우고 있었다.

역시 하늘은 우리를 버리지 않았다. 다행히도 김성태 상무님이 3억을 빌려주었다. 우리는 그렇게 50호점까지는 달릴 수 있는 자본금을 증자하면서 일단 급한 불을 끄게 되었다.

걱정은 이제부터였다. 50호점을 오픈하고 나면 그때는 돌아갈 수 없는 강을 건너게 되는 것이다. 이미 오픈한 매장이 50개 점이나 된다는 것은 책임이 그만큼 뒤따른다는 것이기 때문이다. 우리는 반드시 지속적인 성장을 이루어야 했고, 그렇게 하기 위해서 투자금은 반드시 필요했다. 계속 남의 돈을 빌려서 사업을 확장할 수는 없었다. 함께할 파트너를 찾아야 했다.

늘 그랬지만 유민호 대표의 철학은 '될 일은 된다'였다. 그는 그런 생각으로 비즈니스를 하는 스타일이었다. 쓰러지지 않고 자기 길을 가다 보면 언젠가는 자신이 원하는 그 무언가가 나타날 것이라고 생각하고 사는 사람이 유민호 대표였다. 그의 생각이 '될 일'을 불러온 것일까? 무엇인가 희망적인 사건이 하나씩 생기기 시작했다.

위기 속에서 희망을 만나다

그날은 왠지 답답한 하루였다. 나는 답답할 때 가끔 나의 멘토를 만난다. 만나서 복잡한 머릿속을 비운다. 그날도 나는 노학종 형님을 찾아가게 되었고, 늘 그랬듯이 차 한 잔 마시면서 이런저런 이야기를 나누었다. 나의 고민과 앞으로의 행보도 이야기하고, 형님의 근황도 들었다. 치킨플러스 이야기를 하던 중에 노학종 형님이 불쑥 물었다.

"이준승 알지?"

이준승이란 분은 ㈜제니스 마케팅팀에서 근무했던 분이다. 안면은 있지만 친하게 지냈던 분은 아니다.

"얼굴 보면 서로 알 겁니다."

노학종 형님은 만남을 제안했다. 그래서 일주일 뒤 셋이 모여 소주 한잔하게 되었다. 오랜만에 만난 이준승 씨는 마케팅 회사의 대표가 되어 있었다. 그는 엄청난 금액을 투자 받아서 전복 사업을 했던 경험을 들려 주었다. 그리고 투자 관련된 사람들을 많이 알고 있으니 몇 사람 소개해준다고 했다.

그 술자리 뒤로 유민호 대표와 나는 이준승 대표에게 김광유 이사((주)한국벤처 컨설팅)를 소개받았다. 김광유 이사 또한 (주)제니스에서 근무했을 때 잠시 안면이 있었던 분이다. 이준승 대표가 주선해준 만남으로 우리는 더 친해지게 되었다.

김광유 이사는 벤처캐피탈Venture Capital과 관련한 지인들을 여러 명 소개해 주었다. 그렇게 우리는 벤처캐피탈에 대해 배우게 되었다. 꼭 벤처캐피탈를 공부해야 하는 것은 아니었지만 그쪽 관련된 지인들과 교류하려면 알아두어 나쁠 것이 없었다. 그것은 인간관계에 대한 예의이기도 하다. 상대방의 전문 분야에 대해 관심을 갖는 것은 인간관계를 더욱 단단하게 만든다.

소개를 통해 지인이 많아지다 보니 인간관계의 연결고리도 더 끈끈해졌다. 그 연결고리를 통해 지앤텍 벤처투자 캐피탈 정보영 심사역(현 (주)디센티어)을 만나게 되었다. 정보영 심사역은 치킨플러스에 대해 긍정적으로 바라보고 있었다. 하지만 지앤텍이 자신의 회사가 아니기에 회사 차원의 투자는 힘들 것 같다고 했다. 대신 자신의 지인을 소개해 주었다. 바로 (주)우투자 안남정 팀장이다.

안정남 팀장은 치킨플러스에 관심이 유독 많았다. 프랜차이즈 사업 또한 관심이 많아 우리 쪽에 자신의 지인들을 소개해 주면서 치킨플러스가 투자자를 모을 수 있는 기회를 만들어주었다. 그 기회를 살려 우리는 3억 정도 엔젤투자angel investment(개인들이 돈을 모아 창업하는 벤처기업에 필요한 자금을 대고 주식으로 그 대가를 받는 투자형태)를 받았다. 또한 그 시기에 백승민 대표(어니스트 벤처스) 덕분에 치킨플러스가 안정적인 사업 구도를 갖추는 느낌을 받을 수 있었다. 우리는 추가 증자를 통해 100호점까지는 어떻게든 갈 수 있는 총알을 마련할 수 있었다. 이것은 끝이 아니고 시작에 불과했다. 장기적으로 1,000호점을 만들기 위해서는 20억 이상의 추가 자금이 더 필요했다. 해야 할 일은 많았고, 가야 할 길은 멀었다.

하지만 지금까지와는 전혀 다른 전개 방식이 우리를 기다리고 있었다. 벤처캐피탈 세상을 전혀 이해하지 못한 몇 명이 자금을 얻기 위해 불철주야 노력하는 것은 아무 의미가 없었다. 그것을 뒤늦게야 알게 되었다. 치킨플러스에 전문 벤처캐피탈들이 대거 합류를 하게 되면서.

우리는 사업설명회 자리에서 프레젠테이션을 할 경우가 점점 많아졌다. 투자자의 마음을 얻는 데 프레젠테이션은 중요했다. 유민호 대표와 나는 여러 벤처캐피탈 회사를 다니면서 꾸준히 사업 제안을 했다. 그런데 방문하는 회사마다 동일한 질문을 받았다. 유민호 대표와 나는 어떤 관계인지, 둘 중 누가 경영하는 회사인지에 관한 질문이었다. 지금의 상황을 자세히 설명해도 그들은 믿으려 하지 않았다. 내가 뒤에서 유민호를 조종하고 있다고 생각하는 모양이었다. 꼭 그 이유 때문인지는 확신할 수 없지만 투자 유치는 번번이 실패하게 되었다.

나와 유민호 대표는 답답했다. 하지만 포기할 수는 없었다. 이미 70개점 이상 가맹점을 오픈했기 때문에 여기서 멈출 수는 없었다. 결단을 내려야 할 시기라는 생각이 들었다. 나 남승우가 치킨플러스의 성장에 도움을 주지 못하고 있다는 느낌을 받은 것이다.

나는 고심 끝에 결심했다. 그리고 유민호 대표에게 말했다.

"앞으로 투자 설명회는 너 혼자 가는 게 좋겠다."

유민호 대표는 고개를 끄덕였다. 유민호 대표 역시 나와 동일한 생각을 하고 있었던 것이다. 우리는 금방 의견 합의를 이루었다. 그 뒤로 유민호 대표 혼자 투자 설명회를 하게 되었다.

우리의 예상은 어느 정도 적중했다. 유민호 대표 혼자 투자 설명회를 진행하게 되면서 긍정적 내용으로 투자 흐름이 바뀌게 되었다. (주)보광투자캐피털, (주)아주아이비투자에서 호의적 반응을 보이기 시작했다. 돈의 흐름이 우리 쪽으로 다가오는 느낌을 받을 수 있었다. 특히 (주)이지○○○이라는 회사에서 치킨 프랜차이즈 사업에 관심이 많았는데, 그 회사는 현재 치킨플러스 조건이 너무 좋다며 투자하고 싶다는 의향을 강하게 보였다. 우리는 모든 걱정을 잠시 뒤로하고 축배를 들고 싶었다. 일주일만 지나면 20억 투자를 받을 수 있었다. 한동안은 돈 걱정 없이 사업만 할 수 있을 것이란 생각에 마음이 붕붕 떴다.

하지만 그건 착각에 불과했었다. 투자금을 주기로 한 날을 5일 남겨놓고 갑자기 무슨 이유인지도 알려주지 않고 투자를 안 하겠다고 일방적인 통보를 보내온 것이다. 우리는 이번 투자만 잘 처리되면 앞으로 승승장구할 것으로 예상했었다. 너무 쉽게 모든 것들이 이루어지는 느낌이었지만, 너무 쉽게 그 예상이 깨어질 줄은 몰랐다.

결국 우리는 투자를 받지 못했다. 자본이 떨어지기 일주일 전, 그 급박한 시간으로 돌아가고 있었다. 다음 주에 우리는 직원들에게 월급을 주어야 했다. 그 돈조차 통장에 없었다.

나답지 못하게 두 손 놓고 '시간이 해결해 주겠지'라는 생각만 하고 있었다. 모든 결정은 유민호 대표가 할 것이고, 나는 그의 결정에 따라 업무 처리만 도와주면 된다고 생각했다. 그냥 뭐든 어떻게든 될 거라고 생각했다. 얼마 후 유민호 대표에게 연락이 왔다. 자신이 급여 문제를 해결했다는 것이다.

유민호 대표는 직원들과 지사장들을 전부 불러 모아서 현재 회사의 사정을 정직하게 이야기했다. 그리고 그들에게 이 회사에 투자하고 싶다면 지금이 절호의 찬스라고 설득했다. 그 설득이 통했다. 그날 아무도 투자를 하지 않았다면 많은 직원들이 회사를 떠나지 않았을까 싶다. 다행히 예상과 다르게 많은 직원들이 투자에 참여했다. 유민호 대표가 직원들에게 투자를 유치함으로써 절체절명의 위기에서 벗어날 수 있었던 것이다. 유민호 대표는 직원들을 설득하며 어떤 마음이었을까? 절호의 찬스라는 말은 진심이었을까? 밑져야 본전이란 생각으로 이야기한 것일까? 아직도 그 의문을 남겨두고 있다. 유민호 대표에게 끝내 물어보지 않은 것이다. 아무튼 직원들과 지사장들이 회사에 투자한 것은 고무적인 일이다. 그들은 회사를, 회사의 대표자들을 인정하고 있었던 것이다.

직원들과 지사장들 덕분에 2억이란 큰돈을 투자 받았다. 2억은 치킨플러스라는 회사를 두 달이나 유지해줄 수 있는 큰 금액이었다. 우리에게는 앞으로 두 달 동안 문제를 해결할 수 있는 시간이 주어진 것이다.

언제 다시 동일한 위기가 다가올지 모른다. 그것은 아무도 알 수 없다. 또다시 파산 위기를 맞을 수도 있다. 그러나 이겨낼 수 있으리라 믿는다. 나는 이 일을 계기로 한 가지 신념이 생겼다. 회사가 망하지 않을 거라는 신념이다. 어떤 문제든 어떻게든 해결할 수 있을 거라 생각한다. 우리의 치킨플러스는 계속 성장할 것이다.

즐거움을 찾기 위해 고민하는 삶

유민호 대표는 처음부터 다시 시작한다는 마음으로 엔젤투자자 Angel investor들과 함께 새로운 벤처캐피탈 회사를 찾기로 했다. 우리를 도와주던 벤처캐피탈 회사들과 다시 접촉하기 시작했다. 하늘은 치킨플러스를 버리지 않았다. (주)보광창업투자, (주)아주아이비투자, (주)어니스트벤처스 회사에서 투자를 진행하기로 약속했다. 우리는 여러 번의 시행착오를 겪으면서 20억이란 자금을 추가 증자 받으며 향후 안정적 사업 구조를 갖출 수 있게 되었다. 이렇게 치킨플러스 증자를 일단락하면서 나는 항상 그랬듯이 치킨플러스에 흥미를 잃었다. 유민호 대표가 모든 사업을 맡아서 전개했고, 빅이슈Big Issue가 없는 한 우리는 만나지도 않았고 전화도 자주 하지 않았다.

나는 다시 다른 업무에 집중할 수 있는 시간을 만들었다. 치킨플러스는 금전적으로 안정화 시점으로 접어들어서 직원 수도 20명 이상으로 늘었고, 나는 더 이상 치킨플러스 경영에 관여할 수 없고 관여해서도 안 된다고 생각했다. 이제는 죽이 되든 밥이 되든 유민호 대표를 믿고 모든 책임과 권한을 위임하는 게 맞는 거라 생각했다. 무엇인가 또 새로운 것에 도전하는 것이 나의 길이었다.

그 시기 최은영 본부장(현 도토리편백 대표)이 더 이상 (주)다른 두끼떡볶이에서 근무하기 힘들 것 같다는 의사를 표명했다. 나로서는 두끼떡볶이를 최은영 본부장에게 계속 부탁하는 것은 그녀에 대한 예의가 아니라고 생각했다. 두끼떡볶이는 어느 정도 성장해서 안정적 경영이 가능한 시점이었다. 현재 직원들의 역량을 조금만 높인다면 최은영 본부장 없이도 큰 문제 없이 굴러갈 수 있을 터였다. 하지만 나는 최은영 대표의 미래를 도와주고 싶었다. 그런 나의 바람을 하늘이 알았는지 또 다른 비즈니스가 다가오기 시작했다. 지금 생각해도 우연이란 참으로 신기하다. 오래전부터 알고 있던 친구에게 어느 날 갑자기 전화 연락이 온 것이다. 전 직장인 (주)아모제에서 연을 맺은 김무연이란 친구였다. 그는 나랑 동갑내기이다.

나는 항상 누구에게든 연락이 오면 그 자체로 반가워하고 환영하는 성격이다. 새로운 인연을 통해 새로운 비즈니스의 길이 열리는 것을 여러 번 경험했기에 대체로 새로운 사람의 연락에 대해 긍정적 느낌을 갖는다. 김무연의 연락도 역시 그러했다. 김무연은 나에게 자신을 좀 도와줄 수 있느냐는 부탁을 했다. 지인들과 '편백집'이란 사업을 시작했는데, 자신이 프랜차이즈 사업에 대해 경험이 부족해서 자문을 좀 받고 싶다고 했다. 나는 좋은 기회라고 김무연에게 답했다. 내가 식재료 유통 회사를 운영하고 있으니, 내가 도움을 주고 추후에 나에게 식재료를 받는 것은 어떤지 역으로 제안을 하기도 했다. 그는 흔쾌히 오케이했다. 나는 이 상황이 재미있어서 기분이 좋았다. 그래서 김무연에게 이렇게 말했다.

"안 그래도 심심해하고 있었는데, 너무 잘됐다. 서로에게 '윈윈win-win'이다."

이후 나는 김무연에게 프랜차이즈 사업에 대해 중요한 점부터 하나하나 설명해주었다. 친구가 비즈니스 방향을 잡을 수 있도록, 큰 그림을 그릴 수 있도록 자세하게 컨설팅해 주었다. 물론 별도의 컨설팅 비용은 없었다. 앞서 언급했듯이 나는 컨설팅 비용을 따로 받지 않는다.

나는 김무연에게 프랜차이즈 사업에서 가장 중요한 것은 공급률(가맹점 식재료 매출×매장 수=본사 매출)이라고 설명했다. 그러면서 본사 중앙 공급 시스템을 반드시 구축해야 된다고 여러 번 강조했다. 좋은 사업 모델을 만들기 위해서는 고기와 소스는 꼭 본사에서 납품해야 된다는 점도 힘주어 말했다. 설명으로만 끝내지 않고 물류 업체와 고기 납품 업체 그리고 소스 업체를 소개도 해주었다.

김무연이 연락을 주기 전에 새롭게 인연을 맺은 친구가 하나 있었다. ㈜캐틀팜 대표 김성식이란 친구이다. 김성식은 대한민국 고기 유통 분야의 큰손이다. 그를 만나게 된 것은 두끼떡볶이에서 고기 추가 도입을 검토하고 있던 중 BHC치킨에서 근무하고 있던 김동훈 차장(현 바켓버거 대표)과 연락이 닿아서다. 김동훈에게 ㈜캐틀팜이라는 고기 업체를 소개받았는데, 그 업체 대표가 김성식이었다.

두끼떡볶이에서 고기 도입을 테스트하면서 김성식 대표와 몇 차례 만남을 가졌다. 알고 보니 우리는 같은 동네 주민이었다. 더구나 나의 배드민턴 동호회 친구와 김성식 대표가 친구 사이였다. 여러 가지 연결고리가 많아서 우리는 금세 친해졌다. 협력 업체에서 동네 친구로 가까워지기 시작한 것이다. 하지만 안타깝게도 (주)캐틀팜에서의 고기 도입은 이루어지지 않았다. 고기 도입 테스트에서 고객들 반응이 좋지 않아서 어쩔 수 없이 그런 결정을 내린 것이다. 항상 생각하는 부분이지만 인간의 인연은 참 재미있고 신기하다. 비록 두끼떡볶이에서 고기 도입은 하지 않았지만 나는 이 일을 계기로 대한민국에서 수입 소고기 유통 분야의 큰손으로 불리는 대표를 친구로 만들었다. 그것만으로도 인생의 큰 소득이었다.

김무연 친구가 편백집 브랜드를 시작한다고 했다. 나는 주저 없이 고기는 (주)캐틀팜 김성식 대표에게 받으면 된다면서 김무연에게 소개를 시켜주었다. 때마침 김성식 대표 역시 '이베리코' 고기를 수입해서 유통시키기 위해 준비 중에 있었던 시점이다. 시간적 상황이 잘 맞아떨어졌다. 나는 고기 납품을 이렇게 해결한 뒤 소스 관련해서는 두끼떡볶이 거래업체인 (주)가온푸드를 연결해주었다. 그러면서 소스 가공화 작업을 시작하라고 조언했고, 물류는 두끼떡볶이 물류를 책임지고 있는 (주)삼립 GFS를 통해 진행하는 게 좋겠다는 의견을 주었다.

그러나 한두 달이 지나도 편백집 프랜차이즈 사업은 진행이 되지 않았다. (주)캐틀팜, (주)가온푸드, (주)삼립 GFS는 나에게 앞으로의 일정이 어떻게 진행되는지 여러 차례 물어보게 되었다. 나로서는 단순히 소개만 시켜준 것이기에 앞으로의 일정에 대해서는 아는 지식이 전혀 없었다. 김무연에게 전화해서 물어보면 그는 시간을 좀 달라는 답변만 주었다. 뭔가 잘못된 방향으로 흘러가고 있다는 느낌을 지울 수 없었다. 하지만 기다리는 것

외에 별다른 대안이 없었다.

시간이 좀 더 지나고 난 뒤 김무연에게 연락이 왔다. 그는 자신의 진로에 대한 이야기를 꺼냈다. 동업하는 사람들과 문제가 생겨서 자신은 더 이상 편백집에 관여하지 않기로 했다는 것이다. 그 소리를 듣는 순간 멍해졌다. 내가 소개시켜준 업체들에게 뭐라고 이야기해야 될지 알 수 없었다. 이 상황을 어떻게 해결해야 할지 고민이 되었다.

업체 사장님들에게 미안한 것을 떠나 왠지 아쉬웠다. 지금까지 진행했던 노력이 아깝다는 생각이 들었다.

현장은 나의 즐거움

내가 컨설팅을 위해 편백집을 다녀왔을 때 대한민국에서 경쟁력 있는 아이템으로 보였다. 나의 시각에서는 충분히 가능성이 있어 보였다. 당시 최은영 대표와도 편백집을 방문한 적 있는데, 최은영 대표는 편백집은 일본에서 '세이로무시'라고 불리는 오래된 일본 정통 음식이라고 했다. 일본에서 4년간 공부한 그녀는 일본 음식 최고의 전문가라고 말할 수 있을 정도로 일본 음식에 자신감을 가지고 있었기 때문이다.

최은영 대표는 두끼떡볶이에서 더 이상 근무하기를 원하지 않았다. 나는 최은영 대표 덕분에 두끼떡볶이에서 안정적 수익을 창출할 수 있었다. 그녀에게 받은 은혜를 언젠가는 갚아야 한다는 생각을 머릿속에 늘 넣어두고 있었다. 이제 그 시기가 왔구나 싶었다. 나는 최은영 대표에게 이렇게 물어보았다.

"혹시 편백집 아이템으로 프랜차이즈 사업 한번 해볼 마음 없어?"

최은영 대표는 긍정적인 반응을 보였다. 자신에게 투자해 준다면 한번 해보고 싶다는 의사를 표현했다. 최은영 대표도 편백집이 대한민국에서 살아남을 경쟁력이 충분하다고 판단했다. 우리는 그 자리에서 비전을 만들기로 합의하면서 일단락 지었다.

사실 편백집이라는 아이템이 보편적이지는 않았다. 생소한 아이템이었다. 치킨, 분식, 중국음식처럼 익숙한 아이템에 비하면 위험 부담이 컸다. 그래서 매장을 확대하고 사업을 성장시키는 데 많은 시간과 돈이 소요될 것으로 예상했다. 하지만 모든 것이 완벽하게 갖추어진 비즈니스는 현실적으로 없다고 보는 것이 타당하다. 부족한 것을 극복하면서 완벽하게 만들어가는 것이 비즈니스의 본질이며, 재미이다. 우리는 그것을 다시금 인지하며 시작을 결심했다. 최은영 대표는 자신이 한번 편백집을 두끼떡볶이처럼 만들어 보겠다며 의지를 보였다.

편백집은 고기를 사용하는 아이템이다. 대한민국에서는 고기 프랜차이즈 사업으로 본사를 지속적으로 운영하기 힘든 구조이다. 누구나 쉽게 구입할 수 있는 고기로는 본사 공급 매출을 올리기 어렵기 때문이다. 또한 고기는 본사에서 안정적으로 공급하는 데 한계가 있다. 고기 유통에 대한 지식이 있는 사람들은 알고 있겠지만, 고기 유통은 주식하고 동일한 구조이다. 본사에서 고기 유통을 관리하기는 쉽지 않다. 이런 부분에서 편백집은 가능성과 위험성을 동시에 가진 프랜차이즈 아이템이었다.

그러나 비즈니스는 늘 최상의 아이템만으로 할 수는 없다. 가끔은 위험성 있는 아이템도 가능성을 보고 해야 할 때도 있는 법이다. 편백집은 시장에 세팅만 잘해 놓으면 독과점으로 진행할 수 있을 것 같았다. 그 당시 고기에 대한 지식이 짧았기에 가질 수 있는 생각이었다. 실제로 사업을 하면서 고기에 대해 모르던 지식을 하나둘씩 알아가면서 내 생각이 틀렸다는 것을 깨달았다. 고기는 나 같은 사람이 독과점할 수 있는 것이 아니었다.

나는 너무 만만히 보았던 것에 대해 지금도 수업료를 지불하고 있는 중이다. 짧은 지식으로 나는 이베리코라는 차별화된 고기를 사용하면 본사가 컨트롤하는 게 가능할 것이라 판단했었다. 하지만 나의 생각은 착각이었다. 수요와 공급의 법칙에 의해 사용자가 늘어나면 공급자는 반드시 함께 늘어난다는 간단한 진리를 수업료를 지불하고 나서야 기억해낼 수 있었다. 지금 우리가 하고 있는 외식업은 너무나 쉽게 복사가 가능하다. 누구나 쉽게 만들 수 없는 IT information technology 사업이라면 모르겠지만, 누구나 쉽게 만들 수 있는 아이템은 경쟁을 감수해야 한다. 지금도 나는 고기 납품에 대해 계속 고민하고 있다.

최은영 대표는 두끼떡볶이에 사표를 제출하고 편백집 아이템으로 비즈니스를 시작하게 되었다 우리는 직영점을 누구보다 싫어하는 입장이라 1호 가맹점을 할 창업자를 찾아다녔다. 이번에도 하늘이 도왔는지 좋은 분을 만나게 되었다. 두끼떡볶이 노원역점과 대학로에서 유기네 닭갈비집을 운영하는 사장님이었다. 그 사장님은 대학로 유기네 닭갈비 매출이 예전처럼 높게 나오지 않으면서 적자가 날 수 있는 상황이었다. 그래서 다른 아이템으로의 변경을 고민하고 있었다. 최은영 대표는 사장님에게 1호점 인테리어 비용을 전부 본사가 댈 테니 '도토리편백집'으로 바꾸는 건 어떤지 의향을 물었다. 편백집 아이템을 긍정적으로 바라본 사장님은 최은영 대표의 제안을 받아들였다. 우리는 그렇게 도토리편백집 사업을 진행하기로 결정하고 프랜차이즈 본사 (주)에이컨Acorn을 설립했다.

최은영 대표는 한 달 정도만 일본에 휴가를 다녀와서 비즈니스를 진행하고 싶다고 말했다. 나는 그녀가 일본으로 휴가를 간 사이에 맹진욱 팀장(현 도토리편백집 팀장)을 스카우트하기 위해 만남을 가졌다. 맹진욱 팀장은 앞에서도 이야기했지만 (주)제니스 공채 직원이면서 킹떡볶이에서 인연을 맺게 된 인재이다. 그가 (주)에이컨Acorn에서 사업 기획을 담당할 때 자주 만남을 가지면서 더 가까워졌다. 소주를 마시면서 서로의 인생에 대해 깊은 대화를 나눌 정도로 친해졌다. 그런데 (주)에이컨Acorn이 부도나면서 맹진욱 팀장은 어려움을 겪게 되었다. 하지만 그 어려움을 잘 이겨내면서 (주)플레이스원에 입사했다.

'꼬마버스 타요'라는 키즈카페를 운영하는 (주)플레이스원에서 맹진욱은 영업 팀장으로 근무하게 되었다. 나는 그 맹진욱을 만나서 나와 함께하기를 부탁했다. "모든 판단은 자신이 하는 것이다. 그에 따른 결과도 너의 몫이지 나의 책임은 아니다"라고 이야기하면서. 맹진욱 팀장은 오랜 시간 고민하지 않고 선뜻 나와의 합류를 결정했다. 그가 합류하면서 (주)에이컨은 비로소 탄생할 수 있었다.

맹진욱 팀장은 최은영 대표가 휴가에서 돌아오기 전에 법인 설립부터 프랜차이즈 사업에 필요한 전반적인 업무를 처리했다. 브랜드 네임은 고민 끝에 '도토리편백집'으로 결정했다 향후 브랜드 로고 사용에 대한 법적 문제가 다소 걱정되긴 했지만 '도토리'와 '편백집' 두 단어 모두 고유명사라 크게 문제가 없을 것으로 판단하여 결정했다. 상표 등록 또한 급하게 생각하지 않았다. 고유명사에 대해 믿음이 있었기에 문제가 발생하지 않을 것이라고 생각했다. 결과적으로 이것은 안이한 행동이었다. 이로 인해 지금 엄청난 수업료를 지불하고 있는 중이다. 현재 도토리편백집 로고 때문에 법적 분쟁을 벌이고 있다. 1심에서는 승소했지만 상대방이 항소를 진행해서 2심 결과를 기다리고 있다. 상대방이 타인의 아픔을 통해 자신의 이익을 챙기기 위해 하는 분쟁인지 모르겠지만, 소송을 통해 수익을 얻는 사람은 변호사뿐인 것 같다. 아무튼 상대방이 먼저 분쟁을 걸어오면 나로서는 무조건 이겨야 한다. 이기는 게 최고의 방어라고 여러 번의 분쟁을 통해 배웠다.

도토리편백집 브랜드는 직영점 없이 가맹점 사업을 시작했다. 때문에 본사 판매관리비를 제외하고 본사가 이익을 내기 위해서는 일정기간 적자를 감수할 수밖에 없다. 우리는 2년 정도 직원 급여와 사무실 비용을 지급하기 위해 필요한 금액을 투자받아 진행했어야 했다. 그게 안전한 길이었다. 하지만 우리는 일반적인 투자 방식을 따르지 않았다. 자체적으로 모든 비용을 해결해서 사업을 하자고 최은영 대표와 협의하고, ㈜에이컨은 일체 외부 투자 없이 나와 최은영 대표 맹진욱 팀장 3명의 주주로 운영했다. 편백집이란 새로운 아이템을 가지고 타인의 방해 없이 우리의 의지대로 사업을 하고 싶어서 그런 운영 방식을 택했다. 여하튼 우리는 자체적으로 모든 비용을 조달했기 때문에 사업 초기에는 허덕일 수밖에 없었다.

하지만 최은영 대표는 남다른 능력을 발휘했다. 가맹점과의 커뮤니케이션 능력과 스킨십Skinship 능력을 발휘하여 빠르게 가맹점 확대를 이루어 나갔다. 다행히 2년 동안 25개 점 이상 오픈하게 되면서 본사 판매관리비 정도는 이익으로 충당할 수 있는 구조가 만들어졌다. 현재 코로나19로 인해 어려움을 겪고 있기는 하지만 최은영 대표의 처세술을 통해 다양한 문제를 해결해나가고 있다. 지금은 적자 없이 운영 중인데, 이 정도만으로도 선방하고 있는 것이다.

베트남으로 진출하다

시간이 지나면서 나의 사업은 안정화를 찾기 시작했다. (주)다른 두끼떡볶이는 글로벌 프랜차이즈 사업의 기반 구축을 완료하게 되었다. 그 시기 한국에서 두끼떡볶이를 6개 점 운영하는 김완엽 대표에게 연락이 왔다. 하고 싶은 이야기가 있으니 만나자고 했다. 만남의 자리에서 김완엽 대표는 베트남에 관심이 있다는 것을 밝혔다. 그는 자신이 베트남에 한번 도전해 보고 싶으니 도와달라고 부탁했다.

김완엽 대표와 나와의 인연은 참으로 진기하다고 말할 수 있다. 첫 만남은 내가 (주)에이콘Acorn에서 '위키드스노우'라는 브랜드를 컨설팅할 때 이루어졌다. 당시 김완엽 대표는 위키드스노우의 지사장이었다. 처음에는 잠시 인사만 하고 헤어졌는데, 두끼떡볶이 프랜차이즈 사업 초기 (주)GF창업전략연구소의 소개를 통해 다시 인연을 맺었다. 김완엽 대표가 두끼떡볶이 전북대점을 오픈하면서 우리의 관계는 본격적으로 발전했다. 이후 김완엽 대표는 5개 점을 추가로 오픈했다. 덕분에 사업적으로나 개인적으로나 관계가 더 긴밀해졌다.

김완엽 대표는 자신이 베트남을 마스터Master로 운영하고 싶다는 생각을 최종 확정해서 나에게 전했다. 이 사항은 나 혼자 결정할 수 있는 것이 아니었다. 나는 우선 김관훈 대표, 박도근 대표와 의논을 했다. 때마침 사전에 계약을 진행했던 베트남인 2세가 자신이 없다는 이유로 계약을 파기하는 일이 일어났다. 그래서 자연스럽게 김완엽 대표에게 기회가 돌아갔다. 김관훈 대표와 박도근 대표는 김완엽 대표에게 베트남 마스터Master 프랜차이즈 사업을 맡기는 것에 찬성했다. 그리고 김완엽 대표와 계약하기로 최종 확정했다.

나는 모든 계약이 완료된 후에 김완엽 대표와 함께 베트남으로 떠났다. 그 뒤로 김완엽 대표는 1년 동안 점포를 알아보는 데 시간을 소비하면서 베트남에서 지냈다. 그는 1년 동안 현지인처럼 베트남에서 생활하면서 베트남 사업의 방향을 잡았다. 그의 노력으로 오랜 준비 끝에 드디어 1호점 공사를 진행하게 되었는데, 해외 현지에서 인테리어 공사를 진행하는 것은 너무 힘들다는 것을 몸소 체험하면서 배우게 되었다. 일단 예정보다 공사가 많이 지연되어 답답했다. 그런 상황에서 롯데마트 관계자가 갑자기 연락을 주어 두끼떡볶이의 입점을 요청했다. 그 시기에 직영점을 또 하나 할 수 있는 여유가 없던 터라 김완엽 대표는 망설였다. 그러나 다행히 가맹점을 원하는 사장님을 한 분 찾게 되어 우리는 예정과 달리 롯데마트에 1호점을 먼저 오픈하게 되었다.

두끼떡볶이는 베트남에서 빠른 속도로 성장했다. 만 2년이 지나지 않은 지금 시점에 53호점 이상 론칭을 진행했다. 김완엽 대표의 공이 컸다. 하지만 그와의 인연이 장차 나에게 어떤 식으로 작용할지 아직은 예상할 수 없다. 지금까지는 김완엽 대표와 베트남이 나에게 큰 도움을 주고 있지만, 그와의 업무에는 항상 문제도 함께 따라다닌다. 참으로 신기하다. 좋은 일과 복잡한 일이 항상 함께 찾아온다. 그렇게 나는 항상 김완엽 대표와의 관계를 고민하고 있다. 그와 나와의 인연이 언제까지 이어질지 아직도 미지수이다. 물론 앞으로도 좋은 관계로 오랜 시간 함께하기를 기대한다.

베트남 치킨플러스 이야기를 해볼까 한다. 베트남 치킨플러스는 유강신 법인장을 빼놓고 이야기할 수 없다. 유강신 법인장은 (주)돕는사람들 치킨플러스 창립 멤버 가운데 한 명이다. 초창기에 나에게 치킨플러스 구매 업무를 배우면서 인연을 시작하게 되었다. 항상 긍정적이고, 배우는 것을 즐기며, 타인의 장점을 자신의 무기로 만들어가는 능력을 가지고 있는 친구이다.

유강신 법인장은 어느 날 갑자기 자신이 치킨플러스 베트남을 책임지겠다고 선포했다. 그때 유민호 대표는 베트남은 꼭 직영으로 하고 싶다는 이야기를 나에게 전했다. 나는 솔직히 직영을 별로 좋아하지 않는다. 프랜차이즈 회사가 가맹 비즈니스를 하지 않고 직영 비즈니스를 하는 것은 손실이라고 생각한다. 하지만 내 생각만 가지고 모든 비즈니스를 진행할 수는 없는 노릇이었다. 우리는 가맹과 직영으로 여러 번 분쟁을 겪었다. 유민호 대표는 끝까지 고집을 꺾지 않았고, 나 역시 쉽게 뜻을 굽히지 않았다.

결국 최종적으로 다음과 같이 협상안을 맺었다. 유민호 대표가 베트남 사업에 한화로 3억을 투자하기로 하고, 그 이상의 돈이 필요할 경우 바로 철수하기로 나와 약속한 것이다. 그 협상안에 따라 유강신 법인장은 한화

3억을 가지고 베트남으로 날아갔다. 솔직히 나는 3억을 금방 지출할 것으로 예상했기 때문에 별 걱정 없이 유강신을 베트남으로 보내주었다. 나에게 한화 3억이 작은 돈은 아니지만 비즈니스에 대한 수업료를 낸다고 생각했기 때문에 나의 마음은 가벼웠다.

하지만 유강신은 떠날 때 돌아오지 않겠다는 다짐을 하면서 가지고 있던 겨울옷과 모든 짐을 폐기하고 여름옷만 들고 떠났다. 유강신과 나는 같은 생각을 하고 있었다. 베트남에서 한국인을 대상으로 절대 비즈니스를 하지 않겠다는 생각이었다. 유강신은 무조건 베트남인을 대상으로 비즈니스를 성공시키겠다고 다짐했고, 그 다짐을 실천하기 위해 처음부터 베트남 언어를 배우기 위해 현지인들과 함께 생활했다. 타지에서 적응하기도 힘든 게 현실인데, 유강신 법인장은 박성호 이사와 함께 베트남 땅에서의 모험을 선택한 것이다. 그야말로 맨 땅에 헤딩을 한 것이다.

그렇게 어려운 환경 속에서 1년 이상 1호점 준비를 진행했다. 어려운 길을 선택한 것에 대해 후회하지 않았다. 나는 항상 새로운 무언가를 창출하기 위해 노력했고, 지금도 지속적으로 노력 중이다. 유강신 법인장도 그런 사람이다. 내가 알고, 보고, 느낀 유강신 법인장은 문제 해결 능력이 뛰어나다. 어떠한 어려움이 다가와도 기죽지 않고 슬기롭게 해결한다. 그는 지금 베트남 땅에 45호점을 오픈했다. 호치민에서 하노이까지 베트남 전 지역에 치킨플러스를 오픈시키고 있는 중이다.

나는 유강신 법인장이 베트남 전 지역에 치킨플러스 매장을 오픈할 수 있으리라 확신한다. 그는 베트남에서 성공한 한국인이 될 것이 확실하다.

글로벌 사업에서도 중요한 것은 사람

(주)다른 두끼떡볶이는 동남아 전 지역에서 무서울 게 없을 정도로 빠르게 성장했다. 어느 나라에서도 문제가 발생하지 않았다. 그렇게 순풍을 타다가 태국에서 문제가 튀어나왔다. 파트너들 사이에 분쟁이 생기면서 (주)다른 두끼떡볶이의 성장에 이상이 발생했다.

태국 사건은 쉽게 정리될 수 있는 상황이 아니었다. 나는 문제 해결을 위해 태국으로 날아가 그쪽 관계자인 최규봉 대표를 만났다. 나는 본능적으로 그와의 법적 분쟁을 예상했다. 최규봉 대표의 첫인상은 피곤할 정도로 정직하고 융통성이 전혀 없는 사람이었다. 본사에서 컨트롤하기 힘들겠다는 느낌을 받았다. 그래도 본사에 피해줄 사람은 아니라고 판단되어 김보람 팀장에게 자본이 조금 부족해도 우선 최규봉 대표를 도와 태국에서 사업을 시작하자고 말한 바 있었다. 태국에서 최규봉 대표를 만나고 나는 생각했다.

'내가 프랜차이즈 사업을 하면서 만난 사람이 몇백 명인데 아직도 사람 보는 눈이 부족하구나!'

최규봉 대표는 자본이 부족한 관계로 자신의 오랜 지인이며 고객이던 문종덕 대표(현 태국 대표)를 파트너로 계약을 맺었다. 그리고 그를 태국 비즈니스를 함께할 파트너로 우리에게 소개했다. 본사 입장에서는 최규봉 대표 혼자 비즈니스를 하는 것보다는 문종덕 대표와 함께하는 것이 더 낫겠다는 판단에 승인을 해주었다.

문종덕 대표 합류 후 우리는 태국 1호점을 무사히 오픈했다. 다행히 고객들이 많이 찾아주어서 출발은 아주 수월했다. 그런데 최규봉 대표가 엇나가기 시작했다. 비즈니스에 집중하기보다는 하루빨리 다수의 가맹점을 빠르게 오픈하는 데만 몰두했다. 그러면서 상권도 무시하고, 원하는 사람은 아무에게나 오픈시켜 주자며 문종덕 대표를 설득했다. 당연히 의견 차이가 생길 수밖에 없었다. 그 차이가 커지면서 최규봉 대표와 문종덕 대표 사이에는 분쟁이 빈번해졌고, 최규봉 대표가 문종덕 대표를 협박하는 상황에까지 이른 것이다. 이런 상황에서 비즈니스를 지속할 수 없다고 판단한 문종덕 대표가 본사에 도움을 요청하게 된 것이다.

㈜다른 두끼떡볶이의 김보람 팀장은 태국에 자주 출장을 가면서 현황을 정확하게 파악했다. 그리고 나에게 지속적으로 보고했다. 보고를 받은 나는 도저히 두고만 볼 수 없는 상황이라 생각했다. 바로 태국으로 날아갈 수밖에 없었다. 하루빨리 상황을 정리해야 했다.

태국에 도착해 최규봉 대표와 문종덕 대표를 만나 전후 사정을 들었다. 두 파트너가 함께 가는 것은 불가능하다는 결론이 나왔다. ㈜다른 두끼떡볶이 본사 입장에서는 두 사람을 전부 교체하고 싶었다. 하지만 처음부터 다시 시작할 수 있는 입장은 아니었기 때문에 문제가 더 있는 한 명을 정리하는 쪽으로 방향을 잡았다. 또 다른 문제의 한 가지는 태국 법에 따라 처리해야 한다는 점이었다. 한국 계약서는 별다른 효력을 발휘할 수 없었다. 결국 본사는 두 대표에게 좋은 협상안을 제시했다. 그러나 둘의 사이는 너무나 크게 벌어진 상태라 협상안은 버려졌다. 오직 법적 분쟁만이 가능했다.

본사는 최규봉 대표와 처음으로 태국에서 두끼떡볶이 사업을 했다. 태국 시장을 개척한 공을 인정하더라도 이제 최규봉 대표를 선택할 수는 없었다. 그것은 태국에서의 비즈니스를 포기하는 것이나 마찬가지였다. 본사는 문종덕 대표를 선택했고, 최규봉 대표와는 협상에 들어갔다. 최규봉 대표는 2억 원 정도를 권리금으로 요구했다. 우리는 어느 정도 절충이 가능할 것으로 예상했지만, 시간이 지날수록 점점 금액을 올렸다. 최종적으로는 16억 원을 요구했다. 도저히 받아들일 수 없는 액수였다. 이제 겨우 태국에서 2개 매장을 운영하고 있는 상황에서 권리금 16억 원은 말도 안 되는 요구였다. 결국 최규봉 대표와 법정 다툼을 벌일 수밖에 없었다.

태국의 법은 우리 손을 들어 주었다. 최규봉 대표는 패소했다. 그러나 그는 패소를 인정하지 않고 서울에서 다툼을 이어갔다. 서울의 중재원을 통해 자신은 피해자임을 주장하며 정신적 피해액으로 10억 이상을 요구했다. 하지만 아무런 이득도 보지 못하고 서울에서도 패소했다. 그 후 그는 사라졌다. 현재 어떻게 살고 있는지 알지 못한다.

㈜다른 두끼떡볶이는 태국 사건을 통해 마스터 파트너Master Partner의 중요성을 다시 한 번 깨달았다. 그 깨달음을 거울삼아 새로운 국가에 진출할 때는 많은 부분을 하나하나 신중하게 점검했다. 동일한 문제가 발생하

지 않도록 시스템을 구축했고, 모든 계약서를 전면 재수정했다. 국제 분쟁
이 발생했을 시 국제 변호사 비용은 한국 변호사 비용에 비해 훨씬 비싸다.
계산 방식이 다르기 때문인데, 그래서 분쟁을 안 하는 게 돈 버는 방법이다.

글로벌 사업에서 가장 중요한 것은 사람이다. 좋은 사람, 마음이 맞는
사람을 찾아 서로에게 이익이 발생할 수 있는 구조를 만들어서 힘을 합치
는 게 관건이다. 멀리 함께 갈 수 있는 방법이다. 태국 사건 이전에는 나는
이것을 이론으로만 알고 있었다. 태국 사건 이후에는 몸으로 배우며 경험
을 축적했다. 경험으로 배운 지식은 강력한 무기가 된다. 태국의 경험은 나
에게 엄청난 무기를 선물해준 것이나 다름없다.

㈜다른 두끼떡볶이는 그 무기를 활용해 동남아 국가를 지속적으로 개
척해 나가고 있는 중이다. 그중 한 국가는 인도네시아다. 인도네시아는 곽
봉규 대표님의 작품이다. 그분은 싱가포르 두끼떡볶이 오픈 이후에 두끼떡
볶이에 대한 확신을 가지고 바로 인도네시아에서 추진하고자 했다. 금방이
라도 오픈할 것 같은 분위기로 흘러갔다. 하지만 인도네시아의 프랜차이즈
법령이 까다로워서 허가 문제와 소스 통관 문제로 1년 이상 시간이 흐른
뒤에 매장을 오픈할 수 있었다.

곽봉규 대표님은 인도네시아에서 '처음처럼' 유통 비즈니스로 이미 성
공을 거둔 인물이다. 두 번째 성공을 위해 외식업을 선택한 것인데, 그것
역시 좋은 결과를 얻었다. 곽봉규 대표님이 있어서 인도네시아는 사업 초
기부터 크게 걱정하지 않아도 되었다. 그분은 다소 성격이 급하긴 해도 실
수하지 않기 위해 고민 또 고민하는 성격이다. 처음으로 함께 저녁을 먹는

자리에서 가볍게 소주 한잔하면서 이런저런 인생 이야기를 나누다가 금방 친해졌다. 지금도 곽봉규 대표님이 서울에 오면 꼭 소주 한잔을 곁들이며 인생 이야기와 사업 이야기를 나눈다. 많이 어린 나에게 항상 이사님이란 호칭을 꼬박꼬박 붙이며, 먼저 안부를 전해주기도 한다. 나로서는 정말 고마운 분이다.

현재 인도네시아에는 4호점 오픈을 완료했다. 많은 몰mall에서 입점을 요청하고 있지만, 현지 규정상 1년 이상 직영점을 운영해야 프랜차이즈로 가맹점 전개가 가능하기 때문에 아직은 하나하나 천천히 준비 중이다. 코로나19가 지나고 나면 인도네시아에서 두끼떡볶이는 유명세를 떨치며 크게 성공할 것이다. 나는 감히 예측한다.

말레이시아에서는 직영점 1개점, 가맹점 1개점을 운영하고 있다. 싱가포르 파트너인 킴이 현지 가맹사업을 부지런히 뛰고 있다. 말레이시아는 현재 동남아 중에서 매출에 어려움을 겪고 있는 나라이지만 나는 크게 걱정하지 않는다. 내가 알고 있는 Kim은 잘해낼 사람이기 때문이다. 킴은 나의 첫 번째 외국인 파트너이다. 나에게 영어를 할 수밖에 없도록 환경을 만든 첫 번째 파트너이기도 하다. 나는 마스터Master 프랜차이즈 파트너들과 가까운 관계를 유지하고 있다. 그들도 나와 같은 생각인지는 물어보지 않아 잘 모르겠지만, 그들에게서 나는 나를 향한 친근감을 느낀다. 킴도 그런 느낌을 주는 사람 가운데 한 명이다. 서로 비즈니스에 대해 조언하고 격려하면서 좋은 시간을 많이 만들고 있다. 다만 킴을 만나면 누군가 통역을 해줘야 하는 관계로 나의 마음을 전달하기가 힘든 면이 있다. 아마도 킴은 내가 성질도 급하고 비즈니스밖에 모르는 정신 나간 사람으로 알고 있을지도 모르겠다. 내가 영어를 배우고 있는 이유 중 하나는 킴과 자유롭게 대화하고 싶은 마음도 일부 작용하고 있다. 나는 3년 뒤에 영어가 능숙해져서 꼭 킴과 속마음을 터놓고 편하게 이야기 나누고 싶다.

나 자신도 모르는 시간 동안 나는 두끼떡볶이를 통해 글로벌 비즈니스를 배우게 되었다. 또한 꿈을 키우는 계기도 마련했다. 모든 게 전부 잘된 것은 아니지만, 오히려 그런 상황이 나를 더욱 단단하게 만들었다.

나는 호주에서도 두끼떡볶이에 관심이 있는 관계자를 만나 미팅을 진행했다. 호주 현지인이다 보니 한국 직원을 통해 통역으로 대화를 나누게 되었다. 중간에 나의 의사를 단순히 몇 마디 통역으로 전달하기는 쉽지 않았다. 내가 하고 싶은 마음속 이야기의 의미가 잘 전달되지 않은 느낌을 대화 내내 받았다. 그래서일까? 호주 관계자 역시 나에게 신뢰를 보내지 않는 듯했다. 결국 계약은 이루어지지 않았다. 마음을 정확하게 전달하지 못한 것이 계약 체결의 실패 원인이라고 나는 지금도 그렇게 생각한다.

호주 파트너를 소개해준 김민정 님 이야기를 잠시 할까 한다. 내가 그녀를 만난 것은 킹떡볶이 시절이었다. 그녀는 킹떡볶이의 디자인 담당이었는데, 퇴사 후 호주로 유학을 떠났다. 나는 두끼떡볶이 론칭을 시작했을 때 로고 제작을 의뢰할 만큼 자본이 많이 없었다. 그래서 개인적으로 부탁이 가능한 지인들을 찾아보았다. 그러다가 갑자기 김민정 님이 떠올라 카톡으로 연락을 했다. 김민정 님은 호주에서 취업을 해서 일하고 있었다. 나는 나의 현 상황을 가감없이 이야기하고 무료로 두끼떡볶이 로고를 부탁했다.

염치없는 부탁을 김민정 님은 들어주었다. 또한 지금 내가 투자해서 운영하고 있는 모든 브랜드 로고는 김민정 님의 작품이다. 나에게 엄청난 선물을 준 것이다.

김민정 님의 선물은 이게 전부가 아니었다. 나에게 비즈니스 파트너까지 소개를 해준 것이다. 결국 좋은 결과를 만들지는 못했지만 귀하고 값진 선물이었다. 그 선물을 제대로 활용하지 못한 것은 내 잘못이다.

나는 호주에서의 미팅 실패를 계기로 영어를 꼭 배워야겠다고 작정했다. 작정 이후 매일 일대일 과외를 받았다. 이제는 나에게 '글로벌'은 반드시 이루어야 하는 사명으로 자리 잡았다. 그 사명을 완수하려면 우선 한국에서 안정된 사업체를 만들어야 하고, 지속적으로 추가 아이템을 개발해야 한다. 다양한 나라에서 다양한 전략을 구사하기 위해서는 나 자신이 다양한 무기를 가지고 있어야 한다. 어느 나라에서는 떡볶이란 무기가 필요할 것이고, 어느 나라에서는 치킨이란 무기가 필요할 수 있다. 적절한 무기를 언제든 꺼내 쓸 수 있도록 단단히 무장해야 한다.

나는 여전히 배고프다

"I am always hungry!"

무엇이 나를 그렇게 만드는지 모르겠지만 나는 언제나 배고프다. 배고 픔은 나를 움직이게 만들고, 무언가를 시작하게 만든다. ㈜탑브릿지도 배 고픔에서 만들어졌다. 이렇듯 새로운 사업에 대한 갈망이 일을 시작할 힘 을 준다.

나는 나에게 가장 믿음을 주는 소현철(현 탑브릿지 대표)을 설득하기 시작 했다. 당시 소현철 대표는 ㈜다른 두끼떡볶이 프리랜서 영업팀장이었다. 고액 연봉을 받는 안정적인 프리랜서라고 할 수 있었다. 나는 자주 그를 만 나 나의 생각을 전달했다.

"너 자신의 미래를 멀리 보면서 장기적으로 생각했으면 좋겠다. 언제까 지 두끼떡볶이 영업만 할 수는 없잖아. 너 역시 비즈니스를 시작해야 할 텐 데, 만약 네가 한다면 컨설팅 회사가 가장 잘 맞을 것 같아."

앞뒤 데이터도 없이 그냥 나의 예감과 생각으로 그를 설득했다. 설득이 이어지던 어느 날 소현철 대표는 컨설팅 회사를 만드는 것에 찬성을 하게 되었다.

우리 둘은 영업적으로 능력이 있는 지인을 합류시키기로 결정했다. 그 지인은 임민수 이사였다. 그와 함께 ㈜탑브릿지를 운영하기로 했다. 또한 장기적 관점으로 탁월한 능력을 가진 투자자도 수소문했다. 그렇게 발굴한 인재와 함께 최적의 멤버 5명이 3개월 뒤에 ㈜탑브릿지를 설립했다. 우리는 앞으로 두끼떡볶이 외에 다른 브랜드도 함께 추진할 수 있는 조직으로 세팅해야 된다고 의견을 모았다. 그리고 미래를 약속하고 도모했다.

㈜탑브릿지를 통해 다양한 브랜드를 상담하고 컨설팅하면서 우리는 외식 프랜차이즈 말고도 다양한 분야의 소식과 정보를 듣고 배울 수 있게 되었다. 대표적으로 기억에 남는 컨설팅은 '앰브로 돈가스'이다. 앰브로는 먹방 유튜버로 유명한 사람인데 일산 쪽에서 돈가스 집을 운영하고 있었다. 그가 ㈜탑브릿지에 의뢰를 해서 우리는 프랜차이즈가 가능한 브랜드로 컨설팅을 해주었다. 앰브로는 컨설팅에 따라 신촌에 1호점을 오픈했다. 매출이 예상보다 높게 발생하면서 의뢰인은 만족했다. 앰브로 자체가 유명해서 그런지 지금도 꾸준히 영업이 잘되고 있다.

나는 이렇듯 다양한 외식업에 관심이 많다. 오래전부터 외식 프랜차이즈에 적합한 아이템을 늘 고민하고 찾는 습관이 몸에 배었다. 늘 새로운 아이템에 목말라하는 삶이 나의 삶이라고 말할 수 있을 듯싶다.

㈜탑브릿지는 그런 나에게 재미를 안겨주는 회사였다. 소현철 대표는 늘 새로운 브랜드에 대한 자문을 요청해왔다. 새 브랜드의 컨설팅 의뢰가 들어오면 나에게 메뉴 관련 자문을 구했고, 나는 내가 알고 있는 모든 지식

을 활용해서 도와주었다.

어느 날 소현철 대표에게 전화 한 통이 걸려왔다.

"형님, 좋은 브랜드가 있는데 제가 생각하기에 금액이 너무 착하게 매물로 나와서요. 형님 괜찮으시면 우리가 인수하면 좋겠습니다."

그 시절 나는 인수에 대한 경험은 아직 없었다. 그러나 소현철 대표를 누구보다 잘 알고 있었기 때문에 그가 이야기할 정도면 한 번쯤은 검토해도 될 것이라 판단했다. 그 판단은 오래 걸리지 않았다. 통화 중에 나의 감각이 빠른 판단을 내렸다. 나는 소현철 대표에게 바로 답변을 주었다.

"우리가 인수할 수 있는 방법이 있으면 해야지."

얼마의 금액이 필요할지, 어떻게 해야 할지 그런 것은 우리에게 크게 중요하지 않다. 감각적으로 하고 싶은 마음이 우러난다면 적극적으로 달려드는 게 우리 스타일이기 때문이다.

그 시기 나는 브랜드를 인수한다는 것은 어떤 것일까 한 번쯤은 경험해보고 싶기도 했다. 그 바람이 감각을 움직였던 것 같다. 인수합병에 대한 관심이 생기게 된 계기는 도토리편백집이다. 도토리편백집 브랜드를 론칭하고 2년 정도 시간이 흐른 뒤에 문득 이런 생각을 하게 되었다.

'만약 2년 전에 30개 정도 있는 브랜드를 인수했으면, 지금쯤 최소 50개 이상은 만들지 않았을까?'

도토리편백집은 2년 차에 접어들었을 때 28개 점을 운영하고 있었다. 만약 5개 점 미만으로 오픈했다면 아예 그 존재가 사라졌을 것이다. 2년 만에 이룬 28개 점은 가능성을 보여주는 수치다. 미래를 위해 열심히 달릴 만한 가치가 있다.

아무튼 나는 새로운 브랜드의 인수를 결심했다. '만약'이란 가정을 현실에서 경험해보고 싶었다.

그 새로운 브랜드는 '예향정'이었다. 나는 소현철 대표와 함께 (주)디케이코리아 예향정 대표를 만났다. 우리는 예향정 대표의 전후 사정을 듣고 난 후에 그분이 왜 브랜드를 매각하고 싶어 하는지 이해할 수 있었다. 나역시 오랜 시간 프랜차이즈를 경험한 한 사람으로서 가맹점 사장님과 관계를 유지하는 게 쉽지는 않다는 것을 알고 있었다.

예향정 대표는 지금의 예향정 가맹점 사장님들을 직접 상담해서 오픈시킨 당사자이지만 비즈니스는 처음이었다. 그래서 회사가 잘될 때는 별문제가 없었는데, 사업이 부진해지면서 힘들어진 것이다. 회사 사정이 넉넉할 때는 어렵고 복잡한 문제가 발생해도 웬만하면 돈으로 해결이 가능한데, 그 반대의 사정일 경우에는 작은 문제도 해결이 어려워진다. 일단 고정비 때문에 회사가 힘들어진다. 가맹점 사장님들의 불만도 늘어나서 그것을 해결하는 데 하루를 다 보내는 일도 빈번해진다. 물론 클레임을 해결하면서 하루하루를 보내는 게 프랜차이즈 회사의 일상이기도 하지만.

(주)디케이코리아 예향정은 대표를 포함해 직원까지 총 3명이 운영하고 있었다. 순수한 직원이라기보다는 친구 사이였다. 즉 친구 세 명이 함께 운영하는 회사였다. 일반적인 회사의 시스템이라고 말하기는 어려웠다. 시스템 미비로 세 친구는 더더욱 가맹점 사장님들 때문에 스트레스를 받을 수밖에 없었다. 마침내 예향정 대표의 가슴에 모든 것에서 멀어지고 싶은 마음까지 자리 잡았다. 그 마음이 우리를 부른 것이었다. (주)디케이코리아 예

향정 대표는 금액은 크게 신경 쓰지 않았다. 일정 수준만 맞춰 주면 회사를 넘길 계획이었다.

우리가 생각하기에도 그쪽에서 제안한 금액은 나쁘지 않았다. 하지만 우리는 부자가 아니었다. 자금 확보를 고민해야 했다. 물론 아이템이 좋아서 자금 확보에 큰 어려움은 없을 것 같았다. 그러나 예향정 브랜드 인수에 너무 많은 사람들을 참여시킬 수는 없었다. 향후 브랜드 리뉴얼을 진행할 경우에 투자자들의 압박이 심하게 들어올 수 있기 때문이었다.

우리는 최소의 인원으로 브랜드를 인수하는 쪽으로 결정했다. 그리고 자금을 확보하는 데 집중했다. 프랜차이즈 회사 인수는 우리에게도 처음 해보는 경험이기에 정확한 지식이 없는 상태였다. 만약 잘못되었을 때 벌어질 수 있는 상황을 예상하기 어려웠다. 때문에 우리는 인원을 최소로 정해서 소수 정예 멤버에게만 예향정 인수를 타진했다.

다행히 큰 탈 없이 진행되어 곧 인수 계약서 작성이 눈앞에 보였다. 그런데 그때 소현철 대표가 한 걸음 물러섰다.

"저는 지금의 컨설팅 회사에 집중하고 싶습니다. 예향정까지 맡아서 운영할 수 있는 역량은 부족한 것 같아요. 예향정 대표직을 저에게 맡기는 것에 대해 다시 생각해 주십시오."

나는 이 또한 하늘의 뜻이라 생각했다. 그러나 주저앉지 않았다. 대안을 찾는 것이 나의 삶의 방식이었다. 나는 그 방식대로 주변에서 (주)디케이코리아 예향정 대표직을 맡아서 운영할 사람을 찾기로 했다. 백방의 노력 끝에도 사람을 구하지 못한다면 예향정 인수를 포기하기로 했다. 그렇게 소현철 대표와 이야기를 마무리한 뒤 헤어지게 되었다.

다음 날 소현철 대표와 나는 다시 만났다. 서로의 의견을 공유했는데, 운명처럼 우리 둘은 같은 생각을 하고 있었다. 둘 다 김석훈이라는 인물을 마음에 두고 있었던 것이다. 우리는 대번에 김석훈 대표에게 주사위를 던질 수 있는 기회를 주기로 했다.

김석훈 대표는 당시 소현철 대표 후임으로 두끼떡볶이 영업을 담당하고 있었다. 그는 1년 전에 6년에 걸친 파리바게트 슈퍼바이저 생활을 마무리하고 두끼떡볶이에 합류한 친구이다. 그때도 대기업에 사표를 던지고 중소기업으로 이직하는 게 쉬운 결정은 아니었는데, 우리의 설득에 넘어간 것이다. 이번에도 우리는 동일한 이론으로 김석훈 대표를 설득했다.

"언제까지 직장 생활할 수 있을 것 같아? 이제는 자기 사업을 해야 할 때야. 언젠가는 자기 사업을 할 수밖에 없는 게 대한민국 직장인의 현실이야. 조금이라도 젊을 때, 기회가 왔을 때 시작해야 고생하지 않고 경험을 쌓을 수 있어."

이런 논리는 나의 오랜 설득 방법이다. 누구에게나 그 시간을 조금 당기는 것이고 기회는 당신을 기다리지 않는다. 즉시하고 반드시하고 될 때까지 해야 한다고 말했다.

김석훈 대표 역시 ㈜제니스에서 근무했던 경험자로서 이 현실을 누구보다도 잘 알고 있었다. 딱히 나에게 반박할 논리가 없다는 얘기였다.

나에 이어서 소현철 대표가 설득이 아닌 제안의 방식으로 접근했다.

"모든 결정은 김석훈 대표가 직접 할 수 있어요. 김석훈 대표 스스로 예향정에 대해 자신감을 가지고 스스로 모든 문제를 해결해 가면서 브랜드를 성장시킬 수 있어요. 그런 확신을 가진 사람만이 대표직을 맡을 수 있는

데, 김석훈 대표가 바로 그런 사람입니다."

김석훈 대표는 결국 우리와 함께하기로 결심했다. 자신도 평생 두끼떡볶이 영업만 하며 살 수 없다는 것을 알고 있었기 때문이다. 김석훈 대표는 우리와의 합류를 매우 만족해했다. 우리에게도 고마운 일이었다.

인수합병 그리고
프랜차이즈 최적화 아이템

우리는 그렇게 한식 브랜드 예향정을 인수해서 리뉴얼을 시작했다. 하지만 예향정을 짧은 시간 안에 대폭적으로 바꾸는 것은 무리가 있을 것으로 예상했고, 한계성도 가지고 있었기 때문에 장기적 전략을 실행하기로 작전을 바꿨다. 예향정이 새롭게 만들어서 시작한 브랜드였다면 점포 사장님들을 설득해서 본사가 원하는 많은 것들을 실행하도록 이끄는 게 어렵지 않겠지만, 기존에 운영 중이던 브랜드라 녹록지 않았다. 사장님들은 새로운 것에 대해 무언가를 이야기하면 예전 회사는 안 그랬는데 왜 자꾸 귀찮게 하냐고 반발했다. 때문에 설득에 어려움이 있었다.

원래 가맹점이 본사에 대해 우호적인 생각을 가지게 만드는 데는 오랜 시간이 필요하다. 우리 모두는 (주)제니스란 회사에서 근무했던 경험, 슈퍼바이저로 오래 일한 경험이 있었다. 노하우와 지식을 갖춘 전문가들이기에 가맹점 사장님들의 마음을 어렵지 않게 파악할 수 있었다. 그래서 무조건 밀어붙이는 상황은 만들지 않았다.

김석훈 대표는 가맹점 사장님들과 커뮤니케이션하는 능력에 관해서는 그 누구보다 뛰어났다. 우리는 시간이 좀 걸리더라도 하나씩 원칙에 맞게 행동해서 브랜드 리뉴얼에 공을 들이기로 결정했다. 강압적으로 가맹점을 운영하기보다는 자연스럽게 가맹점 사장님과 함께 갈 수 있는 전략을 접목하여 장기적 투자를 진행하는 것이 현명하다고 생각했다. 우리는 천천히, 서두르지 않고, 우리가 당장에 실행할 수 있는 것부터 하나씩 바꿔가기로 했다. 그 방침대로 인테리어, 메뉴, 콘셉트 등에 관해 새로운 전략을 수립하여 차근차근 바꿔나갔다.

그때나 지금이나 김석훈 대표는 그 누구보다 열심히 일하고 있다. 그는 자신이 예향정 대표라는 것에 자부심을 가지고 예향정 브랜드를 성공시키기 위해 오늘도 최선을 다하고 있다. 그가 늘 전력투구할 것이라고 나는 믿어 의심치 않는다. 예향정 100호점이 언제 탄생할지 아무도 알 수 없지만, 우리는 언젠가 반드시 100호점 달성을 할 수 있을 것이다. 우리는 그렇게 믿는다.

우리는 전문가 집단이다. 남들과 다르다고 스스로 생각하고 있다. 나는 하나의 한식 브랜드를 전문가답게 인수하면서 새로운 경험을 하나 추가하게 되었다. 처음부터 새롭게 브랜드를 만들어가는 게 좋은지, 어느 정도 만들어진 브랜드를 인수해서 성장시키는 게 좋은지 그것에 대해 명확하게 답을 할 수는 없지만 상황에 따라 유연해질 필요가 있다는 것은 확실하다. 몇 년의 시간이 흐르고 나면 더 많은 경험을 통해 더 많은 것을 할 수 있을 것이라 생각한다.

늘 그랬듯이 새 브랜드를 안정시키자 또 다른 배고픔이 찾아왔다. 이미 오래전부터 외식 프랜차이즈에 최적화된 아이템으로 검증받은 햄버거였다. 아이템으로만 보자면 아이스크림이 무조건 외식 프랜차이즈의 최고 아이템이다. 아이스크림은 유통기한도 없고 매장에서 별도 조리를 하지 않아도 된다는 엄청난 장점을 가지고 있다. 하지만 아이스크림은 초기 투자 비용이 너무 크다는 것이 나의 생각이다. 우선 배스킨라빈스처럼 공장을 직접 가지고 있어야 가능할 것 같다는 생각이 지배적이다.

하여간 나는 오래전부터 햄버거를 염두에 두고 있었다. 우선 햄버거란 음식은 굉장히 단순하다. 빵, 패티, 소스, 치즈, 야채면 끝이다. 또한 본사 공급품으로 만들기가 수월하다. 가장 중요한 것은 매장에서 누구나 손쉽게 만들 수 있다는 것이다. 여러 모로 최고의 아이템이다.

하지만 햄버거는 메이저 브랜드가 너무 많다. 1등 맥도날드, 2등 롯데리아, 3등 버거킹으로 고객들에게 정확하게 자리매김하고 있다는 단점을 가지고 있다. 이런 상황은 피자 브랜드와 비슷하다. 피자 역시 외식 프랜차이즈 아이템으로는 최적화되어 있다고 볼 수 있다. 1등, 2등, 3등이 정확하게 자리매김하고 있는 아이템이다.

일반적으로 생각했을 때 외식 프랜차이즈는 치킨처럼 시장 규모가 큰 아이템이 시장에 진입하기 쉬운 장점이 있다. 장기적으로 매출을 만드는 데도 유리한 구조를 가지고 있다. 많은 사람들이 나에게 치킨 브랜드가 얼마나 많은데 어려운 치킨 사업을 벌이는지 모르겠다고 이야기했었다. 떡볶이 역시 마찬가지이다. 하지만 시장 규모가 성장하는 아이템이 있으면 고객에게 외면당하면서 시장 규모가 작아지는 아이템도 있을 것이다. 나의 개인적인 생각이지만 피자는 지속적으로 시장 규모가 작아지는 아이템이고, 햄버거는 지속적으로 시장이 커지는 아이템이다. 백퍼센트 나의 개인적 소견이지만, 나는 그렇게 예감한다.

일반 소비자들은 치킨 역시 레드 오션red ocean 시장으로 피자와 동일한 처지라고 생각할 수도 있을 것이다. 하지만 나는 치킨은 소비 시장 자체가 지속적으로 성장할 것이라 판단하고 있다. 때문에 그 커지는 시장을 현재 운영 중인 브랜드가 전부 나누어 갖기에는 힘든 부분이 있다고 생각한다.

피자는 대한민국에서 소비자 시장에 한계성이 있다고 생각한다. 지금은 대한민국의 대부분의 식당에서 손쉽게 피자를 접할 수 있다. 때문에 피자는 차별화 전략을 만들기 힘든 아이템이라고 나는 본다. 반면 햄버거는 장기적으로 볼 때 피자와 사정이 다르다. 그래서 나는 대한민국에서 햄버거 시장의 성장 가능성을 높게 보고 있는 것이다.

틈새시장을 노리다

　나의 생각이 적중하고 있는지 모르겠지만 현재 다수의 햄버거 브랜드가 오픈 중에 있다. 그런데 햄버거 시장에서 메이저 브랜드들은 고전을 면치 못하고 있다. 맥도날드, 롯데리아 등 다수의 대형 브랜드가 전년 대비 마이너스 성장을 하고 있다. 반면 수제버거 쪽 브랜드와 개인 수제버거집은 지속적으로 오픈 중에 있다. 나는 수제 버거를 저렴하게 판매할 수 있다면 햄버거 사업은 분명히 성공 가능성이 있다고 판단한다. 어떤 사업이든 고객이 원하는 방향성을 정확하게 인지하고 그것을 찾아서 만든다면 성공하게 되어 있다. 남들과 차별화된 전략을 수립한다면 모든 사업은 성공 가능성이 높아진다.

　나는 햄버거 시장에서 틈새시장을 찾을 수 있지 않을까 고민했다. 언제나 새로운 비즈니스를 시작할 때 그랬던 것처럼 또다시 머릿속을 온통 햄버거로 채웠다. 고객들이 햄버거를 좋아하게 만들려면 무엇이 필요한지 고민 또 고민하면서 하루를 보냈다. 나는 사업이 론칭될 때까지 온종일 사업 아이템에만 몰두하는 버릇이 있는데, 햄버거의 경우에도 다르지 않았다.

나는 햄버거에 지배당해 살았다.

더 이상 시간을 지연할 수 없었다. 나는 무작정 법인을 먼저 설립해야 겠다고 결정했다. 역시나 지인들에게 투자를 권유하면서 햄버거 사업을 준비했다. 준비 중에 기존 맥도날드처럼 패스트푸드 느낌이 있는 햄버거 사업은 장기적으로 힘들 것이라는 생각이 들었다. 정답인지 알 수는 없지만 왠지 모르게 웰빙 느낌을 접목한 햄버거가 먹힐 것 같았다. 외식 트렌드 관점에서 장기적으로 보았을 때 웰빙 전략이 필요해 보였다. 현 시대적 상황을 보았을 때 가장 최적화된 전략으로, 성공 가능성이 높은 전략으로 판단되었다. 이런 생각들이 계속 머리에서 맴돌고 있을 때 외식 시장에서 수제버거 시장은 가격이 너무 높은 관계로 대중화하는 데 어려움을 느끼고 있었다.

시간이 좀 더 지나면 수제버거 시장이 어떻게 변할지는 아무도 모른다. 그러나 누군가의 도전을 통해 수제버거 대표 브랜드가 조만간 탄생할 것이라는 나의 예감은 강렬하다. 모든 외식 시장의 흐름은 동일하다. 20년 전 치킨 시장 역시 마찬가지였다. '치킨'이란 단어 대신 이제는 제니스, BHC, 교촌이란 브랜드 이름이 '치킨'을 대신하는 고유명사처럼 변화했다. 수제버거도 그런 브랜드가 탄생할 것이다. 그 시점이 정확히 언제인지는 알 수 없지만.

그 시점을 정확히 알고 있는 사람이 있다면 그는 무조건 쉽게 성공할 수 있을 것이다. 하지만 정확한 예측을 할 수 있는 사람은 아무도 없다. 그래서 더 도전할 만한 가치가 있는 것이다. 그것이 나의 생각이다.

시간이 지나면 누군가 햄버거 시장을 잠식해버릴 것만 같았다. 그런 일을 당하기 전에 하루빨리 시작해야 된다는 생각이 나의 가슴을 짓눌렀다. 외식 시장에서 서서히 저가형 수제버거가 모습을 보이기 시작하는 상황이 나를 더 조급하게 만들었다. 시간이 많이 없다는 위기감이 찾아왔다. 하루빨리 햄버거 시장에 진입하지 않으면 햄버거 사업은 힘들 것이라는 판단이 나를 괴롭혔다.

나는 일단 실행하기로 했다. 일단 시작하고 하나하나 만들어가는 게 지금까지의 나의 스타일이었다. 이번에도 그 스타일대로 하는 것 외에 별다른 수가 없었다. 나는 단순하게 생각했다.

'빵과 패티를 차별화시키면 뭐가 되든지 될 거야.'

먼저 나는 빵에 집중했다. 남들과 다른 빵을 만들어야 된다고 생각했다. 나는 주변에 베이커리 전문가를 수소문했다. 신기하게도 고민하면 답이 생각나듯이 이번에도 그랬다. 머릿속에서 떠오른 인물이 한 명 있었다. 나의 예전 직장인 (주)아모제에서 근무했을 당시 베이커리 스페셜리스트bakery specialist로 유명했던 형님이었다. 함께 근무해본 경험은 없지만 몇 번의 술자리에서 인사를 나눈 적이 있어서 기억에 남아 있었다. 내 주변에 그 형님을 잘 아는 사람이 많았기 때문에 그 형님에 관한 정보도 어느 정도 가지고 있었다. 세부적인 사항까지는 모르지만 일반적인 내용은 알고 있었던 것이다.

나는 바로 형님을 만나야 되겠다고 생각하고 그 자리에서 연락을 했다. 며칠 후 우리는 그 형님이 운영하는 쌀국수 매장에서 미팅을 진행했다. 나는 누구를 만나 이야기할 때는 거두절미하고 단도직입적으로 이야기하는 편이다. 그날 그 형님에게도 그렇게 하겠다고 마음을 먹고 찾아갔다. 나는 비즈니스를 새롭게 시작하려 하니 빵 만드는 것을 도와달라고 부탁하려고 했다. 그런데 그 형님이 내준 '반미'라는 베트남 샌드위치를 한입 베어먹은 순간 마음이 바뀌었다. 나는 준비한 멘트 대신 이런 멘트를 꺼냈다.

"형님, 이 샌드위치 빵 만드는 방법 좀 알려주세요. 아니면 이 빵을 만드셔서 저한테 납품하시는 것도 좋습니다."

그리고 나서 햄버거 사업에 대해 설명했다. 형님은 지금 당장은 본인 매장에서 사용하는 수량에 맞춰 만들기도 힘든 상황이라고 했다. 자신도 OEM을 주기 위해 알아보고 있으니, 조금만 기다려 달라는 말을 덧붙였다. 나는 희망을 안고 일단 돌아왔다.

햄버거에 거는 기대 그리고 미래

나는 마음이 급해서 바로 빵을 테스트할 수 있는 매장을 만들어야겠다고 생각했다. 그래서 두끼떡볶이 사무실 인근으로 개발실을 알아보기 시작했다. 공사 기간도 단축하고 투자비도 절감하기 위해 주방이 있는 사무실을 얻어 사용하는 게 좋을 것 같아 주방이 있는 점포를 얻는 데 집중했다. 그 결과 마땅한 점포를 찾아내 계약을 진행했다. 이현강 형님(보스)에게 필요한 주방설비를 물어봐서 요청한 대로 세팅을 완료했다.

빵 만드는 노하우를 전수받을 인원이 한 명 필요했다. 햄버거 사업에 빵 전문가는 필수였다. 공사 진행 중인 지금 인재를 채용해서 교육을 시키는 것이 좋을 것이라 판단했다. 나 스스로 시간적 여유가 많지 않았기 때문에 장기적으로 햄버거 사업을 하려면 인재의 도움을 받아야 했다. 채용 공고를 내려고 할 때쯤 갑자기 머릿속에 한 가지 생각이 떠올랐다. (주)제니스 공채 3기 동기이면서 친구인 김동훈 대표(현 바켓버거 대표)가 빵 개발을 위해 계약한 점포 인근에 살고 있다는 것을 누군가에게 들었던 기억이었다. 그리고 언젠가 김동훈 대표가 했던 말도 되살아났다. 김동훈 자신의 아내가 요리를 했던 사람이라고 말한 적이 있었다.

나는 바로 김동훈 대표에게 전화해서 전후 사정을 털어놓았다. 그리고 부탁했다.

"와이프한테 혹시 파트타임으로 근무할 마음이 있는지 물어봐 줘."

다행히 그의 아내는 오케이했다. 그렇게 해서 나는 가천대학교 인근에 햄버거 개발실을 마련해 빵 개발에 착수하게 되었다. 그러나 우리가 원하는 빵은 쉽게 만들어지지 않았다. 참으로 신기했다. 분명히 동일 레시피로 만드는데, 조리할 때마다 다른 품질로 빵이 만들어지는 것이다. 개발실에서 기본 레시피로 만들어도 공장에서 OEM 생산을 하면 동일한 품질의 빵을 만들기 어려운 게 현실이다. 그런데 개발실에서조차 품질이 매일 다르게 만들어지고 있으니 정말 답이 없었다. 프랜차이즈 사업을 하는 데 동일한 품질의 제품을 생산하는 것은 기본 중의 기본이었다.

고민은 또 있었다. 사업 초기에 매장 한 개점으로 대량 생산된 빵을 소비할 수 있을지도 미지수였다. 직영 1호점 오픈 시에 사용량이 미비하기 때문에 본사 공급품으로 진행하기는 더욱 어려웠다. 이 상황을 어떻게 개선해서 빵 공급을 해야 할지 막막했다. 그렇다고 빵 때문에 사업을 포기할 수도 없는 노릇이었다. 어떻게든 빵 개발에 성공해야만 했다.

6개월이 지나가고 있었지만 별다른 해결책이 나오지 않고 있었다. 패티 또한 불안정한 상태가 지속되고 있었다. 나는 다른 비즈니스도 하고 있어서 하루 종일 햄버거에만 매달릴 수 없는 게 현실이었다. 가끔 신경을 써서는 비즈니스가 진행될 수 없었다. 누군가 책임지고 맡아줄 사람이 필요했다. 그러나 누구에게 이 비즈니스를 책임져 달라고 부탁해야 할지 막막했다. 지금까지 여러 차례 새로운 사업을 론칭했지만 대표를 결정하지 못한 적은 없었다. 하지만 이번만큼은 정말 떠오르는 사람이 없었다.

그렇게 하루하루 시간이 지나가고 있었다. 어느 날 나는 김동훈 대표와 치킨플러스 사무실에서 수다를 떨게 되었다. BHC 치킨에서 일했던 김동훈 대표는 자기 사업을 준비하기 위해 퇴사를 준비하다가 치킨플러스에서 구매 컨설팅 일을 하게 되었다. 그리고 그날은 치킨플러스에서 일한 지 8개월쯤 지났을 무렵이었다. 나는 문득 김동훈 대표가 자기 사업을 하고 싶어 했다는 것을 기억해내고 물었다.

"혹시 사업 준비는 잘하고 있어?"

김동훈 대표는 그다지 긍정적인 답변을 내놓지 못했다. 사업 준비가 순조롭게 진행되지 않는 모양이었다. 그래서 나는 다른 질문을 던졌다.

"햄버거 사업 한번 해보고 싶은 마음 있어?"

나는 그렇게 김동훈 대표에게 급작스럽게 햄버거 사업을 제안했다. 그는 안정적으로 사업을 이끌어갈 수 있는 인물이었다. 나의 바람과는 달리 일단 김동훈 대표는 확답을 피했다. 나는 대답을 강요하지 않았다. 대답을 기다려주기로 했다.

몇 주의 시간이 지나고 나는 김동훈 대표에게 다시 의사를 물었다. 김동훈 대표가 정확하게 어떻게 말했는지는 잘 기억나지 않는다. 분명히 기억나는 것은 그가 도전의 의사를 밝혔다는 사실이다. 그렇게 나는 햄버거 사업에 김동훈 대표를 합류시켰다.

나는 사업을 운영할 대표를 선정할 때 한 가지 행동만큼은 동일한 방식을 취한다. 대표가 일부라도 자기 자본을 투자하게 만드는 것이다. 그래야만 사업에 애착을 갖게 되고, 오너십도 생긴다.

김동훈 대표도 나의 변함없는 방침에 따라 일부 금액을 햄버거 사업에 투자했다. 이제 추가 증자를 위해 투자자를 모아야 할 단계였다. 나는 투자 관련 업무를 여러 번 진행해봤기 때문에 몇몇의 투자자와 좋은 인연을 지속하고 있었다. 그들을 통해 추가 자금 확보를 할 수 있을 터였다.

우리의 햄버거 회사는 (주)해넘 바겟버거다. 나는 바겟버거 투자 관련해서 가까운 지인 몇 사람을 먼저 떠올렸다. 안정남, 정보영, 백승민 대표가 물망에 올랐다. 그분들이 함께한다면 추가 자금 확보 문제는 깔끔하게 해결할 수 있을 듯했다. 그분들은 바겟버거 투자 관련해서 객관적 판단을 할 수 있는 능력도 있는 인재들이었다. 즉 나에게 객관적 지표를 전달해 도움을 줄 수 있는 사람들이었다. 나는 김동훈 대표에게 세 분을 소개시켰다. 그리고 메뉴 시연을 진행했다. 그분들이 평가를 내려주었다. 약간 부족한 느낌이라는 평가가 우세했다. 나는 받아들여야 했다. 나 스스로 먼저 완벽하지 않다는 것을 인정하고 있었기 때문이다.

김동훈 대표와 나는 1호점 론칭을 위해 점포를 찾아다녔다. 가능하면 1호점은 대학로 혜화역 인근에 세우고 싶었다. 특히 혜화역 4번 출구 상권은 대학생, 가족, 중고생 등 다양한 연령층을 타깃으로 영업이 가능한 지역이었다. 도토리편백집 1호점도 그곳에 있었고, 두끼떡볶이 대학로점도 그 부근에서 좋은 매출 상황을 보이고 있었다.

지인의 소개로 혜화역 일대에서 창업을 하고 싶어 하는 젊은 친구들이 우리를 찾아왔다. 우리는 점포 계약만 진행하면 모든 인테리어, 간판, 집기 등을 본사가 마련해주겠다고 약속했다. 그 후 나는 도토리편백집 1호점 사장님에게 적당한 점포를 좀 알아봐 달라고 부탁했다. 며칠이 지나서 사장님한테 전화가 걸려왔다.

"사실 내가 계약해놓은 점포가 있는데, 아직 그 자리에서 무슨 아이템을 할지 결정을 못 했어. 남승우 이사님이 한번 봐 주면 어떻겠어요?"

그래서 나는 달려갔다. 나는 그 자리를 보는 순간 바겟버거를 하면 좋겠다는 느낌을 강하게 받았다. 대학로 도토리편백집 사장님에게 그 느낌을 그대로 밝혔다.

"여기에 바겟버거를 진행할 수 있게 사장님이 좀 양보해주시면 안 될까요?"

사장님은 나의 부탁을 단번에 수락하지 않았다. 조건을 내걸었다.

"내가 바겟버거 한번 먹어볼게요. 먹어보고 마음에 들면 내가 1호점 할게요."

조건과 함께 제안도 했다. 하지만 젊은 친구들이 하기로 예약되어 있었기 때문에 나 역시 사장님의 제안을 한 번에 오케이할 수 없었다.

"젊은 친구들에게 물어보고 답변 드릴게요."

친구들에게 전화를 했다. 그 친구들 답변이 예상을 빗나갔다. 자신들이 1억 대출을 알아보고 있는데 5천만 원밖에 대출이 안 되어서 바겟버거를 진행하기 힘들 것 같다는 대답이었다. 하늘의 뜻인지 어쩐지는 모르겠지만 상황이 참 묘하게 돌아갔다. 나는 도토리편백집 사장님에게 바겟버거를 제안하는 것 외에 별다른 수가 없었다. 나는 도토리편백집 사장님에게 바겟버거를 테스트 받았다. 맛있게 먹은 사장님은 짧은 고민의 시간을 가졌다가 오케이했다.

그로부터 3개월 뒤에 바겟버거 1호점이 혜화역 4번 출구 앞에 오픈하게 되었다. 현재 코로나19로 매출이 부진하다. 지속적인 적자 상태라 사장님과 조금은 어색한 사이가 되었다. 매장을 어떻게 해야 할지 서로 고민 중이다. 전체적으로 바겟버거는 순항하고 있는 편이다. 지금 10호점을 운영 중에 있다.

나는 현재 (주)해냄 바겟버거의 행보를 지켜보고 있다. 대한민국 햄버거 시장에서 안정적으로 자리를 잡을 수 있도록 지속적인 관심과 투자가 필요할 것으로 판단하고 있다. 현재 수제버거 시장이 대한민국에서 확대되고 있는 느낌이다. 코로나19 이후 한층 성장할 것으로 나는 예상하고 있다.

내가 할 수 있는 일은 별로 없다. 그냥 기다리고 있는 것이다. 하지만 도움이 필요하다면 난 언제든 (주)해냄 바겟버거를 도와야 할 의무를 가지고 있다. 왜냐하면 나를 믿고 투자한 사람들이 너무도 많이 있기 때문이다. 앞으로도 (주)해냄 바겟버거를 모른 척하면서 살 수는 없다. 그것은 사람의 도리가 아니다.

찜닭은 나에게 운명인가

나는 지금도 다양한 프랜차이즈 회사에 투자를 진행하고 있다. 언제든 기회만 생기면 투자를 진행하고 싶은 욕망을 가지고 있는 사람이다. 이런 나의 마음을 읽고 있는 사람 중 한 명인지는 모르겠지만 또 다른 누군가가 나의 욕망에 불씨를 피웠다.

또 새로운 사건이 나를 기다리고 있었다. 당시는 코로나19가 시작된 지 얼마 지나지 않은 시기였다. 코로나19로 인해 외식 시장에서 배달 시장이 확대되자 모든 브랜드에서 배달 시스템을 도입해 테스트하고 있던 무렵이었다. 배달 시장에서 다양한 샵인샵shop-in-shop 브랜드가 우후죽순 생겨나고 있는 시기이기도 했다. 그 누구도 무엇이 정답인지 확신하기 어려운 시간이라고 이야기할 수 있겠다. 여하튼 어려운 팬데믹의 위기 속에서 두찜이란 브랜드가 배달 시스템 접목을 통해 외식 시장에서 이슈로 떠올랐다. 두찜은 400호점을 코앞에 두고 있었다.

그 시기 나는 캐나다로 어학연수를 떠나기로 결심했다. 어학연수 비자를 기다리면서 모든 업무를 정리해야 했다. 때문에 새로운 무언가를 시작하면 안 되는 때였다. 지금 하고 있는 업무도 전부 정리를 해야 될 상황이었다. 그런데 가슴 한구석에서 찜닭을 해야 되나 싶은 생각이 자꾸 꿈틀거렸다. '떠날 사람이 새로운 업무를 시작하면 안 된다, 안 된다' 생각하면서도 마음속 잠자고 있던 무언가가 자꾸만 깨어나는 기분이었다.

그러던 어느 날 김진기 대표와 술을 마시게 되었다. 김진기 대표가 치킨플러스 지사장으로 합류하면서 더욱더 친해지게 된 우리는 형, 동생 하면서 지내고 있었다. 우리 둘은 (주)탑브릿지 멤버이기에 주기적으로 만남을 가지고 있었다. 그날도 주기적인 만남 중의 하루였다. 소주 한잔하면서 이런저런 이야기를 나누고 있던 중이었다. 갑자기 김진기 대표가 찜닭 이야기를 꺼냈다. 찜닭으로 사업을 하고 싶다는 이야기였다. 우연이었을까? 나역시 최근에 찜닭 아이템에 관심이 많았다. 때문에 우리의 대화는 자연스럽게 깊어졌다. 누가 먼저라고 할 것도 없이 둘 다 이제는 찜닭으로 브랜드를 만들어야 할 시간이 다가왔음을 의식하고 있었다. 우리는 의견을 하나로 일치시켰다. 이제는 비즈니스를 시작해야 하는 시기라고.

그날 이후 우리 둘은 만남을 자주 가졌다. 서로의 생각을 하나씩 표현하자 그것들이 하나의 콘셉트로 정리되어 갔다. 김진기 대표가 치킨플러스 지사장을 하고 있는 중이라 회사를 정리하는 것부터 인력을 어떻게 할 것이며, 투자금은 어떻게 충당할 것인지 하나하나 의견을 나누었다. 의견들은 쉽게 일치했다. 우리는 서로가 무엇을 해야 하며, 서로가 서로에게 어떤 도움을 줄 수 있는지 이야기하지 않아도 알 수 있었다.

의견 일치를 이룬 뒤 나는 찜닭 콘셉트에 대해 고민했다. 그리고 빠르게 메뉴 개발에 착수했다. 일반적인 찜닭 콘셉트로 비즈니스를 시작해서는 차별화를 가져갈 수 없는 것은 당연했다. 대한민국 찜닭 시장에서 성공하기 힘들다는 것은 누구보다 잘 알고 있었다. 그래서 더 고민이 컸다.

늘 같은 말씀을 드리지만, 고민하면 하늘은 나를 버리지 않는다. 나는 순간적으로 굿 아이디어가 떠올랐다. 새로운 전략이 현장에서 어떤 결과를 도출시킬지는 직접 실행을 해봐야 알 수 있겠지만, 전략으로만 봐서는 충분히 경쟁력이 있을 것이라 판단했다.

어쩌면 모든 것은 우연일지도 모른다. 왜냐하면 그 당시 예향정에서 두루치기 메뉴를 업그레이드하면서 불맛을 추가하기 위해 직화 기계를 설치해서 테스트 중에 있었는데, 나는 직화 기계를 보면서 찜닭과 불맛의 조합에 대해 생각하게 된 것이다. 그때 예향정에서 직화 기계를 업그레이드하기 위해 고민하지 않았다면, 우리는 직화 기계를 활용한 불맛 나는 찜닭 콘셉트를 떠올리지 못했을지도 모른다.

메뉴를 일정 부분 결정하고 난 후 모든 것이 수월하게 진행되었다. 우리에게는 드림팀Dream Team이 함께하고 있기 때문이다. 인테리어는 (주)리드인, 메뉴는 최은영 대표, 기계는 (주)유성, 가구는 (주)광성 가구, 로고 디자인은 김민정 님 등 모든 업무가 전화 한 통이면 일사천리였다.

프랜차이즈 사업은 가맹점 숫자를 어떻게 증가시킬 것인가가 가장 중요한 전략 중 하나이다. 대부분 사람들은 가맹점 숫자를 증가시키는 것에 대해 어려움을 겪고 많은 시간을 고민한다. 하지만 우리는 달랐다. 우리는 가맹점 숫자를 증가시키는 것에 자신이 있었다. 치킨플러스에서의 경험이 있기 때문이다. 그 경험을 믿은 우리는 큰 걱정 없이 즉시 사업을 전개하자고 의기투합할 수 있었던 것이다. 우리는 치킨플러스와 동일한 전략을 쓰기로 했다. 즉 가맹점 숫자를 증가시킨 후에 본사 수익을 발생시키는 비즈니스 전략을 쓰기로 결정한 것이다.

우리에게 문제는 단 한 가지, 돈이었다. 어디서 돈을 구해 사업 자금으로 사용할 것인가 방법을 찾아야 했다. 우리는 먼저 액션을 취하고 그 이후 해답을 찾는 스타일이었다. 이번에도 그 스타일대로 무조건 먼저 법인을 설립하기로 결정했고. 그 다음에 나머지 문제를 하나씩 해결하기로 협의했다. 우리 둘은 그렇게 기약 없는 약속으로 사업을 시작했다.

메뉴 개발은 생각했던 것보다 빠르게 진행되었다. 최은영 대표는 콘셉트를 잡기 위해 대구로 시장조사를 다녀온 후 바로 직화볶음 찜닭과 바비큐 찜닭 메뉴 개발을 완료했다. 우리는 시식을 하면서 너무 맛있어서 사업에 대해 더 강인한 확신을 한 번 더 가지게 되었다.

어쨌든 나에게는 시간이 많이 부족한 시기였다. 당장 내일이라도 비자가 발급되면 캐나다로 떠나야 하기 때문에 무엇이든지 서둘러야 했다. 그런데 이것도 하늘의 뜻일까? 비자가 계속 지연되었다.

나는 순간순간에 집중하기로 하고 법인 설립을 위해 뛰어다녔다. 투자자를 모으기 위해서도 부지런히 움직였다. 지인들 전원이 생각보다 높은 투자 금액을 제시했다. 예상 밖으로 초기 자본금 6억으로 사업을 시작해야 할 상황이 벌어졌다. 우리가 예상한 초기 자본금은 5억이었는데, 투자자들의 적극적인 참여가 금액을 올려놓은 것이다. 너무 많은 사람들에게 투자 이야기를 한 것이 실수라면 실수였다. 부담스럽기는 했지만 어쨌든 기분은 좋았다. 새 브랜드에 이렇게 많은 돈을 투자받을 수 있다는 것은 사업의 전망을 밝게 만들었다. 투자자들의 호응에 나는 성공에 대한 확신으로 가득 찼다.

크고 넓은 사무실을 마련한 이유

투자를 받고 법인을 설립하기 위해서는 사무실이 필요했다. 우리는 하루빨리 시작하고 싶었다. 치킨플러스 경험이 있어서 그런지 모든 면에 자신감이 넘쳤다. 사무실은 작은 장소를 얻어 사용하다 사업이 어느 정도 성장한 후에 넓은 장소로 이동하는 게 일반적이다. 그러나 우리는 처음부터 완벽하게 갖추기 위해 과감하게 넓고 깨끗한 사무실을 임차했다. 인테리어 역시 제대로 세팅하기로 했다. 나중에 사무실을 이전한다면 그 또한 추가 비용이기 때문에 처음에 조금 과감하게 투자하는 게 낫다고 판단했다. 1년 뒤 투자할 돈을 미리 투자하는 것이지 불필요한 자금을 집행하는 것이 아니라고 생각했다.

우리는 넓고 쾌적한 장소를 임대하고 인테리어에도 과도한 자금을 집행하면서 가맹점 100개 점 이상 운영하고 있는 대형 프랜차이즈 회사 사무실처럼 꾸몄다. 주변 사람들이 조금 놀라는 분위기였다. 이제 막 시작하는 회사 사무실이 이렇게 멋져도 되는지, 너무 많은 금액을 초기에 투자하는 게 아닌지 걱정하기도 했다.

우리는 모든 것에 자신이 있었고 제대로 된 사업을 하고 싶었다. 그냥 적당히 하는 사업은 우리와 맞지 않았다. 사무실 공사를 시작하기 전에 교육장을 만들 것인지, 아니면 매장에서 교육을 할 것인지에 대해서도 고민이 있었다. 우리는 좋은 해결책을 하나 만들었다. 50미터 거리에 바겟버거 교육장 겸 사무실이 있었다. 바겟버거는 교육장에서 사무실을 겸하고 있었기 때문에 우리는 당분간 바겟버거 교육장을 쓰기로 하고, 직화볶음찜닭 사무실 절반을 (주)해냄 바겟버거에게 나누어 주는 것으로 서로 합의했다. 직화볶음찜닭은 시작에 비해 너무 큰 사무실을 얻은 관계로 인력이 몇 명 없었는데, 넓은 사무실을 직화볶음찜닭 인원들만으로 사용하는 것도 비효율적이라 생각했다. 아무튼 두 브랜드의 협력으로 사무실과 교육장을 모두 해결할 수 있어서 만족스러웠다.

김진기 대표와 나는 회사명을 (주)바이럴로 정했다. 입소문을 통해 사업을 확장한다는 의미를 부여하고 싶었다. 또한 최근 SNS 마케팅 확대로 인해 바이럴 마케팅viral marketing 이란 용어가 대중화되고 있는 것도 그 회사명을 정한 이유 중 하나였다. 이름을 짓는 것은 상당히 중요한 일이기 때문에 쉽게 결정해서는 안 되지만, 그렇다고 시간을 끌 수 있는 상황도 아니어서 우리는 (주)바이럴로 신속하게 확정했다. 회사명을 정한 다음에는 곧바로 로고를 디자인했다. 우리는 서로의 장점을 살려서 업무를 분장했고, 서로의 업무를 각자 맡아서 하다 보니 빠른 속도로 업무가 추진되었다.

김진기 대표는 1호점, 2호점, 3호점 가맹점을 운영할 사장님들을 확보하는 데 주력했다. 우리에게는 하루빨리 매장을 오픈하는 것이 중요했다.

직영점을 오픈하는 것보다 가맹점으로 1호점을 오픈시켜야 빠르게 가맹 사업을 진행할 수 있었다. 때문에 우리는 가능한 한 가맹점으로 1호점을 오픈시키고 싶었다. 이런 전략이 시간을 효율적으로 사용할 수 있는 방법 중 하나였다 오랜 시간 영업 경력을 가지고 있는 김진기 대표는 노력 끝에 1호점, 2호점 가맹점을 운영할 사장님들과 계약을 체결하는 데 성공했다. 생각보다 많은 사람들이 관심을 가져준 관계로 사업을 확대하는 것에 대해서는 별다른 걱정이 없었다. 이제 우리는 시스템을 갖추는 데 주력하는 것이 맞을 것이라 판단했다.

나는 물류와 소스 개발에 주력했다. 나와 오랜 시간 함께하고 있는 두 끼떡볶이 협력 업체 (주)가온푸드에서는 기존에 검증된 여러 가지 찜닭 소스를 샘플로 제공했다. 최은영 대표는 그것을 약간의 수정을 통해 우리만의 소스로 탈바꿈시켰다. 그 시간이 그리 오래 걸리지는 않았다. 물품 공급 방식은 3PL로 현재 두끼떡볶이 물류를 담당하고 있는 삼립 GFS에서 착한 수수료로 해주겠다고 약속했다. 치킨플러스의 물류를 진행하고 있는 (주)제때와 비교해서 좋은 조건이었다. 우리 입장에서는 장기적으로 보아 우리에게 유리한 조건을 선택해야 했다. 그래서 물류는 삼립 GFS에게 맡기기로 했다. 어떤 선택이 옳은지는 아직 판단할 수 없었다. 어느 한쪽을 진심으로 믿고 결정하는 수밖에 없었다.

항상 함께하는 멤버가 어느 정도 정해져 있다. 이번에도 그 멤버들에게 1차적으로 안내를 진행했다. 김태성 전무님, 안정남 이사, 정보영 대표, 백승민 대표 등이 그 대상이었다. 이번 투자는 여러 가지 사항을 꼼꼼히 점검

해야 하는 상황이었다. 왜냐하면 직화볶음찜닭 브랜드는 치킨플러스와 동일하게 공격적 투자를 통해 빠른 시간 안에 매장 숫자를 확대할 계획을 가지고 있었기에 큰돈이 필요했다. 큰돈을 쓰는 일에 꼼꼼한 점검은 필수이다.

단순히 개인 앤젤Angel 투자를 유치하는 것만으로는 불가능했다. 더 많은 투자 전문가와 기관 관련된 전문가들의 도움이 필요해 보였다. 그 필요에 따라 2차적으로 강웅태 이사, 김광유 이사 등 도움받을 수 있는 모든 사람들을 합류시키기로 결정하고 투자 관련하여 사전 협의를 진행했다. 그런데 예상하지 못한 상황이 일어났다. 우리에게 투자 요구를 받은 사람들이 예상을 깨고 전원 투자를 하겠다고 나선 것이다.

우리에게 행복이 찾아왔다. 동시에 행복한 고민도 함께 왔다. 우리는 투자자들의 투자 금액을 제한할 수밖에 없었다. 투자자들 마음대로 투자한 돈을 모두 받아 초기 자본금을 높이고 싶었지만, 그것이 위험하다는 것이 투자 전문가들의 공통된 의견이었다. 투자 전문가들은 이번 2차 펀딩에서 돈을 많이 받으면 3차 펀딩을 하는 게 어려워질 수 있기 때문에 2차 펀딩 금액을 최소화시키는 게 장기적으로 더 안정적이라는 의견을 주었다. 나는 그 의견에 따를 수밖에 없었다.

몇 년이 지난 후에 투자금을 전부 받지 않았던 것에 대해 어떤 결과가 도출될지 현재는 아무도 알 수 없다. 그냥 투자 전문가들의 의견을 믿고 밀어붙이는 중이다. 지금 ㈜바이럴은 자본도 해결되고 가맹점 전개도 아무 문제없을 것 같은 상황이다. 크게 신경 쓸 게 없다. 이제 나는 캐나다로 떠날 준비만 하면 된다.

예상치 못한 엑시트

　인생이 참으로 재미있다는 이야기를 너무 자주 쓰고 있는 느낌이지만, 이번에도 역시 또 다른 빅 이슈가 발생했다. 참으로 신기한 일이라고 나는 지금도 생각하고 있다. 어느 날 치킨플러스 유민호 대표에게 전화가 왔다. 나와 만나서 협의하고 싶은 이야기가 있다는 것이다.

　복정동 뚜레쥬르에서 유민호 대표를 만났다. 김홍래 이사(치킨플러스 재무담당)도 함께였다. 사무실이 아닌 뚜레쥬르에서 미팅을 진행하자고 해서 무슨 중요한 이야기일까 궁금했다. 외부에서 만나자고 한 것은 직원들 모르게 하고 싶은 이야기가 있기 때문일 것이라고 나는 짐작했다.

　유민호 대표가 이렇게 서두를 꺼냈다.

　"형님한테 엑시트를 시켜줄 수 있는 방법이 있어요."

　잠깐 1초 정도 기분이 안 좋았다. 나는 유민호 대표에게 엑시트 시켜달라고 이야기 한 적이 없는데, 왜 갑자기 엑시트 이야기를 하는 건지 의아했다. '혹시 나를 치킨플러스에서 배제시키기 위해 뭔가 준비를 했나?' 하는 생각마저 들었다. 이제 치킨플러스는 내부적으로나 외부적으로나 작은 기업이 아니었다. 유민호 대표가 대외적으로 활동하는 데 내가 걸림돌이 될 수 있겠다고 나는 생각할 수밖에 없었다.

하지만 나를 치킨플러스에서 배제시키는 것은 쉬운 일이 아니다. 그래서 유민호 대표는 여러 가지 방법을 고민했을 터였다.

유민호 대표가 말을 이었다.

"얼마 전에 형님께서 언젠가는 치킨플러스 경영권을 전부 저한테 넘겨주신다고, 그래서 저보고 형님을 엑시트 해달라고 이야기했었잖아요. 그래서 좀 알아봤는데, 굳이 몇 년 뒤에 하지 않아도 지금 당장 가능할 것 같아서요."

틀린 말은 아니었다. 언젠가는 치킨플러스 주식을 전부 빼서 마음 편하게 유민호 대표와 형 동생으로 남고 싶었던 것은 사실이다. 그래서 엑시트 이야기를 꺼내기도 했었다. 내가 먼저 한 말이기에 지금 당장 유민호 대표에게 뭐라 반박할 논리가 없었다.

하지만 1초 동안 안 좋았던 기분을 나는 곧바로 바꿨다. 정확히는 생각을 바꾸니까 기분이 나아진 것이다.

'어차피 나는 캐나다로 떠날 사람인데 위험 있는 치킨플러스 주식을 가지고 있을 필요가 있을까?'

그런 질문을 던지자마자 답이 금방 떠올랐다. 나는 그 자리에서 유민호 대표에게 바로 이야기했다.

"내가 시간이 많이 없기 때문에 2020년에는 마무리할 수 있어야 돼. 안 그러면 내가 캐나다에 있을 가능성이 높기 때문에 진도를 맞춰주기가 힘들 것 같다."

유민호 대표는 고개를 끄덕였다. 그리고 빅 이슈만 없으면 2020년 안에 가능하다고 이야기했다. 우리는 그렇게 해서 엑시트를 진행하기로 합의했다.

솔직히 나는 그 모든 업무를 정리하면서 B&S 그룹을 포함 그 어떤 회사도 별다른 걱정이 없었다. 하지만 왠지 모르게 치킨플러스는 걱정이 되었다. 어떻게 정리를 해야 할지 방향이 서지 않아 마음이 무거웠다. 치킨플러스를 제외한 회사들은 사건이 터진다고 해도 큰 사고가 아닐 확률이 높았다. 내가 경영에 대해 아는 것도 많아서 쉽게 해결이 가능했다. 그러나 치킨플러스는 사정이 좀 달랐다. 치킨플러스 경영에 대해 내가 아는 지식도 별로 없을뿐더러 전혀 관여도 하고 있지 않았다. 때문에 어떤 사고가 발생할지도 예측할 수 없었다.

다행히 치킨플러스는 내가 캐나다로 떠나기 전에 어느 정도 만족스럽게 정리되었다. 이제 조금은 마음 편하게 캐나다로 떠날 수 있었다. 지인들은 3년 뒤에 엑시트 하면 지금 보다 2배 이상 높은 금액으로 엑시트가 가능할 텐데 아쉽지 않느냐는 질문을 던졌다. 나는 아쉽지 않다고 대답했다. 나에게 3년 뒤 예측은 무의미했다. 당장 내일의 삶도 모르는데 3년 뒤를 위해 고민하고 걱정하며 살 필요는 없다. 그렇게 살 바에야 깔끔히 정리하고 캐나다로 떠나서 마음 편하게 공부만 하는 것이 현명한 선택이었다.

하지만 두끼떡볶이가 못내 마음에 걸렸다. 치킨플러스를 해결했더니 두끼떡볶이가 과제로 부상했다. 두끼떡볶이에서 나의 현재 위치와 존재를 앞으로 어떻게 할 것인가의 여부가 고민거리가 되었다. 두 대표님은 나에게 출근할 필요 없이 그룹의 상징으로 업무만 보면서 기존과 동일하게 자리만 지키는 게 좋겠다고 이야기했다. 두 대표님의 제안을 그대로 따르면 별 문제될 것은 없었다. 하지만 나는 나의 거취를 고민하는 게 아니었다. 두끼떡볶이의 성장에 필요한 전략이 무엇인지가 고민이었다. 나는 두끼떡볶이를 사랑하고, 나의 꿈과 미래를 책임지는 브랜드로 생각하고 있었다.

캐나다에 3년 동안 머물 예정이다. 내가 없는 3년 동안 어떤 식으로 관리해야 ㈜다른 두끼떡볶이가 지금보다 더 높이 성장할 수 있을까 고민하지 않을 수 없었다. 두끼떡볶이를 위한 비전을 세워두고 캐나다로 떠나고 싶었다.

언제나처럼 주변 사람을 스캔하기 시작했다. 두끼떡볶이가 더 높은 곳으로 가려면 어떤 인재가 합류해야 할까 생각했다. 히든카드처럼 떠오르는 사람이 한 명 있었다. 김우진. 만약 그가 합류한다면 두끼떡볶이가 더 높은 곳에 오를 수 있다는 확신이 들었다. 그 외 다른 사람은 떠오르지 않았다. 김우진에게 바로 카톡을 보냈다. 인간의 인연은 참으로 신기하고, 세상사도 신기하다. 될 일은 된다. 나의 연락을 받은 김우진은 자신도 나에게 연락을 하려던 참이라고 했다. 그 시기 우리는 서로 마음이 통하고 서로가 필요로 하고 있었던 것이다.

우리는 만났다. 소주 한잔 걸치면서 김우진에게 단도직입적으로 이야기했다.

"나를 대신해서 두끼떡볶이 좀 봐 줘. 비전을 심어주면 좋겠네."

김우진은 CJ 그룹의 인재였다. 마침 그룹에서 조직개편을 앞두고 있었는데, 회사를 떠나는 것을 고민하고 있었다. 우리 둘의 이해관계가 일치하게 된 것이다. 그는 나의 제안을 흔쾌히 받아들였다. 우리는 장기적인 계획을 수립해서 서로의 일정에 문제가 발생하지 않도록 하자고 합의했다.

그렇게 나는 떠나야 할 시간이 다가왔고, 김우진도 회사에 퇴사를 이야기해야 할 시점이 다가왔다. 그때 사건 하나가 발생하게 되었다. 당시 김우진은 부장이었는데, CJ 그룹에서 진급을 하게 된 것이다. 세상에 진급해서 기분 나쁜 사람은 아무도 없을 것이다. 특히 대한민국 외식 1등 기업인 CJ 그룹에서 레벨 7이 된다는 것은 기쁜 일이다. 임원이 될 수 있는 가능성도 상당히 높아진 것이다. 솔직히 아무나 가능한 급이 아니다. 김우진의 경우만 해도 10년이란 시간을 회사에 몸 바쳐서 얻어낸 결과물이다. 그는 이 진급이 더욱 기쁘게 다가왔을 것이다. 하지만 나와의 선약이 있었기 때문에 무작정 기쁘게만 받아들일 수는 없었을 것이다. 어쩌면 나와의 선약에 후회가 밀려왔을지도 몰랐다.

김우진은 내게 시간을 조금 더 줄 수 있는지 물었다. 마침 코로나19로 비자 발급이 늦어지면서 김우진이 일찍 와야 할 이유가 없어졌다. 나는 김우진에게 충분히 생각할 시간을 주었다. 그 후 코로나19의 심각한 상황이 계속 길어졌다. 캐나다로 가야 할 일정은 기약 없이 지연되었다. 나는 점점 의문이 생기기 시작했다.

운명과 같은 사건들

나는 어떻게든 하루빨리 마무리하고 가벼운 마음으로 서울을 떠나고 싶었다. 그나마 위안이 되는 것은 코로나19가 나에게 시간을 만들어준 것이다. 새로운 이슈로 겪을 시간을!

나는 ㈜캐틀팜 김성식 대표와 송별회를 구실로 소주를 마시다가 캐틀하우스에 대해 진지하게 이야기를 나누게 되었다. 캐틀하우스는 수입 소고기 전문점이다. 나는 그와 이야기를 나누던 중 새로운 사업에 대한 욕구가 생겨나고 있음을 느꼈다. ㈜캐틀팜의 대표인 김성식 대표는 현 대한민국 소고기 시장에서 넘버5 정도 되는 큰손이다. 그는 대한민국 소고기 시장을 장악하기 위해 여러 가지 비즈니스를 도모하다가 캐틀하우스를 운영하게 되었다. 그 당시 2호점을 운영 중에 있었는데, 1년 이상 운영을 하면서 많은 단골 고객을 확보했다. 매출도 월 1억5천만 원 정도를 올리면서 성공 가능성 있는 비즈니스 모델을 만들어가고 있었다. 김성식 대표는 장기적인 관점에서 캐틀하우스라는 소고기 정육점 프랜차이즈에 관심이 깊었다. 무엇보다 그는 소고기를 많이 팔기 위해서는 본인이 직접 프랜차이즈 사업을 진행해야 된다는 것을 알고 있는 친구였다. 당연히 매장을 많이 가지는 게 제일 좋은 방법이란 것도 알고 있는 대표였다.

하지만 김성식 대표는 유통 전문가였다. 프랜차이즈를 옆에서 지켜만 봤었지 직접 해보지는 않았기에 쉽게 접근하지 않았다. 김성식 대표는 현명하고 똑똑한 친구였다. 그리고 대표였다. 자신이 직접 프랜차이즈 사업을 진행하기 힘든 상황이라는 것을 잘 알고 있었다. 또한 주변에서 프랜차이즈 사업을 시작했다가 고생만 하고 돈을 못 버는 상황을 여러 번 지켜봤기에 신중을 기했다. 자신도 그들과 똑같은 상황을 만들지 않기 위해 여러 가지를 고민했다. 그와 내가 알고 지낸 지가 3년이 다가오고 있었다. 서로에 대한 신뢰는 어느 정도 형성된 상황이었다. 김성식 대표는 나를 프랜차이즈 전문가로 어느 정도 인정하고 있었다. 자신보다는 더 잘할 수 있는 사람이라고 판단했다.

김성식 대표는 자신이 직접 하는 것보다는 잘할 수 있는 나와 함께하는 것이 좋겠다고 생각했다. 그 생각대로 그는 나에게 캐틀하우스에 대해 제안을 주었던 것이다. 나 역시 좋은 모델을 보고 있으면서 모르는 척할 수 있는 성격은 아니었다. 누가 봐도 이미 검증된 비즈니스 모델을 가지고 프랜차이즈를 하라고 제안하는데, 안 할 사람이 누가 있겠는가. 다만 염려되는 점은 있었다. 캐틀하우스 브랜드 상표권을 ㈜캐틀팜이 가지고 있기 때문에 추후 사업이 번창할 때 상표권으로 자신의 권리를 찾겠다고 이야기하면 법적 분쟁을 치러야 할 상황이 벌어질 수도 있었다. 이것은 그리 간단한 문제가 아니었다.

그러나 솔직히 너무 탐나는 아이템이었다. 또한 나는 오래전부터 조리를 하지 않아도 되는 프랜차이즈를 하나 정도 해보고 싶은 마음을 가지고 있었기 때문에 더 탐이 났다. 이 정도 조건의 비즈니스 모델을 찾기는 힘들 것이라 생각할 수밖에 없었다. 그런 이유로 나는 이 기회를 놓치고 싶지 않았다.

어떻게 하는 게 가장 좋을까? 나는 그 해답을 (주)탑브릿지에서 찾기로 했다. 내가 직접 할 수 있는 상황도 아니고 시간도 없었기 때문에 영업 전문 회사인 (주)탑브릿지가 적임자라는 생각이 들었다. 나의 프랜차이즈 제안에 (주)탑브릿지도 긍정적인 반응을 보였다. 캐틀하우스는 성공 모델을 가지고 있어서 영업만 하면 바로 프랜차이즈 사업이 가능한 구조를 가지고 있었다. 그래서 (주)탑브릿지도 손해 볼 것이 없다고 판단한 것이다. 또한 2년 정도 버텨온 (주)탑브릿지도 타인의 브랜드를 영업해주는 것은 장기적 관점에서 경쟁력을 만들기가 힘들다는 결론을 어느 정도 도출한 상황이었다. 그 상황이 캐틀하우스에 눈을 돌리게 만든 것이다. 게다가 나와 소현철 대표 그리고 임민수 이사, 이렇게 세 사람은 얼마 전부터 (주)탑브릿지의 장기적 사업 모델에 대해 의견을 나눠왔었다. 장기적으로 (주)탑브릿지가 가야 할 방향에 대해 의견을 나누다가 (주)탑브릿지를 컨설팅 회사에서 프랜차이즈 회사로 전환하는 것에 대해 검토했었다. 여러 모로 이해관계가 딱 맞아떨어진 것이다.

코로나19로 영업 자체가 힘들어 손익을 맞추기조차 힘든 상황이었다. 우리는 계속 컨설팅 회사로 (주)탑브릿지를 유지하는 것보다는 이 시점에서 자체 브랜드를 가지고 가는 게 앞으로 2년 뒤에 더 좋은 회사를 만들 수 있는 방법이라 확신했다. ㈜탑브릿지는 그렇게 김성식 대표와 계약을 통해 캐틀하우스 프랜차이즈 사업을 진행하게 되었다. 나로서는 또 다른 도전을 하게 된 것이다.

가장 먼저 선택할 사항이 생겼다. 캐틀하우스 프랜차이즈 사업을 위해 직영 캐틀하우스 점포 하나를 새롭게 오픈해야 할지 아니면 기존 김성식 대표가 운영 중인 점포를 모델로 사업을 해야 할지. 그러던 어느 날 박홍민 대표(바톤브릿지 대표)에게 전화가 걸려왔다. 그와 나는 가끔 연락을 주고받으며 비즈니스에 대해 조언을 주고받는 관계이다. 나는 사업 초창기에 그에게 많은 도움을 받았다. 늘 고마운 친구이기 때문에 그의 전화를 받으면 무엇이든 도와줄 마음을 가지고 통화를 한다. 박홍민 대표는 앞으로도 쭉 관계를 이어갈 비즈니스 동반자이자 친구이다. 그의 전화는 언제나 반갑다.

그날의 전화도 반가웠다. 박홍민 대표는 불족을 매각하고 싶다는 이야기를 꺼냈다. 물론 처음 꺼낸 것은 아니다. 이따금 그는 불족을 매각하고 가게 하나 하면서 편하게 살고 싶다는 이야기를 장난삼아 하곤 했다. 그래서 그날도 별생각 없이 그의 이야기를 듣기만 했다. 그런데 평소와 달리 박홍민 대표의 태도가 사뭇 진지했다. 그는 내게 이런 부탁을 했다.

"금액이 크지 않아도 괜찮으니 불족을 좋은 곳에 매각할 수 있게 좀 도와줘."

나는 어느 정도 금액을 예상하는지 물어보았다. 대답을 들었을 때 금액이 너무 낮아서 조금 놀랐다. 유민호 대표라면 이 정도 금액에 바로 인수를 확정할 수 있을 것 같았다.

오래지 않아 나는 유민호 대표를 만났다. 불족에 대해 브리핑한 뒤 최종 결정은 치킨플러스 본사 차원에서 검토하고 결정하라고 전달했다.

내심 나는 치킨플러스 유민호 대표가 불족을 인수할 것이라고 믿고 있었다. 그 정도 금액으로 매장 40개 운영하는 브랜드를 인수한다는 것은 횡재나 다름없었다. 유민호 대표가 그것을 모를 리 없었다. 나는 모든 것을 감(感)으로 결정하는 사람이지만, 유민호 대표는 나와 다르게 모든 것을 숫자와 수치 그리고 데이터로 결정하는 사람이었다. 그것이 유민호 대표의 스타일이었다.

예상대로 유민호 대표는 불족 인수를 결정했다. 덕분에 나는 박홍민 대표를 도와주면서 유민호 대표에게도 좋은 물건을 소개해준 일석이조의 인심을 쓰게 되었다. 인수는 문제없이 깔끔하게 마무리되었다. 현재 치킨플러스는 불족을 두 번째 브랜드로 리뉴얼하고 있다. 나는 캐나다로 떠나기 전에 좋은 일 하나 했다고 생각했다.

시간이 좀 흘러 박홍민 대표가 다시 연락을 주었다. 그러고는 이렇게 물었다.

"이제 내가 밥 먹고 살려면 매장 하나 해야 되는데, 캐틀하우스는 어때?"

그렇게 해서 나는 또 캐나다에 가기 전에 일을 벌였다. 곧바로 박홍민 대표와 함께 캐틀하우스에 대한 검토에 들어간 것이다. 나는 박홍민 대표(바톤브릿지)가 캐틀하우스 매장 하나를 해준다면 좋은 결과를 가져올 수밖에 없다고 확신했다. 그는 성공을 이루어낼 수 있는 능력이 있는 인물이었기 때문이다. 현재 운영 중인 캐틀하우스는 김성식 대표가 직접 하는 직영점이었다. 프랜차이즈 성공 모델은 만들어져 있지만, 가맹점 사장님이 운영했을 때 어떤 결과가 나오는지에 대해서는 데이터를 구할 수 없는 상황이었다. 박홍민 대표가 가맹점 하나를 맡는다면 답을 손쉽게 얻을 수 있을 터였다.

일이 순조롭게 진행되어 박홍민 대표가 캐틀하우스를 오픈하기로 했다. ㈜탑브릿지 입장에서도 손해 볼 것은 없었다. 본사 직영점처럼 운영하면서 가맹점 손익 구조를 테스트할 수 있는 절호의 기회가 온 것이다. 우리는 서로 이해관계가 맞아떨어진 셈이다.

나는 박홍민 대표가 무사히 오픈할 수 있도록 도움을 주기로 했다. 우연인지 필연인지 모르겠지만 박홍민 대표는 자본이 약간 부족한 상황이었다. 그는 ㈜아모제 출신인 오열정 형님과 함께 비즈니스를 진행하겠다는 이야기를 나에게 해주었다. 나는 오열정 형님과 막역한 사이는 아니지만 한두 번 만나 친근감이 남아 있는 형님이었다. 박홍민 대표는 자신의 총자본금과 오열정 형님의 사정을 고백하면서 여러 가지 부족한 부분에 대해 나에게 도움을 요청했다. 그리고 얼마간 자금 대여도 부탁했다. 나는 그 부탁을 받고 그 자리에서 이렇게 대답했다.

"대여든 투자든 난 뭐든 좋아."

박홍민 대표는 오열정 형님과 상의해보고 투자를 받을지 대여를 받을지 결정해서 알려주겠다고 했다.

박홍민 대표의 최종 결정은 투자였다. 지금 나는 ㈜바톤브릿지 캐틀하우스 미금역점의 투자자 중 한 명이 되었다. ㈜바톤브릿지가 미래에 어떤 회사로 성장할지 기대가 크다. 또한 바톤브릿지 박홍민 대표는 새로운 사업을 위해 지금도 지속적으로 고민 중이. 향후 바톤브릿지의 미래가 정말 궁금하다. 걱정하지 않는다. 우리의 인연은 반드시 성장으로 마무리 할 것이기 때문이다. 바톤브릿지의 미래를 믿는다.

미래를 준비하는 방법

김우진은 2020년 6월에 ㈜다른 두끼떡볶이에 합류했다. 예정했던 일정보다 6개월 지연된 것이지만 우리에게는 전혀 문제되지 않았다. 왜냐하면 코로나19로 나는 아직도 캐나다 비자가 미궁 속에 빠져 있었다. 김우진에게 고마웠다. 그는 대기업에서 승승장구할 수 있는 상황인데도 어려운 결정을 했다. 나와 함께 미래를 만들어 가기로 한 것이다.

김우진과 함께 대한민국을 세계에 알리는 일을 하고 싶다. 그런 자부심을 가지고 살고 싶다. 그도 나와 똑같은 야망을 가지고 두끼떡볶이에 합류했는지 속마음까지는 알 수 없지만, 어쨌든 나와 함께 행복한 미래를 꿈꾸는 것은 확실하다. 어려운 결정을 해준 김우진에게 다시 한 번 감사하고 싶다. 김우진은 두끼떡볶이를 더 높은 곳에 올려놓을 수 있는 능력이 있는, 그 꿈을 향해 자신을 불태울 수 있는 인재이다. 그는 내 인생의 큰 짐을 덜어주었고, 큰 선물을 안겨주었다. 나 역시 최대한 능력을 발휘해서 두끼떡볶이를 성장시킬 것이다.

두끼떡볶이를 책임질 사람을 모셔왔기 때문에 이제 정말 비자만 나온다면 아무런 걱정 없이 바로 캐나다행 비행기를 탈 수 있는 상황이었다. 그런데 나와 평생 함께할 줄 알았던 B&S 그룹 김세진 대표가 나의 곁을 떠나겠다고 선언했다. 나는 이 상황을 어떻게 받아들여야 할지 몰랐다. 머리가 복잡해지기 시작했다. 나에게 김세진 대표는 은인이었다. 평생 내가 책임져야 할 사람이기도 했다.

숫자 때문에도 머리가 복잡해졌다. 김세진 대표는 B&S 그룹 주식을 상당 부분 가지고 있었다. 그의 퇴사는 단순한 일이 아니었다. 단 한 번도 생각해본 적 없는 상황에 나는 당황했다. 무엇보다 중요한 것은 김세진 대표의 삶과 행복이었다. 김세진 대표가 진정 원한다면 그를 붙잡아서는 안 될 터였다. 무조건 김세진 대표가 잘될 수 있는 방향으로 도와주는 것이 내가 할 일이었다.

나는 김세진 대표에게 진심을 담아 말했다.

"하고 싶은 게 뭐지? 내가 도울 수 있는 거라면 전폭적으로 지원할게."

김세진 대표가 진지한 표정으로 대답했다.

"아직 정한 건 없어. 당분간 좀 쉬면서 장기적으로 할 수 있는 일이 무엇인지 고민해보려고."

개인적인 느낌이지만 김세진 대표는 내가 캐나다로 떠나는 것에 부담을 느끼는 듯했다. 내가 없으면 자신이 B&S 그룹을 100퍼센트 책임져야 한다는 사실에 압박을 받는 것 같았다. 물론 나만의 느낌이다. 정말 순수하게 자신만의 사업을 하고 싶어서 B&S를 떠나기로 마음먹었는지도 모른다.

일단 나는 그의 퇴사를 받아들였다. 그리고 내가 무엇을 해줄 수 있는지 지속적으로 물었다. 그는 특별히 원하는 것이 없었다. 아예 많은 것을 요구했더라면 내 마음은 더 편했을지도 모른다.

김세진 대표는 무조건 쉬기로 했다. 나는 그렇게 하라고 말한 뒤 할 수 있는 모든 지원을 하겠다고 말했다. 그렇게 김세진 대표의 퇴사를 일단락했다.

이제 B&S 그룹을 앞으로 어떻게 운영할 것인가는 전적으로 나의 문제가 되었다. 그러나 나에게는 시간이 많지 않았다. 지금이라도 비자가 나오면 나는 비행기를 타야 할 몸이었다. 고민스러웠다. 그러나 늘 그랬듯이 나는 길게 고민하지 않았다. 무엇이든 방법이라고 생각되면 실행부터 했듯이 이번에도 그랬다.

나는 주변에서 B&S 그룹을 맡길 수 있는 믿음직한 사람을 찾았다. 여러 명이 떠올랐지만 현재 B&S 그룹 상황을 고려했을 때 김세진 대표와 나이도, 연봉도 비슷한 인물이 적합하다는 생각이 들었다. 다행히 그런 인물이 있었다. 바로 현창길 과장이다. 그는 예전에 사조대림에서 나에게 큰 은혜를 준 친구이다. 지금은 나의 권유로 ㈜조흥에서 치즈 영업을 하고 있다. 나는 현창길 과장이라면 충분히 B&S 그룹을 믿고 맡겨도 될 거라 생각했다. 나는 곧바로 전화해서 만나기로 약속했다.

만남의 자리에서 현창길 과장이 말했다.

"만나기 전에 각오하고 왔어."

내가 단순한 일로 만나자고 할 리가 없기 때문이라는 게 그 이유였다. 뭔가 중요한 일을 결정하기 위해 만나자고 한 게 틀림없을 거라고 확신했다고 했다. 나는 확신하고 있는 현창길 과장에게 부담 없이 사정 설명을 했다. 그리고 이렇게 말했다.

"결정은 네 스스로 해. 나와 함께할지 아니면 지금처럼 조흥을 계속 다닐지. 어떤 선택을 하든 나와 너와의 관계에서 변하는 것은 아무것도 없을 거야."

현창길 과정이 대답했다.

"보름 정도만 시간을 줘."

나는 곧바로 받아쳤다.

"나 시간 많지 않다. 최대한 빨리 결정해줘."

현창길 과장은 보름을 넘기지 않고 B&S 그룹에 합류하겠다는 뜻을 밝혔다. 다만 자신의 상사인 김성태 상무님에게 보고한 뒤 최종 확답을 주겠다고 했다.

김성태 상무님은 내가 잘 아는 분이다. 내가 현창길 과장을 보내달라고 말씀드려도 괜찮을 관계였다. 하지만 그건 예의가 아닌 것 같았다. 사실 현창길 과장을 조흥에서 근무할 수 있도록 해달라고 상무님에게 부탁한 사람이 나였다. 그런데 이제 와서 보내달라고 말하는 건 도리가 아니었다. 나는 잠자코 기다리기로 했다.

그런데 기다림의 결과는 내 예상과 빗나갔다. 현창길 과장이 결정을 바꾼 것이다. 김성태 상무님의 조언을 듣고 그런 것인지, 아니면 집에서 반대가 심해 그런 것인지 정확한 사유는 듣지 못했다. 한 달이란 시간이 지나가고 있었다. 하루빨리 B&S 그룹 대표를 결정해야 될 상황이었다. 사실 그전에 치킨플러스에 B&S 그룹을 매각할까 생각했던 적도 있었다. 치킨플러스도 나의 회사라고 생각했기 때문에 B&S 그룹을 낮은 금액에 팔 수 있었다. 하지만 지금은 치킨플러스가 제시하는 금액으로 팔 수는 없는 실정이었다.

그러나 새로운 적임자를 끝까지 찾지 못했을 경우, 나는 캐나다로 떠나기 전에 치킨플러스에 B&S 그룹을 매각하는 것을 최종 선택으로 정했다. 그렇게 최종 선택지를 정해놓고 또 부지런히 인재를 찾아 뛰어다녔다. 그러면서 생각을 조금 바꿨다. 단순히 B&S 그룹을 맡아서 운영할 책임자를 구하는 것이 아니라 B&S 그룹을 지금보다 더 높은 매출을 올리는 회사로, 더 좋은 회사로 만들 수 있는 인재를 찾자고.

내가 아는 모든 지인을 스캔하기 시작했다. 다시 원점으로 돌아가서 내가 알고 있는 모든 사람의 명단을 뽑아 이 상황에 접목시켰다. 그 인물이 B&S 그룹에 왔을 때 어떤 성과를 낼 수 있을 것인가를 상상하고 예측했다. 그렇게 한 명 한 명 탈락시켰다. 그러던 중 본선 진출자 한 명이 가려졌다. CJ 그룹에서 영업을 진행하고 있는 배홍필 팀장이었다.

배홍필 팀장과 나와의 인연은 (주)제니스 킹떡볶이부터 시작한다. 나에게 킹떡볶이 튀김 베터믹스를 만들어주고, B&S 그룹 사업 초기 월 1팔레트pallet도 팔 수 없던 시절에 나에게 B&S 그룹 전용 튀김가루를 만들어준 은인이다. 지금 월 20 팔레트 이상 판매를 하고 있기 때문에 정말 은인 중의 은인이다. 배홍필 팀장이 만약 B&S 그룹에 합류한다면 B&S 그룹은 지금의 작은 도매 유통회사에서 큰 기업으로 성장할 수 있을 것만 같았다. 머리를 스치던 그 예감이 점점 뚜렷해졌다.

나는 여러 번 생각하고 또 생각했다. 과연 배홍필 팀장이 대기업 CJ를 버리고 구멍가게인 B&S 그룹으로 오게 하려면 나는 무엇을 해주어야 하는가? 고민 또 고민했지만 이번만큼은 답이 쉽게 나오지 않았다. 정말 어려웠다. CJ 그룹 레벨 7의 자리를 뿌리치고 B&S 그룹에 합류한다는 것은 내가 보기에도 현실성이 떨어졌다. 그렇다고 배홍필 팀장의 의사를 물어보지도 않고 포기할 수는 없었다. 그러면 너무 억울하다는 생각마저 들었다.

나는 용기를 내서 만남의 자리를 만들었다. 명일동 이마트에서 만나 바로 직설적으로 이야기해버렸다. 원하는 바는 무엇이든 들어주기 위해 노력할 테니 결정만 하라고 했다. 나는 배홍필 팀장이 나와 함께하면 좋겠다고 솔직한 내 마음을 고백했다. 배홍필 팀장은 당장 답변을 내놓지는 못했다. 충분히 그의 심정을 이해할 수 있었다.

다음 번 만남에서 배홍필 팀장은 이런 말을 꺼냈다.

"사실 제 연봉이 이 정도입니다. 연봉하고 차량만 맞춰주신다면 저도 한번 도전해보고 싶네요. 지금 받는 연봉보다는 높지 않더라도 제가 CJ에서 받고 있는 만큼은 받아야 할 것 같습니다."

배홍필 팀장이 공개한 연봉을 보고 나는 흠칫 놀랐다. CJ그룹 레벨 7의 연봉이 그렇게 높은지 그날 처음 알았다. 이렇게 많은 연봉을 포기하고 나한테 온다는 것이 기쁘면서도 걱정스러웠다. 정말로 두 가지 감정이 교차했다. 하여간 천군만마를 얻은 기분이었다. 나는 배홍필 팀장에게 요구를 맞춰주겠다고 약속했다.

배홍필 팀장이 합류하면서 나에 대한 소문이 퍼졌다. CJ그룹의 인재를 두 명이나 스카우트 진행한 능력 있는 사람이라고. 나도 내가 그런 사람이 될 줄은 몰랐다. 단 한 번도 생각해보지 못했다. 미래를 꿈꾸고 준비하다 보니 '능력자'가 된 것뿐이다. 나의 미래가 어떤 식으로 펼쳐질지 궁금하다. B&S 그룹의 3년 뒤 모습도 기대가 된다.

나는 캐나다로 떠날 준비가 어느 정도 완료 상태로 접어들고 있었다. 하지만 아직도 치킨플러스 엑시트는 마무리되지 않았다. 어떤 식으로 마무리될지, 언제 마무리될지 알 수 없는 상황이라 내가 과연 엑시트를 하고 떠날 수 있을지 생각이 많았다. 아니면 캐나다 가서 어떻게 업무 처리를 할 수 있을지 고민이었다. 하지만 그도 하늘의 뜻이라 생각하기에 어떻게든 마무리될 것이라 생각하면서 모든 업무를 정리하는데 집중하고 있었다. 그리고 마침내 긴 기다림 끝에 캐나다행 비행기에 오를 수 있었다.

글로벌 시장을 개척하기 위한 18가지 팁

❶ 1보 후퇴가 나쁜 것만은 아니고 상황에 맞게 대처하라.

❷ 모든 비즈니스의 시작은 'Why'에서 시작된다.

❸ 성장을 하려면 남들과 다른 차별화 전략이 필요하다.

❹ 오너가 모든 것을 전부 할 수는 없다.

❺ 직원들이 회사가 망하지 않을 거라는 신념을 가질 수 있도록 노력하라.

❻ 일정한 단계에 오르면 책임과 권한을 위임하라.

❼ 모든 것이 완벽하게 갖추어진 비즈니스는 현실적으로 없다.

❽ 외국에서 한국인을 대상으로 하지 말고 현지인을 타깃으로 잡아라.

❾ '글로벌'이란 사명을 이루기 위해서는 외국어라는 무기를 갖춰라.

❿ 새로운 사업에 대한 갈망이 일을 시작할 힘을 준다.

⓫ 레드 오션으로 보여도 성장 가능성이 있는 사업이 있다.

⓬ 치열한 경쟁 속에서도 틈새시장을 노려라.

⓭ 자기 자본을 투자하지 않으면 사업에 애정을 가질 수 없다.

⓮ 하늘은 결코 고민과 노력을 배신하지 않는다.

⓯ 때론 과감한 초기 투자도 필요하다.

⓰ 예상치 못한 복병은 항상 있으니 당황하지 마라.

⓱ 새로운 이슈는 언제든지 발생한다.

⓲ 미래를 위해서는 믿을 만한 인재를 찾는데 최선을 다해야 한다.

사업을 시작한 뒤 쉬지 않고 8년을 달려왔다. 지금 9년이 지나가고 있는 시점이다. 거의 10년이란 시간 동안 참 많은 것을 했다고 스스로 자부하고 있다. 앞으로 전 세계를 무대로 한식 세계화에 무엇인가 이바지할 수 있겠다는 생각으로 영어를 배우고 있다. 영어를 잘 배우기 위해 유학길에 올랐다. 지금의 내 결정이 3년 뒤에 어떤 결과를 도출시킬지 아무도 모른다. 나 자신조차도 알 수 없다.

다만 지금까지 내가 걸어온 인생을 돌아보았을 때 후회하지 않을 결과가 도출될 것이라 짐작한다. 최소한 지금보다는 한마디라도 더 영어를 할 수 있는 사람으로 변해 있지 않을까 싶다. 혹시라도 여유가 있으니 할 수 있는 도전이라는 오해는 않기를 바란다. 오히려 가지 못한 수많은 이유에도 불구하고 미래를 위해 힘겹게 준비한 끝에 시작한 길이기 때문이다.

미래를 준비할 때 행복을 느낀다. 그렇게 뇌 구조가 만들어진 사람이다. 미래에 외식업으로 한국을 세계에 알리는 데 일조하는 사람이 되고 싶다. 굶주리고 있는 누군가에게 밥 한 공기라도 베푼 사람으로 기억되고 싶다. 그렇게 하기 위해 2024년부터는 세계를 돌아다니면서 한국을 알릴 것이다. 한국의 식재료를 전 세계에 팔 것이다. 그 목적으로 펜을 들었다.

혹시 전 세계에 퍼져 살고 있는 많은 한국인들이 이 책을 읽는다면 나에게 연락을 해주면 고맙겠다.(jinnynamkr@gmail.com) 나는 누군가와 한국 외식 브랜드를 전 세계에 알리는 데 힘을 합치기를 원한다. 함께하면 나 혼자 하는 것보다 훨씬 나은 성과를 얻을 수 있으리라 믿는다. 그 성과의 열매를 같이 나누고 싶은, 타국에 살고 있는 한국인이라면 연락 바란다.

인간관계를 전 세계로 넓혀야 할 시간이 다가오고 있음을 느낄 수 있다. 인간의 하루 사용 가능한 시간은 24시간이다. 누구도 바꿀 수 없는, 정해진 시간이다. 혼자서 아무리 열심히 해도 하루 24시간 동안에 할 수 있는 것은 한계가 있다. 여럿이 힘을 모아 동시에 움직이면 더 짧은 시간에 더 많은 성과를 얻을 수 있다. 이 메시지를 전 세계 모든 사람들에게 전하고 싶다. 전 세계 모든 사람들이 네트워크를 만들기를 원한다. 그 일에 이 책이 조금이나마 도움이 되기를 기대한다.

이 글을 마무리하면서 후배들에게 전하고 싶은 메시지를 남긴다. 이제 부모님의 그늘에서 벗어나 자유의지로 살아갈 수 있는 이십대를 시작하는 친구들에게 주고 싶은 메시지는 이것이다.

'무엇이든 도전해라.'

자신이 무엇을 좋아하는지 이십대에 찾을 수 있다면 그는 행복한 삶을 살아갈 수 있을 것이다. 자신이 무엇을 좋아하는지 알기 위해서라도 도전해야 한다. 무엇이든 도전하는 것이 행복으로 가는 지름길이다.

남들과 비슷하게 좋은 성적으로 졸업해서 대기업에 입사하는 것이 꿈이라면 그것 또한 좋다. 그 꿈을 좇으면 된다. 그것에 도전하면 된다. 중요한 것은 자신에게 행복을 주는 것이 무엇인지 아는 것이다. 행복을 주는 것에 최선을 다하며 살아가면 그만이다.

삼십대는 스스로 모든 것을 결정할 수 있는 권리가 있는 시기라고 생각한다. 이리저리 휩쓸리지 말고 자신만의 기준대로 행동하기를 권한다. 삼십대에 높은 연봉을 받고 좋은 대우를 받는 기업을 다니는 것도 중요하겠지만, 어디에 속하든 한 분야에서 인정받기 위해 장기적인 계획을 세우고 노력하는 것도 중요하다. 그 노력을 통해 다양한 경험과 노하우를 얻게 될 것이다. 이 경험과 노하우는 훗날 자신의 비즈니스를 개척할 때 큰 도움이 된다. 남들이 높은 연봉을 받고 좋은 조건의 회사에서 근무한다고 부러워

할 필요 없다. 열심히 자기 분야에서 경력을 쌓으면 된다. 그러면 반드시 좋은 기회가 올 것이다. 물론 그 기회를 살리는 것은 본인의 몫이다. 스스로 결정해야 한다.

사십대는 자신의 경험과 주변 인맥을 통해 기업을 성장시킬 수 있는 나이이다. 자신이 기업 임원의 위치에 있든 아니면 자신의 사업을 운영하는 중이든 마찬가지이다. 왜냐하면 주변 지인들 역시 회사에서 권한과 결정권을 가지고 있는 연배일 수밖에 없기 때문이다. 그런 이유로 나는 사업을 할 거라면 사십대에 시작하라고 이야기하고 싶다.

사업을 하든 안 하든 마흔 살부터는 미래를 준비해야 될 때라 생각한다. 이제는 가족을 보살펴야 할 나이로 접어들었기 때문에 실패한다면 힘들어진다. 안정적으로 갖가지 씨앗을 뿌리면서 건강한 새싹이 돋아 훌륭한 나무로 자랄 수 있도록 해야 한다. 갖가지 씨앗은 삼십대에 습득한 다양한 경험과 노하우에서 만들어진다.

오십대의 삶은 아직 살아보지 않아서 조언할 수 있는 입장이 아니다. 다만 내가 예상하는 오십대의 삶은 사십대에 뿌려놓은 씨앗이, 새싹으로 자라고 훌륭한 나무로 성장할 수 있도록 환경을 만들어주는 역할이 아닐까 싶다. 그런 환경을 만들기 위해, 더 잘 만들기 위해 나는 지금 영어를 공부하는 중이다.

만약 새싹들이 오십대에 훌륭한 나무로 성장해준다면 나는 울창한 숲을 가진 육십대를 맞이할 것이다. 육십대 이후에 다양한 나무에서 과실을 얻게 될 것이고, 좋은 과실을 어려운 사람들과 함께 나누면서 살게 될 것이다.

이 모든 나의 삶의 여정은 새로운 도전을 두려워하지 않은 결과이다. 그렇기 때문에 이 책을 읽는 독자의 나이에 상관없이 오늘보다 나은 내일을 꿈꾼다면 매일 도전해서 스스로 성장하라고 권하고 싶다. 물론 아직까지 프랜차이즈 사업에 대한 좋지 않은 선입견이 있는 것이 사실이고 나조차 옛날에는 그런 생각을 가지고 있었다.

스타트업은 성공보다는 실패가 많아 쉽게 시작할 수 없는 분야이다. 따라서 나의 조언은 지금 당장 다니는 직장을 때려치고 사업을 하라는 뜻이 아니다. 오히려 미래를 차근히 준비하되 나만의 사업을 키울 수 있는 꿈을 갖고 노력해야 한다는 것이다. 그리고 그 과정의 결과로 도전의 기회가 왔을 때 주저하지 않을 용기를 주고 싶다.

내가 지금까지 이뤘고 앞으로 이루기 바라는 그 행복한 삶이 나뿐만 아니라 이 책을 읽는 모든 독자에게 오기를 기대하며 마지막으로 인연이란 단어의 소중함을 다시 한 번 이야기하고 싶다.

인연 : 사람들 사이에 맺어지는 관계

나에게 인연은 행운과 같은 느낌의 단어로 인식된다. 직장을 다니고 사업을 하는 데 있어서 인연을 통해 모든 것을 이루고 만들어졌다고 기억한다. 나 자신이 특출나게 잘하는 것이 없다 보니 모든 일을 진행하는 데 있어서 타인의 도움을 받았다.

그렇다면 행운(인연)이란 무엇일까?

아마도 특별한 노력 없이 무엇인가를 얻었을 때 사람들은 운이 좋았다고 한다. 과연 아무런 노력 없이 100% 운으로 이루어질까? 아주 작은 무엇 하나도 작은 하나의 행위를 했기에 행운은 따라오는 것이다. 단순한 예로 복권을 구매했기에 로또에 당첨되는 것처럼.

그렇다면 좋은 인연이 나에게 오기 위해 나는 무엇을 해야 하는가?

인간은 누구나 좋은 인연을 만나고 싶어한다. 나와 타인 둘 다 같은 생각을 한다. 내가 좋은 사람이 아닌데 타인이 나를 만나고 싶어 할까? 이 기회에 자신을 뒤돌아보면 좋을 것 같다.

내가 좋은 인연을 원하듯 타인도 좋은 인연을 원한다. 그러므로 나 자신이 남들이 원하는 좋은 인연의 모습과 태도로 하루하루를 살아 가는 게 중요하다고 생각한다. 현재 나 자신이 바른 삶을 살지 않는데 타인이 나를 좋은 인연으로 보기 힘들다. 또한 항상 내가 원하는 것을 가지고 싶을 때는 타인의 입장에서 생각하면 답을 쉽게 찾을 수 있다. 타인이 원하는 대로 먼저 배려하고 베풀어 주고 기다리는 게 좋다. 나 자신이 어떤 사람인지 스스로 먼저 이야기하는 것은 자랑일 뿐이다. 타인이 자신에 대해 이야기하는 모습을 진실된 모습으로 인식하고 경청하면서 들어주고 기다리는 것 역시 중요하다.

"타인이 나를 찾아 오도록 만드는 것" 자신의 삶에 좋은 인연을 만드는 방법일 것이다. 나 스스로 좋은 사람만 만나겠다고 아무리 생각해도 스스로가 정직하지 않으면서 주변에 정직한 사람이 있기를 바라는 것은 욕심이다. 타인도 눈이 있고 주변 사람들에게 듣는 귀가 있기 때문이다. 항상 남을 배려하고 먼저 양보하는 습관이 필요하다. 만리장성은 순간에 만들어지지 않았듯이 좋은 사람으로 살아가기 위해서는 오랜 시간의 투자가 필요하다. 짧은 순간에 성공을 이루기 위해서는 하이 리스크 하이 리턴high risk high return의 도전이 필요하다. 타인의 입장에서 생각하고 나 스스로 먼저 좋은 인연이 될 수 있는 자질을 만드는 것이 가장 먼저 해야 할 도리이다.

젊은 친구들은 앞으로 시간이 많다.
그 시작을 지금, 바로 여기서 시도하기를 기대하면서…….

'인연'으로
프랜차이즈 스타트업
기업을 만든다

초판 1쇄 인쇄 _ 2021년 12월 10일
초판 1쇄 발행 _ 2021년 12월 15일

지은이 _ 남승우

펴낸곳 _ 바이북스
펴낸이 _ 윤옥초
책임 편집 _ 김태윤
책임 디자인 _ 이민영

ISBN _ 979-11-5877-277-2 03190

등록 _ 2005. 7. 12 | 제 313-2005-000148호

서울시 영등포구 선유로49길 23 아이에스비즈타워2차 1005호
편집 02)333-0812 | **마케팅** 02)333-9918 | **팩스** 02)333-9960
이메일 bybooks85@gmail.com
블로그 https://blog.naver.com/bybooks85

책값은 뒤표지에 있습니다.

책으로 아름다운 세상을 만듭니다. ― 바이북스

미래를 함께 꿈꿀 작가님의 참신한 아이디어나 원고를 기다립니다.
이메일로 접수한 원고는 검토 후 연락드리겠습니다.